教育部人文社会科学青年基金项目资助

项目名称：从广告传播表现解读转型期中国城市居民消费观念变迁

项目编号：11YJC860004

课题组负责人：陈素白

课题组成　员：段秋婷　吴　婷　崔笑宁　李盼盼　项　倩

　　　　　　　郑星妍　丁　奕　戴宇阳　李晗露　安子龙

镜像与流变

Reflection and Change:

转型期中国城市居民消费变迁（1978年至今）

The Shift of Chinese Urban Residents' Consumption
During the Transformation Period

陈素白 著

厦门大学出版社　国家一级出版社
XIAMEN UNIVERSITY PRESS　全国百佳图书出版单位

图书在版编目(CIP)数据

镜像与流变:转型期中国城市居民消费变迁:1978至今/陈素白著.—厦门:厦门大学出版社,2016.8
(品牌与广告研究书系/黄合水等主编)
ISBN 978-7-5615-6212-3

Ⅰ.①镜…　Ⅱ.①陈…　Ⅲ.①城市-居民消费-研究-中国　Ⅳ.①F126.1

中国版本图书馆 CIP 数据核字(2016)第 213996 号

出 版 人	蒋东明
责任编辑	王鹭鹏
封面设计	夏　林　郑　琪
责任印制	朱　楷

出版发行　厦门大学出版社

社　　　址	厦门市软件园二期望海路 39 号
邮政编码	361008
总 编 办	0592-2182177　0592-2181406(传真)
营销中心	0592-2184458　0592-2181365
网　　　址	http://www.xmupress.com
邮　　　箱	xmupress@126.com
印　　　刷	厦门集大印刷厂

开本	720mm×1000mm　1/16
印张	26.25
插页	2
字数	390 千字
印数	1～1 500 册
版次	2016 年 8 月第 1 版
印次	2016 年 8 月第 1 次印刷
定价	79.00 元

厦门大学出版社
微信二维码

厦门大学出版社
微博二维码

本书如有印装质量问题请直接寄承印厂调换

序 一

在这个闷热的夏天,突然接到厦门大学陈素白拜嘱的一份劳作——为她那接近五十万字的巨大研究报告的成果写一个序。

陈素白是我的学生,跟随我读硕攻博整六年,给她的书稿作序,应该是第二次。上一次是在 2011 年,为她的《转型期中国城市居民广告意识变迁》写序,那是在她博士论文基础之上完稿的有关改革开放三十多年中国人广告观的研究。时隔六年,她又向我提交了从 1978 年至今,近四十年中国城市居民消费变迁的研究报告。

陈素白的书稿名为"镜像与流变:转型期中国城市居民消费变迁(1978 至今)",我开始对这个书名有点不以为然,因为这几年"镜像"和"流变"二字早已被用滥。但是,当我真正读完文稿之后,我发现陈素白其实在通过大量的史实,浩瀚的数据和点点创意作品,解构同时重构一个关乎人人经历过的,熟悉而又被淡忘的,细微而又巨大的近四十年开放改革过程的"梦境"。

这四十年,中国从政治到经济方方面面都发生着巨大的变化,这种变化在世界任何一个国家,任何一个时代都无处可觅,更无从复制。它不同于工业革命时期的英国梦,不同于五月花号承载的美国梦,它是中国发生的中国人独有的中国梦。就语义学的角度而言,"梦境"与"理想"相比,不那么深远也不那么高雅,但它接地气,和生活其中的每一个个体息息相关,是由千千万万的人的日常点滴经历所构成的。"日有所思夜有所梦",这个梦,就是中国千千万万普通老百姓理想和愿景的心理投影。关于"中国梦"，虽然也有许多人在演绎解读，然而，如何梳理和再现这个大梦，从中寻觅中国人生活的"意识形态"绝不是轻松的事情。陈素白带领她的团队尝试用"吃、穿、住、行、用、娱"六大维度、八个方面来重新描述、梳理、分析这四十年的变化发展过程，着实是一个不小的挑战。

全书是用实证的手法去再现改革开放这一宏大的背景，不同于学术论文上枯燥的描述，也不同于文学作品的推演想象，全书所依据就是大量的历史资料。在实证方法的观照之下，巨量事实与数据构成了具有四十年历史跨度的"生活史"与"生活论"轮廓。在全书的大轮廓之中，每个维度均有具体细致的阶段划分，在不同的阶段史实与数据基础上，依据品牌发展与广告诉求形成不同阶段不同领域不同时期的分析和论断。对于企业成长而言，品牌即品格，广告即传播。书中涉及的品牌与广告不下百种，有些依然活跃在当下，有些已经永远淡出国人视野，从这幅生死兴衰风云激荡的社会镜像当中，我们是不是可以从中窥见中国企业营造自我品格与社会传播沟通的努力，也是不是可以重温亿万国人由僵硬的计划经济转向自由竞争的市场经济的惊人一跃呢？

其实，对于历史发生事实的回望和梳理从来不在少数，角度手法也是多种多样。每过十年、二十年的时间节点，都有许多文人学者进行声势浩大的历史回望工程，然而，不得不说的是学界业界喜好宏大叙事且常常聚焦于魏阙庙堂，人民生活挂在嘴边却是当作民间俗事或柴米油盐，在研究视野中通常充当社会配角或者环境点缀，没当主流也没入主流。陈素白的研究可谓反其道而行之，系统地全面地真实地把社会生活纳入研究中心。值得一提的是，在确立时间轴的过程中，始终注意整个事实的动态把握，作者不仅仅满足于对过去的回望和梳理，也不仅仅建构立体的全方位的现在，而且，在过去，现在的长轴画当中，可以体味未来的轮廓。例如，就以"用"的一章中的电视消费为例，既可见从最早国人如饥似渴地拥坐在播放黑白影像的小盒子前的场景，也可见如今人人手中掌握遥控器看智能电视的场景；再如"住"的一章，从大杂院、筒子楼到花园洋房豪宅别墅，在这些惊人的跃动之中可以看到不再简单平面，不再黑白素描，而是多姿多彩五光十色的梦境。

本书通过社会镜像、欲望梦境展示中国文化之"流变"，但并不简单止步于梳理总结改革开放四十年消费行为方式的变化。她希望在这个时代巨变的梳理当中有所寻获。四十年弹指一挥间，为期十年的文明浩劫一旦终止，封锁愚昧、饥饿匮乏、混浊动荡催生出中国的"改革开放"，由此一发不可收拾，成为浩浩荡荡奔腾不息的原始动力。所以，这个"流变"的底层是物质主义的，自由奔放的，因此，也是彻底的实用主义的。这种简单粗暴野蛮生长至今依然受到各种批评诟病，但，它毕竟是一个事实，一段不可无视的历史。这一点，全书的八个章节里均如实再现，那些极度压抑之后迸发出来的无穷欲望，那些看似心酸讽刺的不理性消费行为，那些从无到有，从野蛮生长到文明共存的过程，刻骨铭心也销魂动魄。归根到底就是物质的生成，财富的积累，生活的演进，社会的成长。透过消费看到生活，透过产品看到品牌，透过广告看到理想。不在左右莫问东西，求生求活求富求强，这是个人的，集体的，也是国家的。消费行为的社会生活，企业竞争的品牌观念，广告诉求的深层欲望后不正是国人的意识形态吗？改革开放、消费进步、社会共荣的意识形态交织在一起形成中国梦，既承传过去，支撑现在，也预示未来。

本书可以当作完整的史论学术著作去解读，也可以当作社会变迁的资料索引去参考，还可以看到更深层的、各种数据背后所展现的各种意识形成合流过程。行文至此，忽然想起古典三国，刘备三次探访诸葛亮的情景。就在刘备拜访的第三次，诸葛亮春睡草堂，吟出那首著名的五言绝句。我将其改动一句，送将作者。

　　"大梦谁先觉？平生我自知。一晃四十年，窗外日迟迟"，就此为序结语。

2016 年 6 月 16 日于北京

序 二

近些年，一直在大数据垃圾海洋里摸索，试图从中捞点诸如金子之类的东西，暂时未果，只捞到一点铜铁之类的东西，正准备以含有"镜像"二字之标题成稿，恰在此时，素白老师将"镜像与流变"书稿给我，希望我为其作序。一见书名，也有"镜像"二字，不由我不欣然答应，并期待了解其详。

一般专著类著作读起来都不容易让人兴趣盎然，阅读时断时续。拿到此书稿后，我先看目录、前言和后记，了解作者的写作意图，之后放弃通常按顺序阅读的习惯，跳过被认为作者用心较多第一章，抽取第二章衣之嬗变以及第六章全民娱乐进行阅读。出乎预料的是，我竟然一口气就读完两个完整篇章，感觉良多，无心顾及读完全书，就匆忙创建文档以记录。

感觉之一，顺着章节的叙述，我似乎真真切切地回忆了一遍自己30多年的生活轨迹，有点留恋忘怀，却也感到成长在这个变革时代的庆幸。

感觉之二，顺着章节的叙述，我似乎真真切切地回顾了30多年来中国广告从形式到内容的变化，清晰化了作为一个广告学者脑中关于中国广告发展变化的镜像。

感觉之三，顺着章节的叙述，我似乎真真切切地看到了30多年来商品从稀缺到丰富过程中中国消费者消费观念的转变，从而明白了作者流变之意。

感觉之四，专著能够做到通俗易读，让人爱不释手，又能在浅出时深入，让读者读出作者洞察出来的规律，足矣。

故以此未读完全书之序为序。余下章节阅读之感觉，由读者自己体会。

2016 年 6 月 14 日于新闻楼 405

前　言

　　自 1978 年改革开放以来，中国进入了一个前所未有的发展变革时期，中国社会面貌发生了翻天覆地的变化。在这一被学界统称为转型期的社会历史阶段，中国经历了由商品计划经济时代，向市场经济消费时代的转型，这场消费革命的发生不同于世界任何一个国家，具有浓浓的中国特色。

　　查阅资料，我们会发现关于转型期中国消费的论著不在少数，更多的是从官方统计数据的角度去展示消费结构、消费水平、消费方式的变化，于是消费被浓缩成了一组组冰冷的数字。

　　近四十年的消费变化，对于国家而言，或许会拥有许多"宏大叙事"；而事实上，对于每一个处在历史洪流中的普通老百姓而言，就是一个个能够消费得起的"梦想"，就是融入到日常生活"吃、穿、住、行、用、娱"的点点滴滴。"从吃饱到吃好，从穿暖到穿品位，从遮风避雨到品质生活，从代步方式到炫耀工具，从简单实用到智能互联……"这都是"中国梦"的具体化。

　　所以，主导消费革命的背后，是作为社会主体的每一个个体消费观念的深层次变革，它既是社会化过程的产物，又反作用于消费生活的方方面面。中国社会所经历的"转型期"使得时间向度上的价值观研究更具立体空间，对于它的研究，必须以能还原现实生活的镜像作为基本立足点。

　　广告作为时代的镜像功能已经得到普遍认可，中国的广告镜像不仅仅呈现出消费欲望的多重表征，更带有价值观的起伏更迭。而广告在消费进程中所扮演的角色和分量，在不同国家，不同历史时期都各不相同。转型期的中国广告既参与了消费变迁的全过程，有着不可轻视的作用；又记录和承载着国人消费观念的流变，其本身就是非常值得关注和研究的历史文本。在多重角色和功能下，中国的广告从传播内容到传播形式，也在完成着自身的层层蜕变。

　　本书尝试梳理改革开放近四十年来，与吃、穿、住、行、用、娱密切相关的各类广告传播表现，解读广告传播内容与社会公众价值形态之间的关系，用生动丰富的史料将中国老百姓消费升级换代的变迁轨迹清晰呈现于世人眼前。全书分为上下两篇，共计八章。上篇"猛进中的日常事"从"吃、穿、住、行、用"五大维度展开，涵盖中国城市居民在转型期"饮食、穿着、住房、出行和家用电器消费"五个方面的具体变化，这五章分别为：第一章"舌尖上的革命：从食以果腹到多元饮食"；第二章"衣之嬗变：从整齐划一到彰显个性"；第三章"居者有其屋：从简陋到标准化"；第四章"出行的与时偕行：从人力到机械"；第五章"用器改变生活：从简易到智能"。下篇"浪潮里的新生者"主要围绕改革开放后消费领域涌现出的新生事物展开，分别为第六章"全民娱乐：从单调匮乏到多彩梦幻"；第七章"美丽围城：从涂抹护肤到极致完美"和第八章"行旅天下：从观景到寻心"。具体从"全民影像、舞乐、游戏消费"、"美容化妆、整形、健身消费"和"旅游消费"三个方面进行阐述。

　　在本书中，引入了大量珍贵的有关生活消费和广告的史料图片，许多情景在读者看来都是那样的似曾相识，所有经历过那个时代的人们，都会在本书的文字和图片中辨认出曾经和现在的自己，因为我们就生活在这历史的进程中。余华曾经说过，"一个西方人活四百年才能经历这样两个天壤之别的时代，一个中国人只需四十年就经历了。四百年间的动荡万变浓缩在了四十年之中，这是弥足珍贵的经历"。希望通过这本书，我们可以更加清晰的地看见，个体与体制相冲突之后的沉思，一种对历史之明证及今日中国之镜像的回响。

目　录

上篇　猛进中的日常事

下篇　浪潮里的新生者

图索引

第一章 舌尖上的革命：从食以果腹到多元饮食

第二章　衣之嬗变：从整齐划一到彰显个性

第三章　居者有其屋：从简陋到标准化

第四章　出行的与时偕行：从人力到机械

第五章　用器改变生活：从简易到智能

第六章　全民娱乐：从单调匮乏到多彩梦幻

第七章　美丽围城：从涂抹护肤到极致完美

第八章　行旅天下：从观景到寻心

上篇　猛进中的日常事

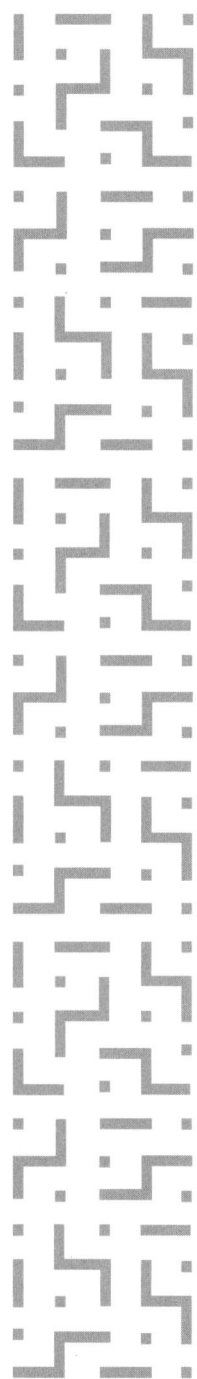

第一章　舌尖上的革命：
　　　从食以果腹到多元饮食

《礼记》云"饮食男女，人之大欲存焉"，《尚书·洪范》云"食者，万物之始，人之所本者也"，饮食是人类生存、繁衍和发展首先面对的问题。中华的饮食文化博大精深，各时期的食物原料、烹饪方法、饮食器具、饮食结构、饮食礼俗、饮食观念变化极大。小处着眼，饮食可察人之性格习惯或健康疾病；大处着眼，饮食更可窥社会变迁。

"民以食为天"，不管什么年代，生活都不能缺少饮食，只有满足"吃"这一基本的生存性需求之后，才能谈更高层次的消费需求。改革开放以来，由于政治、经济、文化和社会转型，城市居民从吃的内容到吃的形式都发生明显转变。广告行为时代的镜像，同样记录城市居民四十年来"吃"的变迁：1978—1985年，城市居民逐步摆脱吃不饱的尴尬境地，基本实现温饱，饮食消费注重量的积累；1986—1995年，城市居民的饮食选择更为丰富，逐渐从主食型消费向副食型消费转变，在吃饱的同时追求吃好；1996—2008年，城市居民基本实现小康，饮食明显追求质量，饮食健康和安全成为关注重点；2009年至今，城市居民逐渐从聚焦吃本身延伸到吃以外的体验和感受，吃出文化、吃出个性成为追求。

第一节　1978—1985 年：有啥吃啥

一、票证时代：冬天围着白菜转

在实行计划经济的很长一段时间里，人们的衣食住行都离不开票证。[1] 改革开放后，物资慢慢丰富，商品市场开始活跃，严格的票证制度愈加松动，国家逐步缩小了消费品定量配给的范围。到 1983 年，由国家统一限量供应的物资只剩下粮食和食用油两种。

图 1-1　1982 年北京市粮票票样

资料来源：http://www.997788.com/pr/detail_131_23867502.html［2015-06-03］

70 年代末，一般老百姓的日子都挺紧巴，粮食还好说，副食品全靠精打细算，只有过年的时候才每户供应二两香油，市场上也鲜有鱼虾售卖，即使有，老百姓也舍不得买。主妇们买肉都爱挑肥的，为的是炸点猪油改善伙食。由于物资匮乏，"抢购"是那个时期对饥饿有普遍焦虑的人们的共同经历。1978 年 12 月 28 日，在黑龙江黑河市，市民冒着零下 30 多度的严寒，一大早就拥到第

---

[1]　为了保障供需平衡，国家于 1953 年 10 月 16 日通过《关于实行粮食的计划收购与计划供应的决议》，对城乡居民的吃穿用等生活必需品实行计划供应，按人口定量发行粮票、布票等专用购买凭证。1993 年 5 月，北京停止使用粮票油票，这段凭票供应的历史才宣告终结。

三百货商店门前。早晨 8 点左右，大门刚打开一条缝，秩序突然乱了，抢购米面和各种副食的人们争先恐后地爬上铁门。

图 1-2　1978 年 12 月 28 日，黑河市第三百货商店门前发生抢购

资料来源：http://slide.news.sina.com.cn/c/slide_1_45272_36118.html＃p＝4[2015-06-11]

北方，一到冬天，新鲜的蔬菜就没有了，市面上只见土豆、萝卜、白菜老三样，其中又以大白菜为主，老百姓戏称为"当家菜"。

每年 10 月初，北方集中购买冬储大白菜，菜价最为便宜，政府也会给予补贴。冬储大白菜的运输、销售犹如一场"人民战争"：专门成立会战指挥部，各级领导齐动员，上上下下都参加，各行各业来支援。一般商店都会在门前临时搭盖专门的棚子卖菜，一时间满街都是大白菜。图 1-4 便展示了北京东城区南锣鼓巷副食商店职工边销售、边装车送大白菜的忙碌情景。

图 1-3　20 世纪 70 年代末，杭州龙翔桥菜场"长梗白菜"凭券供应

资料来源：http://news.163.com/11/1116/14/7J05IMHU00014AEE.html［2015-06-13］

图 1-4　1982 年 11 月 3 日，北京副食商店职工运送大白菜

资料来源：http://chihe.sohu.com/200811101n206540616.shtml［2015-06-01］

据国家统计局资料显示,1978 年中国城镇居民家庭人均可支配收入约为
343 元,城镇居民家庭恩格尔系数为 57.5%,人们消费支出的重心放在吃上,
整体在贫困边缘徘徊。

这种状况到了 80 年代中期大有改善。1984 年,城镇居民家庭人均可支
配收入上升到 739 元,是 1978 年的两倍多。同年,在经过两年多的物价体制
改革试验后,深圳市率先放开一切生活必需品价格,取消一切票证。[①] 1985
年,国家又取消执行了 30 多年的农副产品统购派购制度[②],农民的生产积极
性被激发,城市居民的"米袋子""菜篮子"丰富起来。城市居民的膳食结构发
生变化,城镇居民家庭恩格尔系数降至 53.3%。

图 1-5 20 世纪 70 年代末,北京崇文门菜市场

资料来源:http://pic.people.com.cn/GB/31655/13721086.html[2015-06-23]

1982 年,全国第一次营养调查结果[③]显示,由膳食获得的能量为 2 485 千
卡,相当于中国营养学会 1981 年推荐的"我国膳食中营养素供给量"的

---

① 耿彩琴.作别票证:20 世纪 80 年代视深圳率先取消票证[J].中外书摘,2010(2):
52—56.

② 1985 年 1 月,中共中央、国务院发出《关于进一步活跃农村经济的十项政策》,取
消了农副产品统购派购的制度。

③ 金大勋.1982 年全国营养调查[J].医学研究杂志,1988(6):24—25.

102％。就全国人民平均位而言，中国人民的膳食已满足人体的能量需要。同时，全国人民平均能量的 92％来自植物食品，来自动物食品的能量仅占 8％。1979—1981 年，世界人均动物蛋白质摄入量达到 24 克，中国只有 7.6 克，甚至低于亚洲平均 12 克的水平。

这一阶段，家家户户的粮票都有盈余。在北京，蔬菜市场已基本做到淡季不淡，"顶花带刺的黄瓜、又嫩又绿的扁豆、粉里透红的西红柿……时值蔬菜淡季，红桥农贸市场里仍是一派生机……八九月份的北京国营蔬菜市场，历来是葱头、土豆、老楼瓜的'天下'。今年，在这淡季里很多人从国营蔬菜市场上，买到了柿子椒、西红柿等细菜"①。虽然在冬季，大白菜仍是餐桌上的常客，但份额减少许多，"当家"的地位明显削弱。

二、个体经济崛起：饮食消费场所和形式拓展

1979 年 9 月，中央宣布："家庭副业和农村集市贸易，是社会主义经济的附属和补充，不能当作所谓资本主义尾巴去批判。"1980 年 8 月，中央又宣布"鼓励和扶持个体经济适当发展，一切守法的个体劳动者应当受到社会的尊重"，个体劳动者的合法地位得到正式承认。

随着个体户的崛起，餐饮市场的平衡逐渐被打破。那个时候，社会上对个体户存在一些偏见②，因为个体户大多为进城农民、待业青年和社会闲散人员，大多数从摆地摊出道，广东人常称这类人为"街边仔"，带有歧视意味。然而个体户们在利用社会公共资源，享受国家优惠政策较少的情况下，为服务社会、搞活流通、增加税收等方面做出贡献，成为改革开放初期受益最大的一群人。到 1981 年年底，全国个体户已突破 100 万户。③

1980 年 9 月，位于北京市东城区翠华胡同的中国第一家个体饭店——北

---

① 陈先.本市农贸市场蔬菜新鲜生意兴旺[N].人民日报,1984-11-2(1).

② 个体户:全称为个体工商户,指有经营能力并依照《个体工商户条例》的规定经工商行政管理部门登记,从事工商业经营的公民.

③ 袁立峰.中国个体户的沧桑史[EB/OL].(2009-07-22)[2016-03-22].http://www.china.com.cn/news/txt/2009-07/22/content_18182274.htm.

京悦宾饭店开张,这成为饮食领域个体经营的标志性事件。在经济开放程度较高的广州,生产"广州四大名鸡之———太爷鸡"的高德良成为典型。1980年7月20日,"周生记太爷鸡"的招牌挂在文明路一间岗亭般大小的路边档上,高德良扔掉电焊工铁饭碗,干起了个体户。[①]

图1-6 1980年9月,北京悦宾饭店开张迎客

资料来源:http://news.sohu.com/20080210/n255112288.shtml[2015-06-21]

---

① 邓毅富.广州四大名鸡之一太爷鸡已104岁小店开在"老街"上[EB/OL].(2015-02-20)[2016-03-22].http://news.ycwb.com/2015-02/20/content_8949796.htm.

图 1-7　1984 年《广东画报》刊登"周生记与太爷鸡"报道

资料来源:http://news.ycwb.com/2015-02/20/content_8949796.htm[2015-06-17]

个体经营的饭馆出现并快速发展,城市居民饮食消费的场所和形式发生变化,在外就餐的机会增多,吃的品种也越来越丰富。

个体户利用沿街房子,破墙开店,底楼挖地三尺,做成店堂,其发展促进了美食街的诞生。80 年代中期,北京前门大栅栏商业街上已经有众多饭馆招牌,市民可尝全国各地风味。据报道,"1983 年 4 月以来,通过联营合作北京市现已引进了首都饮食业一直没有的杭州、云南、福建等风味菜点和著名的外地风味小吃共达 1 100 多个品种"①。

①　张太原.改革开放以后北京城镇居民食品消费生活的变化[J].当代中国史研究,
2003,10(5):61—70.

图1-8 20世纪80年代中期，北京前门大栅栏商业街上的饭馆招牌

资料来源：http://blog.sina.com.cn/s/blog_ee38d98c0101l7nd.html[2015-06-23]

三、节俭观念主导，广告意识缺乏

由于实行经济体制改革和对外开放、对内搞活的经济政策，商品生产不断发展，对外贸易也迅速发展，"广告"这个沉寂十余年、远离人们生活的词汇再次出现。1979年广告解禁，1982年全国广告业基本恢复，广告在沟通生产和消费的方面作用日益明显起来。

这一阶段，商品总量和种类不算丰富。报纸、电视等传统媒体上面投放的生活资料方面的广告很少，在此基础上，作为生活资料的饮食广告则更为稀少，因而在饮食广告信息和实际消费选择上，城市居民可主动选择的余地相当有限。

1979年1月28日(农历正月初一)，《解放日报》首次在一版和三版下部登载了两条通栏广告：上海工艺美术工业公司广告和上海市食品工业公司广告。上海市食品工业公司刊登的食品广告，产品包括幸福可乐、啤酒、补酒和味精。

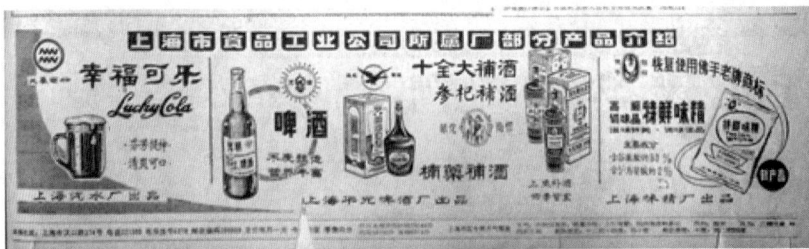

图 1-9　1979 年 1 月 28 日《解放日报》刊登改革开放后首条商业广告

资料来源：黄升民,丁俊杰,刘英华.中国广告图史[M].广州:南方日报出版社,2006:281.

有趣的是,《解放日报》是党的报纸,但率先恢复商业广告。时任《解放日报》党委书记兼总编辑王维后来回忆,1979 年春节前夕,报社正在开编委会,《文汇报》一位副总打电话过来询问春节放假期间两报能否出内容相同的单页联合版,好让辛苦的夜班编辑部放松过个年。王维不赞同:"那时候电视还没有普及,媒体也就这几张报纸,我在会上说,春节放假是读者看报的好时段,不能出单页。"这时有位与会者算起一笔经济账,文汇出单页,解放照常出四版,岂不是吃亏。正是这句今天听来横竖不靠谱的插话,触发了中国媒体广告的突破。王维当场表态:"那我们联系一下商品广告,可作为弥补。"

"广告刊登后,市里并没有批评我们,大约过了两个月,在宣传部一次会议上出版局有位副局长突然发问,《解放日报》带头刊登商业广告,到底是为社会服务,还是为本单位赚钱?"王维回到报社马上吩咐收集各界对刊登商业广告的真实反映,读者反馈"毁誉参半"。那时不少人认为商品广告侵占报纸版面,就等于侵占读者利益。①

就在《解放日报》第一个"吃螃蟹"的同一天下午 15:30,上海电视台播放了中国第一条电视广告——参桂养容酒。

---

①　阳军.突破在 1979:解放日报"文革"后率先恢复商品广告[EB/OL].(2008-10-01)[2016-03-22].http://www.yxad.com/Article/HTML/42769.shtml.

图 1-10 中国第一条电视广告——参桂养容酒广告

资料来源:黄升民等.中国广告 20 年[CD].北京:武警音像出版社,2001.打破坚冰.
25′21″

之后,《文汇报》闻风而动,于 1979 年 2 月 10 日在三版下部刊载了一条通栏广告,介绍上海市药材公司经销的杏仁止咳糖浆、止咳露、三七片、活血膏等中成药品。

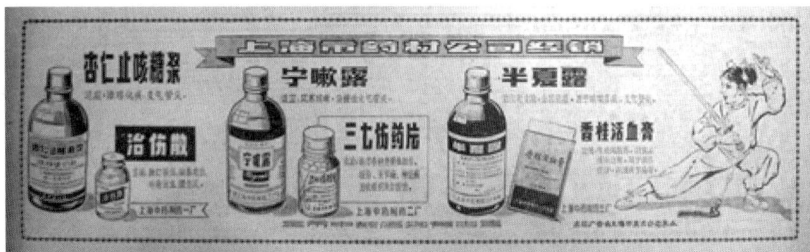

图 1-11 1979 年 2 月 10 日《文汇报》刊登上海市药材公司经销产品广告

资料来源:黄升民,丁俊杰,刘英华.中国广告图史[M].广州:南方日报出版社,2006:281.

1979 年 3 月 9 日晚,上海电视台正转播一场国际女篮赛,中场休息时,插播了一条电视广告。画面上,著名男篮运动员张大维与其队友在一场激烈比赛后,津津有味地喝着有"幸福可乐"字样的饮料。这让观赛正酣的观众一度以为播错节目,电视广告首次出现在中国电视荧屏上。生产"幸福可乐"的上海汽水厂成为时代的"弄潮儿"。①

---

① 朱叶慧.70 后记忆中的幸福可乐"正广和"百年蝶变解密[EB/OL].(2014-05-22)
[2016-03-22].http://news.xinhuanet.com/photo/2014/05/22/c_126535448_2.htm.

图 1-12　20 世纪 80 年代，上海街头的幸福可乐户外广告

资料来源：http://blog.sina.com.cn/s/blog_534956b70100ayp5.html［2015-06-30］

　　当时国家和市场的开放程度不高，市场主体受"酒香不怕巷子深"的意识的影响，做广告的不多见，且一般是国有企业或事业单位，广告形式简单而粗糙，基本上直接诉求于产品的功能和用途；或是从企业的角度，以产品目录的形式列举产品，起"公告""预告"或"称颂信誉"的作用。消费者不仅缺少主动关注广告信息的意识，还历数广告的弊端。[①] 对于饮食消费，人们持长期计划

---

　　① 阳军.突破在 1979：解放日报"文革"后率先恢复商品广告［EB/OL］.（2008-10-01）［2016-03-22］.http://www.yxad.com/Article/HTML/42769.shtml.

经济供应短缺而形成的"节俭"的消费观念，只要求吃饱。

这一阶段，出现少量以传统媒体为传播介质的饮食广告，涉及的品类主要为饮料、酒类、药品及保健品，这是摆脱物资匮乏束缚后出现的较高层次的需求。当时城市居民基本实现温饱，政府"以俭为主"观念的政治性引导依然强势，饮食广告并不能代表人们最实际最迫切的需求，并未如实地呈现饮食消费全貌。在这种情况下，城市居民饮食消费的广告形式以叫卖广告、音响广告、实物广告、标记广告、招贴广告等传统甚至古老的形式展现。

许多个体摊贩利用叫卖宣传商品，最具标志性的当属老北京叫卖。80年代以后，作为濒临灭绝的民间艺术形式，老北京叫卖逐渐得到发掘和恢复。

图 1-13　20 世纪 80 年代，老北京叫卖大王臧鸿叫卖烤红薯

资料来源：http://culture.china.com/heritage/custom/11170675/20150917/20413746.html
[2015-09-10]

　　人们记忆中的那些卖叮叮糖（麦芽糖、麻糖）的流动摊贩敲击硬糖发出的声音，是最具代表性的音响广告。

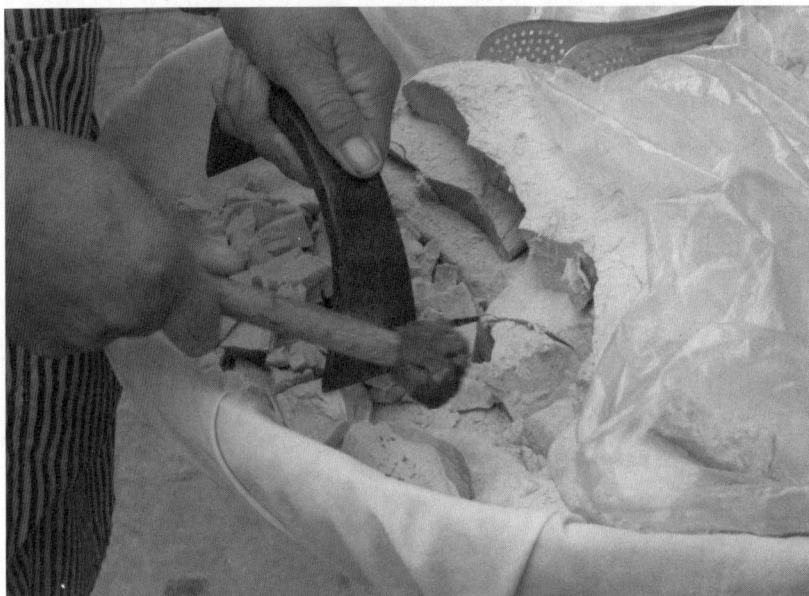

图 1-14　20 世纪 80 年代，大街小巷里边敲边卖的叮叮糖

资料来源：http://bbs.gzdsw.cn/thread-2138684-1-1.html[2015-06-24]

　　在上海这样的大都市里，繁华的南京路上可以看到五颜六色的食品招牌，包括夜间闪亮的霓虹灯招牌。城市街头巷尾各式各样的传统招牌更是随处可见，有小摊小贩，也有正规餐馆。这些招牌大多简单粗糙，以文字为主，鲜有图片。许多商家干脆直接以实物来表明商铺属性和售卖食品内容。

图 1-15　1986 年上海南京路上出现大量的招牌广告

资料来源：阎雷.昨天的中国［M］.北京：北京联合出版公司，2015：236－237.

图 1-16　20 世纪 80 年代初，北京街头私营小贩拉挂的简单招牌广告

资料来源：http://weibo.com/ypwk191？profile_ftype=1&is_all=1♯_0［2015-07-12］

图 1-17　1983 年上海红房子西莱馆醒目的店门招牌广告

资料来源：http：//weibo.com/ypwk191？profile_ftype＝1&is_all＝1♯_0[2015-07-12]

图 1-18　1985 年北京某肉铺实物广告

资料来源：http：//weibo.com/ypwk191？profile_ftype＝1&is_all＝1♯_0[2015-07-12]

图 1-19　1985 年广州某饭馆门前的菜品价目表

资料来源：http：//weibo.com/ypwk191？ profile_ftype＝1＆is_all＝1＃_0［2015-07-12］

四、初涉国外饮食：新奇与审慎交织

1979 年，伴随广告的解禁，外商来华广告逐步恢复。社会的悄然变化使他们认识到未来中国市场蕴含无限潜力，打开这个宝藏，广告毫无疑问是先遣部队。

在饮食领域，城市居民一方面以新奇的眼光审视来自国外饮食，另一方面又抱着不解、怀疑甚至敌对的心理。可口可乐重返中国就是典型的例子。

其实早在 1927 年，可口可乐就已出现在中国大陆，当时中文名称为"蝌蝌啃蜡"。[①] 1949 年，随着美国大使馆撤离，可口可乐也撤出中国大陆市场。

---

　①　1936 年，可口可乐公司在报上刊登启事公开征求译名，旅英华侨蒋彝所译"可口可乐"入选。中文的"可口可乐"是可口可乐全球所有译名中，唯一在音译的基础上具有实际含义的名称。

1979 年,可口可乐重新获准进入,风靡西方世界的饮料之王在退出中国 30 年后再次回归。

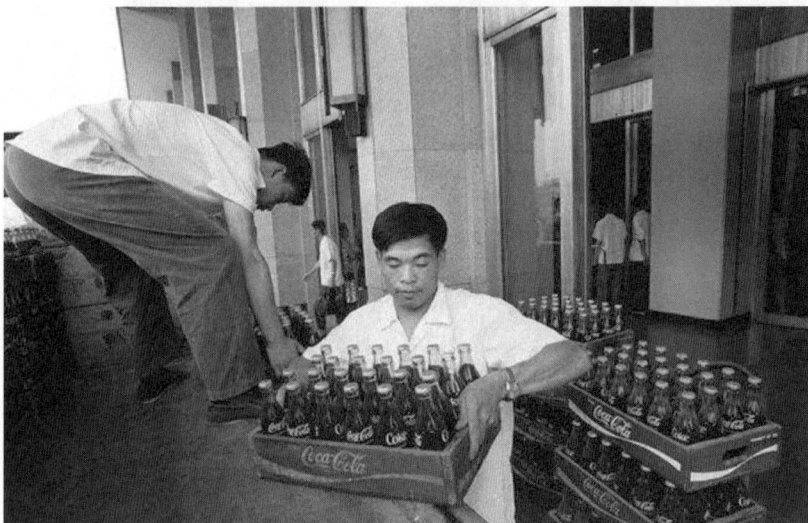

图 1-20　1979 年 9 月,第一批从香港运到大陆的可口可乐

资料来源:http://finance.qq.com/a/20081127/003027.htm[2015-07-02]

　　1981 年 4 月,可口可乐在中国的第一个装瓶厂——北京五里店厂建成投产,在此之前,可口可乐采用寄售方式,由中粮总公司安排销售。第一家可口可乐工厂在北京投入生产。大部分国人觉得一瓶售价 8 毛钱太贵,当时的可口可乐总裁罗波特·高兹耶达却说:“这依然很重要,我们现在有 10 亿潜在用户。”

　　然而,新中国成立后,可口可乐一度被视为资本主义腐朽堕落和国际霸权的文化象征,其再次出现时,国人自然带着反感和抵触。可口可乐的重返历程并不顺利,一开始只能在友谊商店和涉外旅游宾馆内销售。

　　1982 年,经国家商务部同意,可口可乐总公司协助北京分公司在各大商场推销可口可乐,买一瓶可乐,送一个气球或一双筷子,风风火火的促销马上引来媒体的强烈反应。《北京日报》“内参”以“可口未必可乐”为题发表文章,指出,在缺少外汇的情况下,引进可口可乐是浪费外汇资源。相关领导

图 1-21 1981 年罗波特·高兹耶达用一瓶可乐与中国官员干杯

资料来源：刘香成.毛以后的中国 1976—1983[M].北京：世界图书出版公司，2011:96.

做出批示，只准卖给外国人，不许卖给中国人。外经贸部只好通知北京停止销售。

接踵而至的咖啡因风波使可口可乐面临的形势更加严峻。1983 年，有些地方以"可口可乐含有咖啡因，不符合卫生标准要求"为由，阻止可口可乐在市场上销售。为此，可口可乐拿着从全世界 200 多个国家和地区搜集的关于咖啡因的资料尝试说服中国政府，之后中粮公司出面，指出北京生产的可口可乐 96％是国产原材料，可口可乐公司供应的浓缩液只占成本的 4％。北京内销的可口可乐不仅不花国家一分外汇，反而为国家赚回大量外汇。[①]

可口可乐的销售峰回路转，得到内销的批示。尽管如此，各地经销商仍处于观望状态，还是不敢卖。可口可乐真正打开销售渠道是在中央电视台 1986

---

① 房煜.可口可乐重回中国：中国 1979 的开放标签[EB/OL].(20080-4-22)[2016-03-22].http://news.163.com/08/0422/22/4A5UFKAF00012LLP.html.

年播放其广告之后。

当时,中国普通老百姓一个月的工资才几十元,仅能满足温饱,可乐是名副其实的"奢侈品"。带着对洋饮料的疑惑,一些有能力的城市居民开始试用并享受这种"洋汽水",可口可乐逐渐成为送礼佳品。

随着城市居民消费能力的日渐提高,可口可乐流行开来并成为时尚。1984年美国《时代》周刊4月刊①的封面上,一个中国人手里拿着可口可乐,站在万里长城上,面露微笑。

1984年4月30日的《时代》周刊封面

资料来源:http://news.sohu.com/20100318/n270908081.shtml[2015-04-22]

---

① 《时代》周刊创办于1932年,是美国三大时事性周刊之一,有亚洲版。该刊在全球具有权威影响力,能刊登在其封面上的基本都是当前在全球最具代表性的人物或事件。中国登上其封面的人物有毛泽东、周恩来、邓小平、姚明、张学友等。

由于社会开放程度有限，这一阶段进入中国的国外饮食并不多，如 1980 年进入中国的雀巢咖啡和麦氏咖啡，1981 年的百事可乐，1983 年开张的中国第一家中外合资餐厅马克西姆，带资本主义色彩的享受性消费观念并不普及。可以说，西方饮食文化的第一轮冲击作用有限。

小　结

这一阶段，城市居民基本实现从匮乏消费向温饱消费的过渡，但食品消费需求仍处于低层次，只要求满足最基本的生存需要，并不涉及心理或精神层面的需求。

长期计划经济形成的"以俭为主"的保守、单一的消费观念占据主流，及至 80 年代中期，政府对居民消费的政治性引导依然强势。

个体经济的出现和发展，为饮食消费拓展了新的场所和方式。面对国外饮食的第一轮冲击，大部分国人保持着新奇却又审慎的态度。长期以来集体主义、平均主义的强调压抑了人们的个性，消费采取集体配给，没有个体分别，更谈不上个人对消费的态度和选择。人们的饮食消费重视群体，倾向于"谨慎观望、随大流"。这不仅仅是出于避免被孤立的社会风险考虑，更有其他政治风险和经济风险的考虑。

随着改革开放的步步推进，意识形态的束缚逐渐放松，人们长期压抑的饮食消费欲望开始萌芽。

第二节　1986—1995 年：吃啥有啥

一、"菜篮子"渐丰：鸡鸭鱼肉不稀奇

由于副食品定量配给，随着经济的迅速增长和城市居民收入的普遍提高，副食品供应紧张的矛盾日渐突出。1988 年 7 月，国务院委托国家计委批复同意农业部提出的《关于发展副食品生产保障城市供应的建议》（简称

"菜篮子工程"①）以缓解副食品消费的供求矛盾。同年9月，"菜篮子工程"率先在北京、上海和天津三个城市实施，继而在全国推广。

"菜篮子工程"实施之后，副食品供应紧张的局面得到根本性扭转。除奶类和水果外，其余"菜篮子"产品人均占有量均已达到或超过世界人均水平。②

以前逢年过节才有机会改善伙食，吃到好的，所谓好的，也就是几斤鱼、肉，按票供应的几包好烟、几瓶好酒，几顿大米煮的饭而已。这时菜市场里不只蔬菜、瓜果、蛋、禽、肉类被纷纷摆上货架，很多家庭开始随吃随买，冬天也可以买到相对便宜的细菜，冬储菜逐渐退出老百姓的餐桌。

图 1-23　20世纪80年代中期，城市居民家中不过年也能吃到鸡鸭鱼肉

资料来源：http://blog.sina.com.cn/s/blog_4dad241b01013f6o.html[2015-07-30]

---

①　"菜篮子工程"一期工程建成中央和地方的肉、蛋、奶、水产和蔬菜生产基地及良种繁育、饲料加工等服务体系，以保证居民一年四季都有新鲜蔬菜吃。到20世纪90年代中期之前，"菜篮子工程"重点解决了市场供应短缺问题。

②　李维冰，田淑芳.从温饱走向富裕——1980－2000年长江下游地区居民饮食生活变化透视[J].东方美食（学术版），2003(3)：83－88.

由于供应充足、居民购买力提高以及饮食观念的改变，城市居民的日常饮食结构发生较大改变。人均粮食消费下降，奶及奶制品、鱼虾及其制品的消费上升。

进入 90 年代后，城市居民食品消费主食型向副食型转变。1992 年，第二次全国性营养调查显示：人们膳食结构中来自谷类食物的热能下降 4.5%，来自薯类的下降 3.1%；来自动物性食物的热能比例明显上升，谷类和豆类蛋白质摄入减少，动物性蛋白质增多。[①]

以北京为例，在主食消费上，居民由消费生粮为主向消费粮食加工产品为主转化；而在副食品消费上，菜市场里"肉案飘香：通脊、五花肉、前后臀尖、肘子……琳琅满目；鸡蛋又大又新鲜，伴随着卖主响亮的吆喝，引得你忍不住递上菜篮子"[②]，不只种类丰富，质量更好。居民的鲜瓜果消费支出明显增多，首先是买水果的人多了，再就是买水果的量多了，苹果也好，芦柑也好，只要东西质量好，往往都会买上好几斤，过去人们习惯的一元钱撮一堆的情况已不多见[③]。与此同时，进口水果逐渐在北京、上海这样的大城市中流行起来。

二、消费观分化：量入为出与正当享受

这一阶段，随着城市经济体制改革的深入，城乡居民收入差距有所扩大，中国城市居民生活有了很大改善。由于经济发展程度和对外开放进度进一步提高，广告的作用被进一步认识，企业和消费者的广告意识不断增强，广告在人们心目中已不是简单叫卖式的推销，"好货不登广告，登广告没好货"的偏见逐渐消失。图 1-24 生动地展现了 1991 年上海南京路上丰富的户外广告牌。

---

① 编辑委员会.中国卫生年鉴 1995[M].北京:人民卫生出版社,1995:96.

② 龚雯.浮浮沉沉看肉蛋——北京肉蛋价格放开后的变化[N].人民日报.1993-6-3 (2).

③ 屈俊峰.北京人吃水果的变化[N].北京晚报,1994-1-16(7).

图 1-24　1991 年上海南京路上丰富多样的食品招牌广告

资料来源：阎雷.昨天的中国［M］.北京：北京联合出版公司，2015：238－239.

在经济和市场的作用下，城市居民的饮食消费观分化明显：一部分人仍遵循"实用为主"的传统消费观，讲求节约和理性，在吃饱的前提下"适度"追求更高层次的饮食需求；另一部分人则趋向新潮，讲求精致的生活享受和消费品位。进入 90 年代后，饮食消费的社会性意义不断加强，通过饮食消费的层次、结构、水平、品味等对人进行区分的趋势越来越强。这一阶段，超过基本需求之外的消费由否定性的话语——"生活腐化"转变为肯定性的话语——"正当享受"。

广告逐渐注意并适应这种分化，一方面通过媒体有意识地对人们饮食需求的多元化进行理性或感性的引导，另一方面通过差异化的诉求和传播为人们日益丰富的饮食消费选择提供新的出口，开始关注品牌和传播中的非功能性诉求，这一点在外商广告上体现得尤为明显。

1980 年进入中国的雀巢咖啡在这一阶段的广告就使用非功能性诉求，取得良好效果。这一阶段，特别是年轻人，逐步认可咖啡，雀巢咖啡抓住中国人好客心理，以"味道好极了"作为广告诉求重点，以送礼品和待客作为市场定位,有效激发中国消费者的情感共鸣和消费欲望。①

1980 年,我国电视人口覆盖率仅为 45%,到了 1992 年,上升至 71.1%,越来越多的国人收看电视节目,这一年电视观众人数达 8.06 亿。② 1991 年,我国电视广告营业额首次突破 10 亿大关,电视媒介首次超过报纸,成为中国第一大广告投放媒介③,电视因结合音响、画面和语言等多个元素,对人们消费观念的影响明显更强。

1991 年,南方黑芝麻糊广告作为电视剧《渴望》的贴片广告在全国热播。这则 90 年代家喻户晓的电视广告,在当时一片粗俗的叫卖声广告中脱颖而出,以"一股浓香,一缕温暖"为口号,以怀旧的情感诉求配合完美的视听组合打动亿万电视观众,更馋坏电视机前的孩子们。广告使得南方黑芝麻糊声名鹊起,产品一时间供不应求。1992 年,这则叫好又叫座的广告片荣获全国第三届优秀广告作品一等奖及"花都杯"首届全国电视广告大奖赛金塔大奖,南方黑芝麻糊的销量也创纪录地翻了几十倍。1994 年,南方食品销售破亿。④

这一阶段,媒体广告丰富了人们对不同品牌的认知,为不同经济收入水平的国人提供了相应的购物参考指南。

三、对西方饮食接受度明显增强

这一时期,西方饮食抢滩中国大陆市场,改变了城市居民的消费结构,其中最引人注目的就是洋快餐的出现与兴起。

1987 年,肯德基在中国大陆的首家餐厅落户北京前门,其餐厅外墙招牌上挂着大大的红牌子"美国肯德基家乡鸡"。旁边挂一块小牌子,也是惹眼的红色,提醒客人这里是"美式快餐"。

---

① 李永平.市场营销:理论、案例与实训[M].北京:中国人民大学出版社,2007:65.

② 陈颖艳.从时代热播剧中场景道具的流变看当代城市居民消费观念变迁(1978—2014)[D].厦门大学,2015:5.

③ 陈培爱.改革开放 30 年我国电视商业广告回顾[J].中国广播电视学刊,2009(1):53—54.

④ 李明合.南方黑芝麻糊:陷落怀旧围城[J].销售与市场(评论版),2011(6):93—95.

a:小时候街头在叫卖芝麻糊　　　　　　　　b: 好喝到忍不住舔碗的小孩

c:好心的阿姨给小孩再盛一碗芝麻糊　　　　d:结尾处展示新包装

图 1-25　1991 年南方黑芝麻糊怀旧主题电视广告

资料来源：http://www.tudou.com/programs/view/R9IX80ZXGUw/？FR＝LIAN[2015-07-26]

图 1-26　1987 年 11 月 12 日,中国大陆第一家肯德基餐厅在北京开业

资料来源：http://www.todayonhistory.com/11/12/china-DiYiJiaKenDeJiCanTing.html
[2015-07-26]

除了可乐，这家餐厅只卖四种食物——原味鸡、鸡汁土豆泥、菜丝沙拉、面包。一块原味鸡售价 2.5 元，在 1987 年的中国，这是不折不扣的高消费，当时国家干部和大学教授的月薪也不过六七十元。但前来消费的顾客还是踏破门槛，店外排起长龙，甚至出动警察维持秩序，国人对于洋快餐的好奇无法阻挡。

图 1-27　1987 年，中国大陆第一家肯德基餐厅开业当日内部试营业场景

资料来源：http://www.todayonhistory.com/11/12/china-DiYiJiaKenDeJiCanTing.html
[2015-07-26]

紧随其后，麦当劳于 1990 年在深圳市解放路光华楼西华宫开设其在中国的首家餐厅。自此，洋快餐如雨后春笋般在中国的大街小巷出现。

图 1-28 1990 年 10 月 8 日，中国大陆第一家麦当劳餐厅在深圳开业

资料来源：http://www.todayonhistory.com/10/8/NeiDiDiYiJiaMaiDangLaoCanT-ingZaiShenZhenKaiYe.html[2015-07-26]

洋快餐这种新颖用餐方式，深受年轻人的喜爱。开始时光顾洋快餐的国人并不多，因为价格昂贵且口味不符合国人的胃口。但精明的洋快餐很快进行调整，实行本土化战略，吸引越来越多的消费者[①]。洋快餐带来的不仅是口味上的不同，还有饮食文化、用餐观念、管理模式等方面的深刻改变。

对喜欢追寻新奇事物的人们来说，在尝遍中国各地的美食之后，味蕾渴望更加新鲜的体验。除了洋快餐，西餐适时出现，大大满足了人们的需求。伴随改革开放的深入，大量商务往来促进了外国人来华旅游和居住，消费需求增加，这些因素共同造就了西餐市场的繁荣景象。

这一阶段，国人对全球化有了更加深入的体会和认识，加之广告展示的国际化因素日益加强，人们整体消费观念中对西方饮食文化的接受度大大增强，

---

① 刘卫兵.我们这 30 年——一个记者眼中的中国改革开放[M].北京：外文出版社，2013：152.

开始正确地对待这种国际化潮流。这种转变无形中也给本土饮食企业造成巨大竞争压力。

图 1-29 1990 年北京某副食小店贩卖着各种国外饮品

资料来源：http://weibo.com/ypwk191? profile_ftype＝1&is_all＝1♯_0[2015-07-15]

1989 年，中国本土饮料业全面崩溃，广州的"亚洲"，北京的"北冰洋"、重庆的"天府可乐"，武汉的"大桥"，天津的"山海关"，分别与百事可乐、可口可乐合资。① 相比之下，当时能和国外饮料企业相较高下的恐怕只有北京亚运会国内最大广告客户——健力宝集团了。

四、"下馆子"日渐流行

"仓廪实而知礼节，衣食足而知荣辱"，需求和欲望离不开购买力的支撑。这一阶段，城市居民日渐摆脱传统体制强加的行政性约束，随着收入的提高和选择空间的不断扩大，对饮食消费有了更高的要求。

---

① 国际广告杂志社等.中国广告猛进史 1979—2003[M].北京：华夏出版社,2004：89.

90 年代,进餐馆尝尝鲜已不是什么遥不可及的事,实惠餐馆和高档饭店竞相兴起。谁家有什么喜庆事,都愿意在饭店摆上一桌,既省事方便又热闹,还有面子。下馆子不仅能吃到全国各地的风味,还能品尝到来自世界各地的佳肴。[①] 90 年代有句流行语叫"今天我请客"很好地证明了这一点,"下馆子"和"红嘴唇"见证当时人们对经济宽裕与时尚的理解。

图 1-30　1994 年 2 月 25 日,北京某饭店女性在用餐后补妆

资料来源:http://news.qq.com/a/20081112/000757.htm[2015-06-13]

90 年代初,自助餐悄然兴起。自助餐刚刚出现时,几十元一位的价格对老百姓来说着实不低,去吃的人都想着不能对不起钱包。这时候"下馆子"要的还是经济实惠,饿怕了的国人,面对自助餐,有些惊慌失措。当时有人这样描述吃自助餐:进去先观察地形,打量清楚,一定不要拿又便宜又容易饱的东

---

① 永超.改革开放 30 年——饭碗里吃出来的巨大变化[J].健康大视野,2008(12):10
—15.

西,结果,桌子上摆满了,狼吞虎咽地吃了半个小时。虽然感觉有点饱了,但这时候桌上还有很多菜,锅里也有很多。突然看到门口提示"禁止浪费,剩饭按重量收费"。一番战斗结束,从座位上起身时,感觉腹部紧绷,身体不能完全站直,只能微弯,从座位起来后,想坐回去,腰已经弯不下去了。"扶墙进,扶墙出"[①],抱着"吃够本"的心态享用自助餐的大有人在。

图 1-31　1994 年上海和平饭店的自助餐

资料来源：http://history.voc.com.cn/article/201206/2012062115538408013_5.html
[2015-07-03]

随着社会商务活动的日益频繁,餐馆成为交际的重要场所。人们经常说"有时间找个地方坐一坐",这个"地方"指的就是餐馆。经济发展,许多原来处于社会底层的人一夜之间成为"大款",但财富的增加并未使其社会地位得到根本改变,这些人常以吃高档餐厅、山珍海味来提高自己的地位。高档餐馆越建越多,装修也越来越豪华,菜品越来越贵,"一掷千金"的阔绰派头多了起来。

----

① 李国萍.中国老百姓饭桌上的 30 年[J].人民文摘,2008(9):65—66.

小　结

这一阶段,城市居民饮食的选择更多,也更主动,在满足吃饱的需求后追求"吃得丰富"以及"吃好"。随着对外开放程度的提高,人们对于改革所引起的一系列社会生活的变化,也有较强的适应能力,能够适应多样化和国际化的饮食。

在经济和市场的作用下,居民饮食消费逐渐摆脱行政性约束,消费欲望解放和膨胀,城市居民的饮食消费分化明显起来,一部分消费者仍遵循"适度"和量入为出的消费观念;另一部分人则趋向新潮,追求正当的享受和品位。饮食消费逐渐成为获取自我认同和他人认同的手段,"炫耀性消费"和攀比之风,面子消费观念日渐显现。

第三节　1996—2008年：啥好吃啥

一、"食以安为先"：从色香味俱全,到吃出健康

1996年,我国城镇居民恩格尔系数降到48.8％(低于50％为小康),城市居民生活水平已基本达到小康。纵深推进的改革,深刻地影响人们的饮食习惯,居民更重视饮食的质量。1999年11月22日,"三绿工程"正式启动。[①]2001年4月,"无公害食品行动计划"[②]在京、津、沪、深圳四个城市试点并于2002年在全国推广。

---

①　"三绿工程"是由商务部、中宣部、科技部、财政部、铁道部、交通部、卫生部、工商总局、环保总局、食品药品监管局、国家认监委、国家标准委十二个部门联合实施的,以"提倡绿色消费、培育绿色市场、开辟绿色通道"为主要内容的系统工程。

②　"无公害食品行动计划"旨在通过建设农产品质量安全标准体系、监督检测体系、生产技术推广体系和市场信息体系,对农产品实施质量安全监控,推动农产品的无公害化生产和产业化经营。

2005 年"苏丹红一号"事件[①]、2006 年上海"瘦肉精"事件[②]、2008 年三聚氰胺事件[③]……食品安全危机促使人们反思一味追求色香味俱全的危害，选择食品从优先考虑价格转向价格和质量并重，过去一味相信广告，现在更相信产品质量公告。饮食观念发生巨大变化。吃肉要多吃牛羊肉等多纤维的红肉，蔬菜注重有机无害，食用油要吃非转基因的……"吃素""绿色食品""粗粮""高端奶制品""低碳消费"成为流行语。与此同时，营养品、保健品、减肥产品也成为饮食的一部分。人们更愿意多花钱购买质量较高的新产品，对食品的需求逐步转向对质量、档次的追求，消费者逐渐抛弃不健康、不科学的食品消费观和消费行为，创新消费观念，培养健康、科学的食品消费观，提倡绿色消费、合理消费、科学消费，这不仅满足自身发展需要，也促进食品业健康发展。

二、"唯快不化"：饮食便捷性、休闲化

这一阶段，保鲜和食品加工技术进步，食品的保存期限延长，深加工食品种类增多，质量也有了提高。一方面，都市生活和工作节奏加快，人们要求食品快捷化、方便化，方便食品和速冻食品更受青睐。另一方面，女性花费在"做饭"上的家务劳动为社会服务所代替，女性不再被家务束缚，她们学会享受生活，快捷便利的产品更能满足她们的需要。

90 年代初期，方便食品就悄然进入中国，在众多方便食品中，最先为人们接受的就是方便面。[④] 这一阶段，食品市场上出现众多品牌和口味的方便面。随着人们越来越重视食品的安全和营养价值，一些消费者把方便面视为垃圾

---

① 2005 年 3 月 4 日，亨氏辣椒酱在北京首次被检出含有"苏丹红一号"。不到 1 个月内，包括肯德基等多家餐饮、食品公司的产品中相继被检出含有"苏丹红一号"。

② 2006 年 9 月 17 日，上海连续发生"瘦肉精"食物中毒事故，波及全市 9 个区、300 多人。

③ 又称"中国奶制品污染事件"，事件起因是很多食用三鹿集团生产的奶粉的婴儿被发现患有肾结石，随后在其奶粉中被发现化工原料三聚氰胺。该事件重创中国乳业信誉，多个国家禁止中国乳制品进口。

④ 陈园.首屈一指的方便食品——方便面[J].食品与健康,1998(9):38.

图 1-32　2008 年 10 月 20 日《人民日报》刊登三鹿奶粉事件报道

图 1-33 非转基因食用油广告

资料来源：http://www.oilcn.com/index.php？m＝yp&c＝index&a＝show&catid
＝243&id＝2169［2015-07-02］

食品。《中国食品安全报》的资料显示,中国方便面的销售在 2008 年一度达到
顶峰,年销售 500 多亿包,销售额 500 多亿元。但此后,整个方便面行业进入
徘徊不前的状态。与此同时,一些以五谷杂粮为原料的营养型方便面或非油
炸方便面逐渐在市场上走俏。

图 1-34 琳琅满目的超市方便面货架

资料来源：http://www.whzg.org.cn/gcs/1156/10544.html［2015-07-11］

2005 年，五谷道场携"非油炸，更健康"的方便面横空出世，它凭借"非油炸"口号摧枯拉朽，最高时年销售额 20 亿元，2009 年，五谷道场被中粮集团收购，主要原因也是五谷道场的"非油炸"立场。①

图 1-35　五谷道场方便面广告

资料来源：http://www.nipic.com/show/8578625.html［2015-06-29］

方便食品中的速冻食品也为人熟知。《中国食品安全报》资料显示，中国的速冻食品产业起步于 70 年代，真正的发展始于 90 年代后期，于 2004 年进入飞速发展的"黄金十年"。

图 1-36　三全凌汤圆广告②

资料来源：http://www.nipic.com/show/4/63/93500a3e42686bd0.html［2015-06-29］

---

① 程青云.五谷道场究竟输在了哪里？［EB/OL］.（2013-03-07）［2016-03-22］.http://news.ifeng.com/gundong/detail_2013_03/07/22824417_0.shtml.

② 1990 年，三全凌生产出中国第一颗速冻汤圆。"三全凌汤圆，味美香甜甜"也为红遍大江南北的广告语。

这一阶段，城市居民闲暇时间增加，社会流动加速，旅游业有较大发展，带动休闲食品的消费浪潮，休闲食品逐渐成为新都市生活不可缺少的伴侣。1999 年，喜之郎推出 CICI 品牌，口号为"CICI，可以吸的果冻"，成为新型果冻产品的代表。

图 1-37 喜之郎 CICI 广告

资料来源：http://www.nipic.com/show/4/79/9e570bfc782a1b30.html[2015-07-21]

此外，膨化食品成为休闲食品中的常胜军。2003 年，可比克薯片改写薯片类市场只有进口产品的格局。可比克随后聘请当时的亚洲人气天王周杰伦代言，以"快乐每一刻，我的可比克"广告语反映年轻一代"青春、张扬"的个性特征，为许多消费者所熟知。

图 1-38 可比克薯片广告

资料来源：http://www.pugoing.cn/? act＝goods&m＝detail&sid＝2&id＝62
［2015-07-28］

三、"饮食购物新升级"：大型超市的发展

70年代末80年代初，我国曾出现自选商店，比如广州友谊商店附设的自选商店。1981年4月11日，这个"超级市场"开始营业，其特色之一是无人售货，消费者可自己随意在货架上挑选商品。同一时期出现许多这类商场，有上海杨浦环球自选商场、上海陕北菜场自选商场、北京二商局自选商场。自选商场规模不大，商品品种不多，商品价格也偏高，有些食品和日用品还要凭票供应或议价供应，自选商场里包装商品成本和价格居高不下；现代商业的经营管理，无论是手段还是技术，如冷柜、收银机、配货系统等，都跟不上。[1]

图1-39 20世纪90年代，初广州友谊商店附设的自选超市

资料来源：http://life.xinhua08.com/a/20141217/1426511.shtml? f ＝ arelated [2015-07-08]

90年代，国民经济的发展和人民生活水平提高，生产、加工、冷藏技术以及经营、管理水平的进步，为超市的日渐普及打下基础。

---

① 姚昆遗,邹炜.超市经营管理实务[M].沈阳:辽宁科学技术出版社,2004:11.

1990年12月，我国最早的本土连锁超市——美佳超市在广州开业；1991年5月，上海联华超市商业公司成立，同年9月联华超市曲阳商场开始营业，800平方米的营业场所里供应3 000多种副食品和日用品，全部开架自助，让市民耳目一新；1993年1月，上海华联商厦投资超市，一天内六家商场同时开业。广东美佳超市、上海联华超市和华联超市的开设标志着中国连锁超市业的兴起。[①]

随着改革开放深入，拥有巨大消费市场的中国开始吸引国外超市的进驻。1995年12月，国外超市巨头家乐福进入中国，在北京成功开设当时中国首个规模最大的超级购物广场——北京创益佳店。1996年，沃尔玛和麦德龙相继进入中国。国外大型超商的进入给中国本土超市带来巨大冲击，本土超市的问题逐渐暴露出来——超市的销售规模偏小，难以获得规模效应，超市的地域布局极不平衡；超市业发达的地区市场定位雷同、竞争激烈、没有经营特色。在上海，一个居民的小区尽管被超市包围，小区的居民常常每周去较远的家乐福采购一次。[②] 大型超市的购物环境、商品特性、服务质量都更能满足顾客的要求[③]。2001年，中国加入WTO，这无疑对中国社会经济生活带来多种机遇和挑战，就家庭消费而言，消费者获得更多的利益和实惠，可以买到价格相对低廉、质量上乘的商品；有更大的选择空间，可以获得有保证的销售服务……从2004年起，沃尔玛中国每年的新开店数以两位数速度快速增长，与中国高速发展的经济的同步成长。[④]

沃尔玛与众不同之处就是想尽一切办法从进货渠道、分销方式以及营销费用、行政开支等各方面节省资金，提出"天天平价、始终如一"的口号，承诺价格比其他商号更便宜。沃尔玛坚持"微笑服务""顾客永远是对的"，提供高品质服务和无条件承诺退款。这些承诺，提高了超市消费的接受度，刺激了消费。

① 姚昆遗，邹炜.超市经营管理实务[M].沈阳：辽宁科学技术出版社，2004：11.
② 颜威.超市经营管理实务[M].北京：北京邮电大学出版社，2013：5.
③ 刘睿.我国大型超市顾客忠诚影响因素研究[D].山西财经大学，2014：47.
④ 颜菊阳.沃尔玛：WTO十年打造中国特色国际超市[EB/OL].(2011-12-13)[2016-02-13].http://www.jnsmw.gov.cn/html/2011/business_1213/2787.html.

图 1-40　沃尔玛店铺标语广告

资料来源：http://news.sina.com.cn/c/2009-02-04/075315109277s.shtml[2015-07-22]

小　结

　　这一阶段，宏观经济活跃、市场营销繁荣、生活用品丰富、国人的消费选择意识不断增强，除了基本的消费需求，人们越来越注重生活的品质，消费观念发生巨大变化。在消费选择上能逐渐发挥自主力量，各式不同的消费态度造成时尚、风潮的盛行和生活方式、生活态度的改变。追求健康，追求方便省时，对全球化有更深入的体会和认识，使得这一时期国人的消费态度上越来越适应国际化的潮流。消费结构继续升级和消费需求明显回升，开放、多元和变动成为这一时期消费观念最重要的特征。[①]

---

　　① 蒋亦斌.当代中国消费观念变迁解读[D].武汉大学,2005:54.

第四节　2009年至今：啥叫吃好

一、"拿来主义"：饮食观念理性化

全球化环境下的中西饮食文化不断发生碰撞和融合，这种融合与互补，有利有弊。在外来饮食中，数量最多，目前极受欢迎的就是快餐店，如肯德基、麦当劳、必胜客。

西式快餐店在全国范围内迅速开设数千家分店，基本上提供炸鸡、汉堡、薯条、汽水等快餐食品。西式快餐菜品种类比较单一，基本不包含新鲜蔬菜，缺乏维生素、矿物质和膳食纤维，难以通过膳食的营养互补达到膳食平衡。这完全颠覆了中国传统饮食对素食的理念和营养合理搭配的理念。[1] 中国传统饮食讲究色、香、味的搭配，注重饮食结构均衡，强调良好饮食习惯；外来饮食虽然有不科学、不合理的因素存在，且高热量食品摄入过多，但并非一无是处，西方人认为营养必须得到保证，他们更重视各类营养成分的搭配组合，充分根据人体对各种营养和热量的需求来安排菜品或加工烹调。这种食物结构让欧美人在身体、心理健康方面领先其他人种达几个世纪，至今保持相当优势。[2] 随着生活水平的提高，越来越多的国人也尝试牛排，在西方文化中，不完全熟透的牛排，才尽显美味和丰富的营养，保持食物的原汁和天然营养，这种吃法也越来越受到国人的欢迎。[3]

二、体验消费：追求就餐个性化

2012年，中央"八项规定"出台以后，商务部和国家旅游局发布《关于在餐

---

① 朱寅娟.全球化对中国饮食文化的影响[EB/OL].(2014-01-22)[2016-04-13].http://www.docin.com/p-757967139.html.

② 陶短房.饮食文化的"拿来主义"[EB/OL].(2015-07-02)[2016-04-22].http://opinion.china.com.cn/opinion_13_132713.html.

③ 同①.

饮业例行勤俭节约反对铺张浪费的指导意见》，"指导意见"鼓励餐饮企业通过各种方式引导消费者减少餐饮浪费行为，这对高端餐饮和送礼文化都有很大影响，高端餐饮降低身段迎合大众餐饮需求。例如，总部位于上海的小南国集团推出大众消费品牌——南小馆，南小馆主营上海风味小吃，人均消费近百元。南小馆是小南国集团旗下人均消费最低的餐馆，但却是国内特色小吃类餐饮中消费水平最高的。[①]

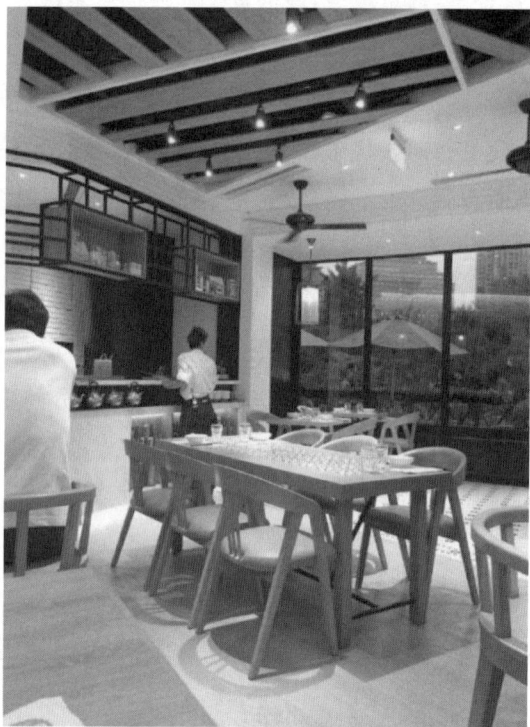

图1-41　南小国旗下大众化餐饮品牌——南小馆

资料来源：http://www.zgswcn.com/2014/0626/427446.shtml[2015-07-14]

目前，社会对个性化服务的需求已经凸显，个性化服务成为竞争的需要，

---

① 张涛.小南国多品牌策略能否突出重围[EB/OL].(2014-06-26)[2016-04-27].htp://www.zgswcn.com/2014/0626/427446.shtml.

体验式消费可以体现个性,一些大型餐饮企业把提供个性化服务作为提高服务质量的重要手段。① 许多餐饮企业愈发重视人们的具体要求,根据消费场景、消费时间、消费对象,提供有针对性的服务,让顾客吃得好,吃得安全,吃得舒服,餐厅必须提供组合服务:基本功能＋主题文化＋消费体验。个性化消费凸显的背后是贫富差距和消费档次高低,先富裕起来的人为了彰显地位和身份,往往选择高档餐厅,不同用餐格调、不同用餐环境的主题餐厅正好迎合这种需求。近两年甚至出现以海底为主题的特色餐厅,人们在进餐的同时不仅能够看到各式各样的鱼儿,还可以看到"美人鱼"表演,给就餐的人以味觉和视觉的双重刺激。

图 1-42　海底主题餐厅美人鱼表演

资料来源:http://bbs1.people.com.cn/post/29/1/2/148642741.html[2015-08-08]

① 沈国斐,郑江宁.浅析餐饮个性化服务[EB/OL].(2010-06-23)[2016-03-21].http://www.globrand.com/2010/449673.shtml.

现代消费往往带有许多感性的成份，容易受环境的影响。不太注重食物的味道，但非常注重进食时的环境与氛围。要求进食的环境"场景化""情绪化"，满足感性需求。① 今天，消费已不单单针对商品本身，消费是符号化的，带有象征意义，通过消费感觉、心情、美感、情调或者意义，消费变成仪式，满足对身份地位等方面的追求，产生自豪感，获得谈资，增长经历。

三、"网"罗天下美食：互联网＋餐饮

2015年3月5日十二届全国人大三次会议上，李克强总理在政府工作报告中首次提出"互联网＋"行动计划。② 一直以来，饮食文化都是地方的一大特色，"百里不同风，千里不同俗"的饮食文化几千年来未曾改变。互联网时代到来后，电子商务的崛起和O2O模式的诞生，使餐饮行业产生颠覆性改变，互联网＋东风吹起，必将重塑中国的传统饮食文化。③ 互联网对饮食的方式的塑造，着重体现在两个方面：一类是电商对地域性饮食的改变，主要包括C2C④和B2C⑤模式。

---

① 阎治民.个性化是餐饮业发展的主要趋势[EB/OL].(2015-09-24)[2015-04-24].http://www.docin.com/p-1299874670.html.

② "互联网＋"是创新2.0下的互联网发展的新业态，是知识社会创新2.0推动下的互联网形态演进及其催生的经济社会发展新形态。"互联网＋"就是"互联网＋各个传统行业"，但这不是简单的两者相加，而是利用信息通信技术以及互联网平台，让互联网与传统行业进行深度融合，创造新的发展生态。它代表一种新的社会形态，即充分发挥互联网在社会资源配置中的优势和继承作用，将互联网的创新成果深度融合于经济、社会各领域之中，提升全社会的创新力和生产力，形成更广泛的以互联网为基础设施和实现工具的经济发展新形态。

③ Alter.互联网＋时代，被改变的传统饮食文化[EB/OL].(2015-06-11)[2016-03-26].http://www.ikanchai.com/2015/0611/19638.shtml.

④ C2C即Customer to Customer，个人与个人之间的电子商务。如一个消费者有一台电脑，通过网络进行交易，把它出售给另外一个消费者，此种交易类型就称为C2C电子商务。

⑤ B2C即Business to Customer，即企业通过互联网为消费者提供一个新型的购物环境——网上商店，消费者通过网络在网上进行购物、支付等消费行为，此种交易类型称为B2C电子商务。

图 1-43 B2C 购物平台

资料来源：https://www.tmall.com［2015-03-10］

这种类型打破地方特色美食的地域限制，人们能够随心所欲选购到食品，区域性饮食的限制逐渐淡化。各类团购网站在 2010 年如雨后春笋般出现，走在电子商务网络购物前沿。目前国内有四种不同形式的餐饮 O2O 模式——外卖平台、团购平台、点评推荐平台及订餐类平台，它们分饰不同角色，改善人们的饮食。如图 1-44、图 1-45 则为主攻不同方向的网络外卖订餐服务平台。

以订餐小秘书为代表的订餐类平台，致力于帮助消费者预订就餐座位与食品，提高用户就餐质量。餐饮 O2O 实实在在为消费者带来好处，消费者能够有更多的选择，同时享受到更大的价格优惠。O2O 平台提供大量商家信息，消费者可搜索信息，更可以对比商家信息，查看用户评价，获取有关食品和服务的更多信息，有利于消费者做出最佳决策。最后，消费者一般在网上完成下单支付，不必在午餐、晚餐的高峰期排队等候，节省时间。

图 1-44　百度外卖送餐员送餐

资料来源：http://www.kekenet.com/menu/201603/431765.shtml［2016-03-04］

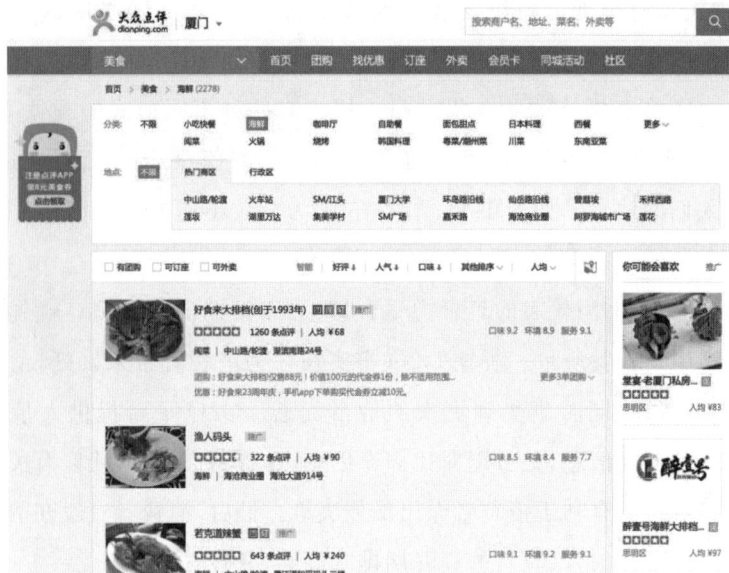

图 1-45　大众点评网主页

资料来源：ttp://t.dianping.com/xiamen［2016-03-15］

小　结

　　社会变化的日新月异，重塑着人们的饮食。中国人开始从传统"色、香、味"的追求向西方"原汁原味"过渡。手头富裕了，吃已不再是人们外出就餐的单一诉求，体验餐饮方兴未艾，吃中的文化韵味和"感觉"也成了消费的重要内容之一。互联网的崛起更是拓宽了传统餐饮消费的渠道，推进了餐饮消费转化升级，于是饮食代表意义、心情、美感、档次、情调或氛围。饮食不但满足了人的基本需要，更是社会表现和社会交流。借助消费，人们向社会表达和传递地位、身份、个性、品味、情趣和认同。人们以消费生活方式取代出身、血统和种种等级制度来作为个人的"识别系统"，这反映了社会的进步，也是传统社会向现代社会转变的标志之一。①

---

　　①　王宁.消费社会学[M].北京:社会科学文献出版社,2011:157.

第二章 衣之嬗变：从整齐划一到彰显个性

孟子云"衣必常暖，而后求丽"，寥寥八字高度概括了服饰的发展进程。服饰从最初的"遮羞布"，逐渐演变出横贯各个历史时期的文化形态。从商的威武庄严、唐的富丽大气、明的敦厚繁丽，到如今的复古多元，服饰的变迁不仅反映各个时期轻工业的发展状态，更折射人类审美意识和消费趋势的变化。

改革开放近四十年，国门渐开，民族服装受到外来服饰的猛烈冲击，经过博弈，二者的融合深刻地体现在国人日常着装的方方面面。转型期的中国，服饰广告成为透视我国服装发展的多棱镜，折射出服饰从整齐划一到彰显个性的变迁轨迹。

1978—1983 年，国门初开，国人虽然接触到很多新鲜的时尚因素，但由于思想上的禁锢和轻工业水平的局限，着装仍处于小心翼翼的审视阶段；1984—1989 年，布票的停用宣告服装市场从计划经济迈向市场经济，城市居民对于服装的审美处于盲目追赶潮流的观念交织时期，在穿暖的基础上追求美和时尚；1990—1999 年，服装款式和分类愈发细化，加之外来品牌的强势来袭，人们从上一阶段的盲目跟风中跳脱出来，对于服饰的品位日趋理性和成熟，城市居民的品牌意识和着装审美有了较大提高；2000 年至今，中国融入全球经济大潮，中国服饰与世界时尚的联系更加紧密，加之网络文化和电子商务的强势来袭，在"哪里买"和"买什么"都显现出斗转星移的巨变，个性和多元成为 21 世纪服饰文化的关键词。

第一节 1978—1983 年：穿出实用

"文革"期间,传统服装被归为必须要打倒的"四旧",新式服装被归为"资产阶级生活方式",国人可以穿着的服装款式极少,颜色也只有黑白蓝等暗色及草绿色。物资上的匮乏与精神上的管制,使这一时期人们对服饰的需求处于马斯洛需求的最底层——蔽体与保暖。[①]

图 2-1　20 世纪 70 年代末国人单调划一的着装

资料来源:http://blog.sina.com.cn/s/blog_64e900e10102w8cm.html[2015-10-21]

---

① 马斯洛需求层次理论由美国心理学家马斯洛在 1943 年发表的《人类动机的理论》中提出。他将需求层次从低到高依次划分为五个阶段:生理需求、安全需求、社交需求、尊重需求和自我实现需求。

一、一年四季都耐穿

1979年4月，国家开始对积累和消费的比例进行调整，人们的生活水平与消费能力得到显著提高，广告也开始萌芽与发展。同年，北京市委同意恢复户外广告，北京市广告公司借此机会在王府井南口推出十块户外广告牌，其中一块便是雪莲羊绒衫。1980年，雪莲牌羊绒衫邀请斯琴高娃作为品牌代言人，其广告语为"羊绒衫轻软滑暖/舒适耐穿款式新/宜春宜秋亦宜冬/雪莲名牌最精工"，足见百姓对服饰的需求，既要舒适耐穿，又要四季皆宜，品质方面也开始有所讲究。

图2-2 1980年7月30日《人民画报》刊登雪莲牌羊绒衫广告

当时虽然改革开放已经实行，计划经济依然占据主导地位，物资与生活用品需凭借票证供应，和食品一样，服装也是"供给制"分配。民众依靠布票购买棉布进行缝纫，然而每年每人只有三尺布票，根本无法满足需求，因此当时人们对于服饰的用料和材质非常重视。广告中大多强调用料上乘，缝工考究。

图 2-3　1980 年 4 月 30 日《羊城晚报》刊登熊猫牌衬衫广告

"的确良"①的出现解决了这个问题，的确良由涤纶和棉混纺织成，这种面料具有挺直不皱、耐穿易干、不缩水、不褪色的特点。新光牌的确良衬衫广告便充分强调这些优点。的确良衬衫，不仅耐穿不易损坏，还可以印染出不同的花色，即使价格不菲，人们也大力追捧。有趣的是，的确良原本被广州人称为"的确靓"，传入北方市场时被理解为"的确凉快"，但发现这种材质并不透气，就将其改名为"的确良"。

---

①　的确良：一种涤纶的纺织物，有纯纺，也有与棉、毛混纺，通常用来做衬衫短袖。的确良材质的衣物耐磨、不走样，容易洗、干得快。1976 年之前，国人穿的、盖的都是全棉制品。1976—1979 年，中国大量进口化纤设备，引发了"穿衣"革命，挺阔不皱、结实耐用的"的确良"，成为那个年代的代名词。

图 2-4　1979 年上海牌的确良衬衫广告

资料来源：http://www.admuseum.cn/ar/ad_picture.jsp? id＝114307

　　虽然的确良在城市中大为流行，然而农村还无法承担起这样的价格，"农村男青年买衣难"这则报道体现当时男青年买衣服的困难之处——数量少、价格高、衣料不适合。城市与农村居民在这一时期虽然对服饰消费的观念相似，均为实用耐穿、美观大方，但在经济上已经有分化的趋势，城乡差距开始显露。

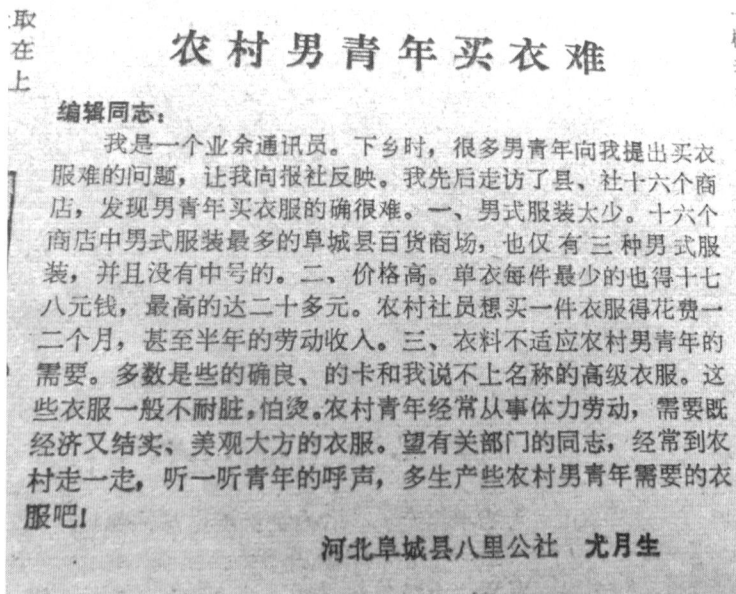

图 2-5　1980 年 1 月 29 日《中国青年报》刊登"农村男青年买衣难"文章

各大企业以进入国际市场为傲，广告中突出远销国外来凸显其高品质。例如强调"由于采用了国外最先进最新型的梳棉设备，因而产品质量上乘""现每年接受加工出口服装达六十多万打，远销美国、加拿大、德国、法国、瑞典、日本、荷兰、香港等地"等等。国人认为出口国外的产品质量一定过硬，广告商们在做广告时也通常会着重强调这一点。

二、边角余料要用到

在布票制度取消之前，纺织品均为定量供应，一般老百姓家庭只有逢年过节才会更换新衣物。1978 年，中国在城乡广泛开展计划生育，但是由于人口基数庞大，每个家庭仍拥有众多子女。[①] 因为衣服数量少，所以家庭成员只能重复穿，勤清洗，"新三年，旧三年，缝缝补补又三年"是真实的生活写照。在这样的情况下，每年依靠布票领到的几尺布显得尤为珍贵，人们秉持节俭的理念，让每一块布都物尽其用，即使是边角余料也不浪费。

在服饰当中，衬衫可以算作奢侈品。80 年代初，衬衫的价格非常昂贵，一件衬衫往往花费普通老百姓一两个月的工资，穿上衬衫，让人精神百倍，拥有一件衬衫成为向往和追求。穷则思变，在这样的情况下，"假领子"流行起来。这种假领不完全只是领子，还有前襟、后片、扣子、扣眼，但只保留内衣上部的小半截，穿在里面，露出的衣领部分完全与衬衣相同。仅需一个假领子，即可以让自己体面立整，用最少的花费让效益达到最大化，用最少的布料让自己形象得到改善，可见人们对服饰的消费理念。

除此之外，当时还流行利用边角余料来做童装、童鞋。皮革制件厂或者服装厂有剩余下脚料，虽然质量很好，却不能够合理利用，只能当作废料处理，非常可惜。为了能够更妥善地处理这些下脚料，有人动脑筋用边角余料来制作

---

① 1962 年 12 月党中央、国务院首次发出《关于认真提倡计划生育的指示》，提倡计划生育。1963—1964 年，国务院正式成立计划生育委员会，计划生育在城市逐步开展。1978 年《中华人民共和国宪法》中明确规定："国家提倡和推行计划生育。"计划生育开始在城乡广泛开展。2013 年中共十八届三中全会决定启动实施允许一方是独生子女的夫妇生育两个孩子的"单独二孩"政策，计划生育政策逐步放开。

童鞋、童装，且价格便宜，受到广大消费者的欢迎。

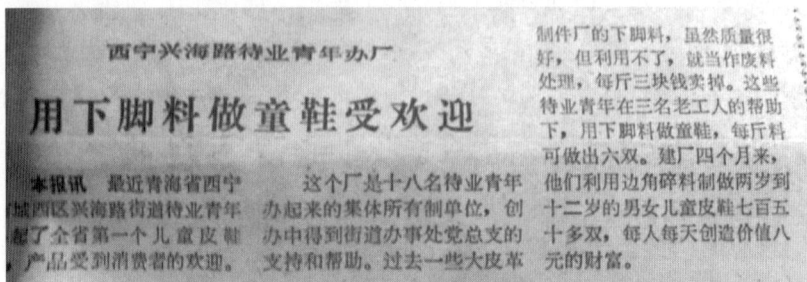

图 2-6　1980 年 2 月 19 日《中国青年报》刊登"用下脚料做童鞋受欢迎"文章

三、初识时尚重款式

除了注重实用性和品质之外，国人关注款式的新颖性与时尚性。1979 年
2 月，中国轻工业部和教育部在北京展览馆东厅联合举办"大中小学生统一服
装式样展览"。展览中可以看出，千篇一律的军便装和中山装已经不能满足需
求，人们关注服装款式的多样性。

图 2-7　1979 年"大学生统一服装样式"

资料来源：陈彤.镜头中国［M］.北京：中国友谊出版社.2013：58.

1979 年 4 月，法国著名服装设计师皮尔·卡丹应邀首次访华，在北京民
族文化宫举办了一场服装观摩会。在临时搭建的 T 型台上，皮尔·卡丹带来

的外国模特在流行音乐的伴奏下迈起猫步。那些身着耸肩衣裙、神态放松的高挑美女，与台下穿着蓝灰制服、屏住呼吸的中国观众形成强烈的对比。这次时装表演给国人带来巨大视觉冲击，唤醒了被压抑多年的时尚文化。

图 2-8　1979 年皮尔·卡丹在北京举行服装观摩会

资料来源：http://www.cq.xinhuanet.com/2014-05/28/c_1110895608.htm［2015-08-10］

　　1980 年 11 月，受皮尔·卡丹时装表演的影响，上海服装公司冲破思想禁锢藩篱，在上海组建新中国以来的第一个时装表演队。有趣的是，第一批模特全部选用工厂中的纺织工人。这批年轻人打破世俗偏见，将新颖服装展现给世人，中国服饰走出千篇一律的时代。1983 年，时装表演队获得进京演出的机会，这次演出中的年轻模特共更换了 185 套时装，一举轰动北京，各大报刊争相报道，海外媒体更是将这次演出看作中国改革开放的象征。

图 2-9　1983 年上海时装表演队在北京演出

资料来源：http://finance.qq.com/a/20081124/002372.htm［2015-08-09］

　　1980 年，电影《庐山恋》①播出，张瑜饰演周筠，在电影中更换 43 套衣服，其穿着的洋装全部在香港采购。周筠戴贝雷帽，穿高跟皮凉鞋，还有很多新款的服饰，不仅展现外来的时髦物品，也引领时尚新潮流。影片播出后，有人批评周筠穿资产阶级服装，但很多女青年都拿着电影海报到裁缝店，要求按照这些款式定制衣服。

---

　　① 《庐山恋》于 1980 年 7 月 12 日上映，上海电影制片厂出品，由黄祖模执导，张瑜、郭凯敏主演。影片讲述了一位侨居美国的前国民党将军的女儿周筠回到祖国庐山游览观光，与中共高干子弟耿华巧遇，二人一见钟情的爱情故事。

图 2-10　1980 年电影《庐山恋》剧照

资料来源：http://culture.ifeng.com/a/20140909/41909980_6.shtml[2015-08-20]

　　伴随着外国文化的进入，喇叭裤和牛仔裤开始流行。喇叭裤在中国的流行和当时风靡中国的两部日本电影——《望乡》和《追捕》有着重要联系。[①] 电影中身着喇叭裤的主角一时成为潇洒的代言人，也是年轻人纷纷效仿的对象，公园里肥大的喇叭裤和蛤蟆镜成为潮流。

---

　　① 《望乡》和《追捕》是 20 世纪 70 年代中日邦交正常化后我国引进的日本影片，放映后红遍大江南北，引起轰动，成为那个年代街头巷尾谈论的焦点。《望乡》由熊井启执导，栗原小卷、田中绢代等主演，影片讲述了被骗卖到南洋当妓女的日本贫苦妇女阿崎的悲惨遭遇。《追捕》由佐藤纯弥执导，高仓健、原田芳雄等主演，讲述了为人正直的检察官杜丘在被人诬告后，一边躲避警察的追捕，一边坚持追查自己被诬告真相的故事。

图 2-11 1981 年北海公园里游玩的年轻人

资料来源：刘香成.毛以后的中国 1976—1983[M].北京：世界图书出版公司,2011：151.

  牛仔裤在中国的流行则与美国电影《欲望号街车》息息相关[①]。马龙·白兰度在影片中穿着紧身牛仔裤,白色汗衫的形象深入人心。1980 年,著名牛仔裤品牌 JORDACHE[②] 在中央电视台上播出广告,这一品牌在美国以时尚性感著称。国门初开,国人对于来自资本主义国家的商品充满敌意和恐惧,广告很

---

  ① 《欲望号街车》是伊利亚·卡赞执导,费雯丽、马龙·白兰度等主演的电影。影片 1951 年在美国上映,改革开放后进入中国。该片讲述了"南部美女"白兰芝因"不适当"的行为被解除家庭教师职务后,来到新奥尔良投靠妹妹后发生的一系列故事。

  ② JORDACHE 是美国著名的牛仔裤品牌,由以色列的 Joe,Ralph 以及 Nakash 三兄弟 1977 年建立于纽约。现在,JORDACHE 不仅设计生产出多款的丹宁布料、服饰与配件,还帮 Gap、Tommy Hilfiger、Levi's 等知名品牌生产丹宁布料。

快被停播。不过随着人们思想观念的逐渐开放,牛仔裤还是很快流行起来。

图 2-12　1980 年牛仔裤品牌 JORDACHE 央视广告

资料来源:黄升民等.中国广告 30 年[CD].北京:中国传媒大学广告学院,2014.破冰踏浪.5′48″.

与此同时,中国的服饰广告开始凸显款式特色。各服饰广告的广告语都突出"款式多样""新颖别致"的特点。广州市胜利橡胶厂的广告表示其鞋子"美观大方款式多样",呈现各式各样的鞋子,拖鞋、凉鞋,中跟、低跟,以吸引消费者。当时经常会开办时装展销会,展销会广告也突出服饰"新颖别致"的特点。有些女装还设计了抽带花边等元素,款式越来越新颖多样。

图 2-13　1982 年 4 月 7 日《羊城晚报》刊登广州市夏季服装展销会广告

人们利用边角余料来制作童装，变化出许多活泼有趣的花样，如"田鸡裤""背带裙"，还在裤子上贴流行动画片中的孙悟空，对款式的要求正逐渐提高。

图2-14 1980年4月19日《羊城晚报》刊登"80年代初期孩子们的新装"文章

四、破旧服饰来交换

这一时期，由于计划经济仍然占主导地位，"国营经济为主体，个体、私营经济是必要的补充"，服装企业多是国营或集体所有制企业，没有民营经济与民营企业，更少个体经济。

"供不应求"的市场状况催生小商品市场。个体经济则在地下悄悄进行，主要售卖针线、饭盒等小件商品。80年代初，随着生活水平的提高，不需要的破旧衣服出现，街上出现塑料制品摊贩，人们可以拿钱直接购买塑料板凳、塑料饭盒等产品，也可以用旧衣服交换。[①]"换"成为大家心知肚明的"潜规则"。

----

① 华梅.新中国60年服饰路[M].北京：中国时代经济出版社，2009：152.

　　1980 年 12 月 11 日,19 岁的温州姑娘章华妹从温州市工商行政管理局领到中国第一份个体工商业营业执照,成为"中国第一个工商个体户"。虽然国家允许个体经济发展,但是大多数国人依然认为做小买卖是"投机倒把"的违法行为。

　　1980 年,青岛在即墨路设立小商品市场,标志着商品市场开始起步。"北京的秀水街、上海的襄阳路、青岛的即墨路",这些都是曾经名震大江南北的购物天堂。青岛即墨路上,1 340 个露天摊位密布,最新的流行色从这里流出,最新款式的衣服从这里卖出,这条街的风格和模式也被许多城市的服装街竞相模仿。

图 2-15　20 世纪 80 年代青岛即墨路服装市场

资料来源:http://www.haokoo.com/citynews/9359133.html[2015-11-21]

　　武汉有著名的小商品市场汉正街。1981 年,有一名工人专门写了题为"汉正街投机倒把多"的文章,寄给北京某日报。在汉正街上,服装起初是不允许贩卖的。1983 年,武汉在永宁巷和新安街开辟服装市场,但并非所有人都能进场。汉正街只能卖童装,不能卖长袖衬衣,长袖衬衣属于大件商品。[①]　直

---

　　① 华梅.新中国 60 年服饰路[M].北京:中国时代经济出版社,2009:152.

到 1983 年 12 月 1 日，国家商业部发出通告，全国取消票证，免收布票、絮棉票，棉布、絮棉全面敞开供应，国人使用了近 30 年的布票停止使用。服装的商品化和多样化成为可能，人们可以自由选择服饰。

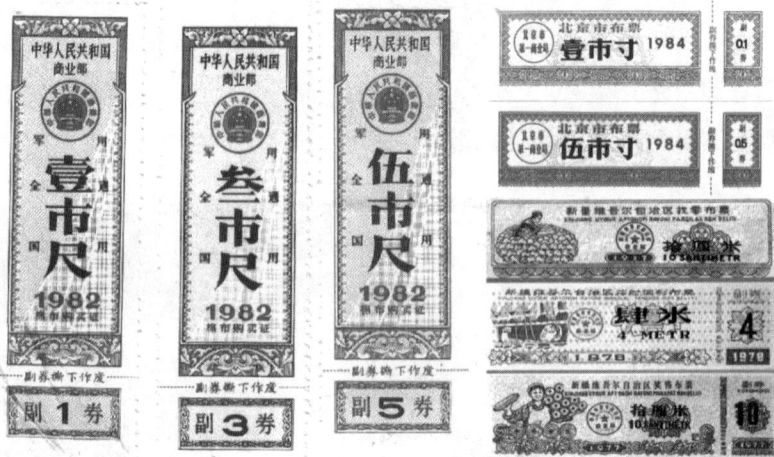

图 2-16　20 世纪 80 年代初期全国布票样张

资料来源：http://www.997788.com/37443/search_131_15308635.html［2015-08-09］

小　结

1978—1983 年，于中国而言是经济的艰难探索期；于中国服饰而言，是一场从无色到有色，从单一到多样的初探。物质仍然匮乏都阻挡不了爱美之心与对时尚的追求。没有足够的布票买布做整件衬衫，就做个"假领"；没有经济条件经常添置新衣服，就买件耐洗抗皱的"的确良"；或者用边角余料给孩子做衣服。

这一阶段，服饰广告主要发布于报刊上，数量和种类都较少，基本可以分为服装广告、鞋履广告和时装展销会广告三种类型。服装广告又分为成人服装和童装两类。成人服装广告基本为衬衫和针织衫这一类价格较高的产品，衬衫广告占据服饰广告的大片江山。

这一时期,广告语直白简单,较为雷同。广告商们抓住消费者对服饰心理需求,打出"耐穿舒适""美观大方""款式新颖""用料考究""四季皆宜"等相似的广告口号。在经济水平较低的条件下,消费仍然崇尚节俭,以实用性为主。随着国外时尚之风的涌入,思想已经先于物质而行。虽然国人对服饰的需求无法满足,但对美有了新的看法,"时尚"这颗种子开始在中国人心中生根发芽。

第二节　1984—1989 年：穿出摩登

改革开放五年有余,中国经济发展初见成效,各类物资愈发多样,消费品货源充足,粮食和棉花产量大幅度增长,供不应求的时代即将成为历史。民营百货商店就在这样的背景下纷纷涌现,1984 年 7 月 25 日,北京天桥百货股份有限公司正式成立,成为中国第一家股份制企业。

图 2-17　2008 年 12 月 29 日《新京报》新浪版刊登中国第一个股份制公司天桥百货

1987 年,郑州商业中心德化街改造,街道北端建起亚细亚商场。中央电视台一句"中原之行哪里去,郑州亚细亚"的广告语让亚细亚商场扬名大江南北。模特式的服务员、亲和的服务态度、有奖营销活动⋯⋯一系列的创新使得亚细亚成为这一时期中国商场一把手。售货员的"高冷"不再,顾客是上帝成为各大商店的信条,亚细亚商场成为中国百货商场史上里程碑式的存在。

图 2-18　2014 年 5 月 18 日《郑州晚报》电子版刊登 1990 年郑州亚细亚电视广告截图

与此同时,布票制度的取消催生了中国第一批"下海"商人,1984 年左右甚至出现"经商热"。

图 2-19　1986 年上海街市上出现的个体服装商贩

资料来源:http://history.huanqiu.com/photo1/p/2012-09/2664893.html[2015-08-11]

80 年代中后期，日益打开的国门和日臻完善的市场机制为服装从朴素到潮流的转变提供了温床，服装的经济、文化作用逐渐得以发掘。服装业异军突起，爆炸式增长的市场需求使得服装工业在 80 年代初以 12% 的速度递增①，国有服装企业崛起，三资企业进入，第一批民营服装企业和服装批发市场诞生，在供应国内市场的同时，大量为其他国家和地区进行出口加工。红豆服装、一休童装等起步较早的本土品牌抓准机会，占据了强有力的市场地位。

1986 年 9 月，国务院提出"以服装为龙头"的思想，决定将服装行业从轻工业部划归纺织工业部管理。我国重要的服装杂志《中国服装》②于 1985 年创刊，《中国服装》杂志 1988 年发表社论："科学技术是生产力，艺术也是生产力。服装创作设计，既有科学技术的因素，又有文化艺术的因素。因此服装创作设计不仅是生产力，而且是具有特殊性的生产力。"服装已然成为超越其本身物质结构的文化性生产力。服装业的壮大催生服装设计师职业化制度，有手艺和设计感的裁缝走向高端，成为首屈一指的服装设计师，更促进中国服饰文化走出国门。1988 年 5 月 10 日，我国第一所全国性的以服装科学、工程、艺术为主体的新型的服装教育高等学府——北京服装学院在京成立。

---

① 于丹.建国后至 20 世纪初中国服饰流行的研究[D].东北师范大学,2012:21.

② 《中国服装》杂志创刊于 1985 年,由中国纺织工业协会主管,中国服装集团公司主办的一份服装行业产经类刊物,发行至今。

图 2-20　《中国服装》1985 年创刊号

一、彩色世纪初开启

人们早已厌倦了凭票供应时期"灰蓝绿"的单一色调，服装的色彩和款式都呈现新模样。《街上流行红裙子》[①]正好拍摄于中国人服饰色彩从单一到多元的时代，这部影片直接以时装为题材，记录了 80 年代开放初期人们思维方式的变化，成为继《庐山恋》后又一部引领服饰时尚的作品。

---

①　《街上流行红裙子》由齐兴家执导，该影片于 1984 年上映，第一次直接以时装为题材，记录了 80 年代改革开放初期国人思维方式的变化。

图 2-21 《街上流行红裙子》宣传海报

资料来源：http://movie.mtime.com/42458/posters_and_images/568081/［2015-08-17］

　　1986 年 7 月 12 日，《中国纺织报》①登载了题为"北京流行黄裙子"的文章。文章中写道："对行情反应灵敏的个体服装摊贩，迅速推出一批黄裙子。在西单夜市上，放眼望去，一排排黄裙子有如一丛丛盛开的黄玫瑰……一位姓程的个体商贩告诉记者，他最多时一晚上卖出 100 多条黄裙子。他从广州买来黄色水洗布，自己加工后出售，每条裙子卖 8～18 元不等。"一篇报道迅速瓦解了红裙子统治的天下，女性着装进入红黄并存的鲜艳时代。

---

　　① 《中国纺织报》创刊于 1986 年 1 月，国内外公开发行，是具有影响力的纺织行业权威日报。2002 年正式加盟《经济日报》报业集团，发行至今。

图 2-22　20 世纪 80 年代末，红黄并存的鲜艳着装时代到来

资料来源：http://news.163.com/08/1216/22/4TANMLAQ000120GU.html［2015-08-30］

　　80 年代末期，消费类服装杂志的大量出现大大提升了服装广告的质量。法国高端时尚杂志《ELLE 世界时装之苑》①的强势进驻使得 1988 年成为中国消费类时尚杂志发展史上的重要一年。《ELLE 世界时装之苑》首开国外全彩时尚杂志进驻中国的先河，杂志封面的摩登女郎和内页中来自世界各地的潮流风尚开拓了国人的视野。随后，《中国服装》《现代服装》等早期本土时尚杂志纷纷效仿其创办风格，中国人的服饰文化视野逐渐跟上国际时尚的步伐。

---

　　①　ELLE1945 年创刊于法国，是法国桦榭集团旗下的国际著名时尚杂志，内容专注于时尚、美容、生活品味，在世界范围内国际版本达 70 余种。《ELLE 世界时装之苑》是法国 ELLE 杂志的中国版。

图 2-23 《ELLE世界时装之苑》1988年创刊号

在多彩时装频出和外来服饰文化的教化之下,中国服饰在这一时期完成从功能性到文化性的第一次蜕变,成为人们美化自身和生活的重要组成部分,消费观念的变化使广告诉求有了新内容。黑白的报纸广告挡不住多彩与潮流的袭来,"生鱼牌"系列时款印花T恤用图片展现出斑斓的色彩和特色的印花,人们对于时尚的追求已经跨越服装布料上的多彩,渐渐延伸到花纹图饰的精雕细琢。

早在时尚类杂志出现前,国内已兴起以企业为名出版的彩色宣传册。彩色印刷的低成本运作使得彩色服装宣传册应运而生,实力强劲的企业开始将广告投入转向更具视觉冲击的彩色宣传册中。宣传册以展示企业当季产品为主,偶尔穿插刊登业余模特的上身效果图,多彩的服装广告之门从此开启。

图 2-24　1989 年 2 月 19 日《羊城晚报》刊登生鱼牌 T 恤广告

图 2-25　20 世纪 80 年代，冬梅印花衬衫彩页宣传册

资料来源：http://www.997788.com/pr/detail_40_10877357.html[2015-09-01]

改革开放脚步越迈越大，封闭的大门被打开，外面的世界使中国人眼花缭乱，中国人开始以审视和怀疑的目光打量自己的穿戴，追求时尚和美无阶级之分。中国人的服饰也从单一走向斑斓。企业逐渐意识到，要想让国人掏出口袋的钱，必须先吸引眼球。广告主抓准国人刚刚觉醒的美学意识，大量启用平民化的时装模特，彩色的媒介形式更受青睐，一场从黑白到彩色的战役从服装本身迁徙到服装广告。80 年代中前期，彩色广告媒介费用明显高于报纸、宣传画报等黑白广告形式，因此早期用彩色媒介进行广告宣传多为商品档次较高、价格相对昂贵的服装企业，直到 80 年代后期，彩色宣传画、杂志广告等彩色广告形式才实现普及。人们也从排斥广告商品，认为卖不出去的商品才做广告，转变为信服广告，广告扮演着潮流引导者和品质担保人的角色，它间接地教育人们什么样的服装是流行之势，做广告的企业才是真正的大品牌，人们拿着广告去商场找商品的情况开始出现。

二、洋派修身成潮流

国门渐开，外来的时尚文化渗透进中国的服饰文化中。1984 年，皮尔·卡丹在中国设立第一个专卖店，1985 年 5 月法国时装设计师伊夫·圣·洛朗在中国美术馆举办 25 周年作品回顾展，两个具有服饰文化教育意义的行为让中国人更深地了解了现代服饰潮流和 20 年来世界潮流服饰变迁史。加之时尚杂志为生动全面的世界时尚服饰文化提供了展示平台，外国服装文化中的"洋派"和"修身"也被中国人所接纳和效仿。

转型初期，崇尚美丽时髦的外来服饰文化纷纷涌入国门，它教会国人怎样穿才时尚，人们追求美的意识也伴随这股潮流的进入而迅速觉醒。中国人在服装上面所受的影响并非"西风东渐"一词就能概括，近至香港、日本，远如法国、美国，都对 80 年代中后期的中国服饰文化产生非凡影响。这一时期，我国居民的服装消费呈现出盲目跟风的情形。牛仔服、蝙蝠衫、西装、运动服、风衣、马海毛……凡是"舶来品"，皆是新的好的。

图 2-26　2013 年 5 月 17 日《深圳晚报》刊登 20 世纪 80 年代服装秀回顾

图 2-27　1986 年北京地坛公园售卖服装的个体商贩

资料来源：阎雷.昨天的中国[M].北京：北京联合出版公司，2015：199.

伴随着大量外来影视作品的进入，中国人习得了戴蛤蟆镜和穿风衣的新时尚，风衣成为风度和时尚的代表。国产品牌长城牌风雨衣及时掌握时尚脉搏，于1984年大量投产风衣。从80年代中期到90年代末，长城牌风雨衣曾风靡大江南北近20年。当时，时髦男女以穿着长城风雨衣为潮流；打开电视，长城风雨衣的广告接连不断；翻开报纸，有关长城风雨衣"领头人"张洁世的报道频频出现。

这股"洋"风潮迫使服装国内厂商们调转龙头，投产适销对路的商品，大量洋装样式陈列于橱窗之中，牛仔服、风衣广告成为那一年代的广告大户。不仅如此，这股洋派热潮更教会企业如何将洋文化从服装款式到广告宣传，全面地贯穿到企业的营销过程中，"出口、进口、香港、畅销国外"等广告词成为企业的惯用广告文案，让国货更洋气。1984年，"梅花牌"出口童装展销会就曾在《羊城晚报》刊出广告，广告文案写道"畅销国内外、荣获中国对外经济贸易部1984年出口基地产品评比展览荣誉证书"，一种与外国时尚接轨的深意饱含其中。

第一批登上中央电视台的服装品牌——天坛衬衫也在广告中借势外国的潮流感，除了宣传企业和产品，更打出"美国、日本、西欧市场特别畅销"的旗号。

1989年，宁波甫港服装总厂濒临倒闭，厂长郑永刚上台后，对服装消费市场进行调查，最终决定从生产低端服装转型生产高端名牌服装，总厂以杉杉为名开始生产高档西服，品牌转型之战打响。为让消费者尽快知晓刚刚诞生的新品牌，郑永刚自然而然想到广告。随后的一个月中，"杉杉西服，不要太潇洒"的广告充斥电视和报纸，广告的成功使杉杉西服名扬万里，杉杉创名牌大获成功。当时的《解放日报》这样评价，"杉杉西服在上海市场直挂云帆，给销售平平的服装市场注入了一线生机"。

三、多元款式大不同

对于国人而言，对美和个性的追求压抑许久，80年代中后期服装款式出现大杂烩。中山装、西装、夹克衫、风衣、羊毛衫、西装套裙、运动服、文化衫、健美裤、连衣裙、蝙蝠衫……十余种服装款式一涌而起。1984 年，中国女排姑娘们在洛杉矶奥运会上实现"三连冠"，"运动装热"从北京蔓延到全国，色彩鲜艳，宽松舒适的运动装成为爱美人士的首选。

图 2-28　20 世纪 80 年代，女性着装新潮运动中性风

资料来源：http://www.sxdaily.com.cn/n/2015/0309/c141-5641291.html[2015-08-29]

随着运动服的大热，与运动服类似的健美裤也让女性们为之发烧。健美裤也称踩脚裤，在 80 年代流行了很长时间，开始以黑色为主，面料用有弹性的合成纤维，无论胖瘦高矮，皆能穿着，从一开始的舞蹈队，到后来的市井妇女，凡女性莫不"人腿一裤"。

图 2-29　20 世纪 80 年代末健美操表演

资料来源：http://www.jizhezx.com/news/bencandy.php? fid＝66&id＝9594
［2015-09-03］

　　专业模特的出现对于中国现代服装广告的影响十分巨大。1987 年 3 月 3 日，北京第一支专业时装模特队成立，这支模特队由 10 名专业女模特和 16 名业余模特组成，凡有她们出现的各类时装平面广告和现场走秀表演让人们眼界大开。模特的大量出现再次提高了广告的"颜值"，款式各异的服装和文案相辅相成，时代女工、女白领形象纷纷出现在广告中。80 年代后期，启用专业模特的服装广告已经不在少数。

　　服饰的多元让人们变得挑剔起来。国人渐渐摒弃一衣多季、一衣多穿等着装方式，服装款式出现明显区分，服装的分类日渐丰富。成衣的大量出现抢占了"妈妈牌"手工服装的巨大市场，手工缝制的童装、老年装转变为流水线上的产品。广告开始关注儿童和老年群体，一方面通过大量童装、老年装的广告说服消费者接受工厂流水线上制作的服装，另一方面通过差异化的画面呈现着装者年龄的差异。时尚不再是年轻人的专利，潮流涌向童装和老年装。

除了品种多元化外，80 年代中后期的服装广告文案也彰显着这一时代服饰文化的多元与开放。时装，款式新颖而富有时代感的服装大量出现。衣服、服装到时装，人人怀揣着时尚梦，广告主深谙其道，用"时装"一词悄然替换"服装"，迎合人们对时髦的追求与渴望。南方大厦和佛山服装公司联合推出"高级女时装"，广告中打出"高级"牌和"时装"牌，配以广告口号"新潮的时装，使您顿添美感"。

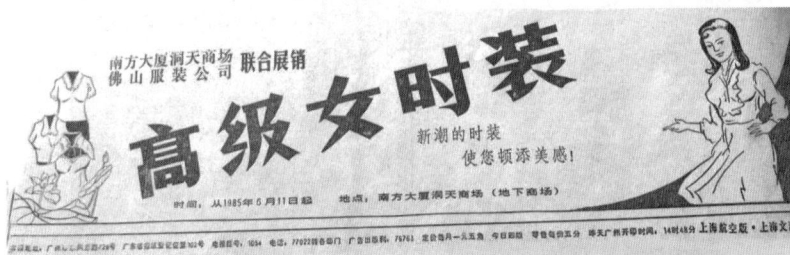

图 2-30　1985 年 5 月 14 日《羊城晚报》刊登高级女时装广告

广告既引领潮流，也反映潮流。这一阶段，随着经济体制改革的深入和服装工业的长足发展，多彩和洋派成为服装潮流。广告注重图形和产品图案的展示，由服装产品延伸到服装广告的多元化浪潮初现端倪。以美和时尚作为主要诉求，不但体现在文案上，也体现在画面的美观和模特的选择上。广告主更应景地结合国产品牌和外国文化，强化品牌的外国气质，香港台湾企业更是趁势抢占市场，"洋流"从服装款式本身流向服装广告。例如上海新世界商场橱窗就用"时装"字样作为卖点。

图 2-31　20 世纪 80 年代的上海新世界商场服饰橱窗

资料来源：徐喜先.记忆上海[M].上海：上海文化出版社,2010:149.

小　结

80 年代中后期,好产品不愁卖的旧则被打破,服饰广告开始频繁出现在报纸、杂志、电视上。从早期的软文广告,到彩色宣传册,再到电视广告,服饰广告从数量到质量上出现巨大飞跃,国人的着装要求不仅满足于温暖,更追求光鲜亮丽。老一辈习惯了节俭的生活方式,服饰多以手工缝制为主,较弱的潮流敏感度和较低的消费力,使他们在早期受到服饰广告的冷落;站在时尚风口浪尖的年轻人则成为服饰广告重点瞄准的第一波受众。这一时期,服饰厂商的多元化使得买方市场逐渐形成,广告界的先觉者开始从消费者角度来进行广告创意与设计。在"告知型广告"铺天盖地中,出现了"说服型广告"雏形,开始针对女性消费者追求美,男性消费者追求风度来设计广告。"时装""新潮"等词热度频增。"新三年,旧三年,缝缝补补又三年"成为过去时,跟随潮流更替衣柜才是王道。

第三节　1990—1999 年：穿出品位

　　经历了新十年的服装美学教育,90 年代初期的中国居民开始猛追国际潮流,新型消费观念登堂入室,服装也成为连接中外文化的重要纽带。90 年代是我国城市居民消费结构变迁最明显的十年,也是中国服装变化最快的时期,潮流尚未形成,几乎就面临着过时的尴尬。1991 年,中国纺织部首次在北京、天津、广州等大城市进行了关于服装的市场调查,研究显示,购买服装时优先考虑的因素中,款式、做工、面料、色彩的得票率均达到 73.5％以上,其中"款式"以 83.5％的得票率高居榜首,而优先考虑价格的消费者仅占 2.25％。这一调查生动地展现出 20 世纪 90 年代国人求美的欲望已经上升为衣着消费的主要因素。[①]

　　1992—1995 年,服装市场空前繁荣,各种国际服装博览会盛况空前。随着多个经济特区和开发区的崛起,不断涌入的外资为服装工业注入鲜活的力量,三资企业得到迅速发展,国内涌现出杉杉、雅戈尔、罗蒙等一批成熟完善的骨干服装生产企业,逐渐告别仅以生产见长的单一生产职能,从西方引进生产、策划、营销功能一体化的运作模式,90 年代中期,服企规模初成气候。1993 年,首届中国国际服装服饰博览会召开,国际服装品牌进入中国,大量国外品牌冲破贸易壁垒,大举进军各大百货商店,甚至自立门户。1996 年,中国4 000多种商品降低关税,总降幅在三成以上。[②]

　　持续了近 20 年的服装消费热潮终于在 90 年代末降温,国内外资本的激烈竞争加速了服装行业的优胜劣汰,我国服装企业的产业结构调整就发生在这一时期。截止 1999 年,行业内国有服装企业数量比 1995 年减少 5％,民营企业成为服装行业的主体。[③]

---

①　秦方.20 世纪 50 年代以来中国服饰变迁研究[D].西北大学,2004:19.

②　陈隼.96 关税减让及其影响[J].经营与管理,1997(1):15.

③　中国国家统计局.2000 年中国统计年鉴[R/OL].[2016-03-22].http://www.stats.gov.cn/tjsj/ndsj//.

图 2-32　1993 年首届中国国际服装博览会女装展示现场

资料来源：http://www.admuseum.cn/ar/ad_picture.jsp？id＝114329［2015-09-17］

一、品牌名人获重视

早在 80 年代，服装业出现初级品牌。其一，品牌名称普遍简单单调，与服装本身几乎无关联度，多以动植物命名，如牡丹、茶花、孔雀；其二，品牌广告不注重品牌形象的塑造，除却名称的差异外，就广告画面而言无法看出不同品牌产品的优劣和差异。这一时期，时尚杂志对服装的宣传作用不可小觑。在《ELLE 世界时装之苑》进军中国市场八年之际，1996 年国内时尚消费杂志

《瑞丽》横空出世，自此中国白领女性两大高端刊物对垒的局面形成。《瑞丽》
的创刊再一次加深国人对品牌的热忱。

图 2-33　《瑞丽可爱先锋》1996 年创刊号

　　经过国外品牌的教育和众多时尚杂志的大力推销，国内消费者的品牌意
识开始觉醒。

图 2-34　1997 年第 10 期《ELLE 世界时装之苑》刊登 Gucci 服装广告

　　在品牌意识急剧上升的 90 年代，昂贵的专卖店和便宜的服装摊成为年轻女性们选购服装的两极，统治了中国服装消费市场几十年的国营百货商店服装柜台瞬间跌下神坛。刚刚迈入品牌时代，国人还来不及弄清楚品牌的文化内涵，可表现出来的热情让人感动和兴奋。"没有件名牌的行头没法见人"成为女白领的普遍共识。1996 年，上海模特姚书轶在闹市中展示迪奥礼服，引来周围不少路人的好奇围观，可见彼时人们对于名牌和时尚的热情种子已深深埋下。从 1994 年开始，国内服装产品逐步向服装品牌过渡，服饰广告的重心从宣传样式、面料转向品牌的塑造。

图 2-35　1996 年上海闹市中模特身着迪奥礼服引围观

资料来源：刘香成.中国梦［M］.北京：世界图书出版公司，2013：80.

　　1993 年，很多人从中央电视台听到一个稚嫩而调皮的声音，"恒源祥，绒线羊毛衫。发羊财"。创始于 1927 年的恒源祥从一家毛线商店发展为全球知名的绒线制造商。1987 年恒源祥老总刘瑞旗注册了商标，开始了恒源祥以名牌打天下的历程。在资金有限的情况下，恒源祥委托当地电视台做了一个广告片，试图将"恒源祥"的品牌名称推广到大江南北，时长 5 秒的电视广告仅一句简单的广告语："恒源祥，恒源祥，绒线羊毛衫"。1993 年，恒源祥将广告投放媒体聚焦于央视，但仅有 15 秒广告时长，经过讨论，恒源祥内部决定将 5 秒的广告重复三遍，让人们在不断地重复中牢记恒源祥的品牌名称。之后恒源祥相继推出以"恒源祥，羊羊羊"为口号的重复广告，引发重复广告语的泛滥。随着现代广告手法和诉求方式不断提高,恒源祥简单粗暴的告知型广告在广告界专业人士中引起争议,不少专家认为恒源祥营销的关键不在于提高知名度,而在于传达品牌文化内涵,简单的重复广告对品牌文化毫无助益,甚至起反作用。

图 2-36　1993 年中央电视台播出恒源祥广告

资料来源:黄升民等.中国广告 20 年[CD].北京:武警音像出版社,2001. 打破坚冰. 14′23″

1995 年,鄂尔多斯广告走上荧幕,广告画面中呈现出与产品原材料羊绒相关性极高的绵羊,以蓝天和草原为背景,打出"鄂尔多斯羊绒衫,温暖全世界"的广告口号,一时间鄂尔多斯名声大震,家喻户晓。

到了 1998 年,服装品牌和明星的强势联合已经屡见不鲜,企业不惜重金邀请影、视、歌、模,各路明星出任代言人,服装广告的形式与今时今日相差无几。温州报喜鸟集团再次走在时代前沿,聘请香港著名影星任达华出任"报喜鸟"形象大使,企业品牌形象飞速提高,成为国内业界佳话。服装企业尝到与明星合作的甜头,之后"明星代言人热"久不退散。

图 2-37　1995 年中央电视台播出鄂尔多斯羊绒衫广告

资料来源：http://www.admuseum.cn/ar/ad_video.jsp? id＝114366［2015-09-17］

图 2-38　任达华代言报喜鸟西服广告

资料来源：http://www.997788.com/a214/8517094/［2015-09-19］

二、开放性感风劲吹

在 1984 年第七届全运会中，中国人首次接触三点式比基尼泳装，刚刚接受新兴服装观念的中国人对这种暴露和性感的穿法嗤之以鼻。仅仅六七年过去，国人已敢于把性感穿在身上，以"露"为美的年代宣告来临。

图 2-39　2013 年 11 月 4 日《大连晚报》刊登 20 世纪 90 年代街头的超短裤图片

到 90 年代中后期，国内服饰全面放开，袒胸露背不再被视为"有伤风化"，而成为时尚的标志。在"露"文化的刺激下，超短裙、吊带装、露脐装等新式服装粉墨登场。1995 年，日流和韩流伴随着动漫和偶像文化闯入国门，日本式服装在年轻人中风靡起来。喜爱日本卡通的年轻人学着剧中人物穿着紧身 T恤，将过膝的裙子剪到膝盖以上 20 厘米，迷你风逐渐崭露头角。在保守和时

尚的碰撞中，有些女性既想赶潮流又怕舆论压力，就想出讨巧的方式，内穿 T
恤外穿吊带裙，"内衣外穿""反常规"等欧美流行的穿法就从日本传入国内。
"内衣外穿"打破传统的内外之分，"反常规"着装则颠覆了长短秩序，"小一号"
凸显女性身体线条的起伏，"镂空服"在含蓄和外露之间转换……形态各异的
着装被人们接受和推崇，袒胸露背成为时尚，女性的曲线美也得以展现。相比
女性而言，男性的服装款式就显得简单许多，在女士们以"露"为美的同时，西
装短裤也在男性中间风靡起来。

图 2-40　1994 年第 3 期《ELLE 世界时装之苑》刊登泳装广告

　　无论哪种服装的流行，都实实在在地撞击着国人的心灵，这种冲击增强了国人对新事物的接纳力，包括人们对广告"尺度"的接纳。1989 年，电视广告中出现半遮半掩的内衣广告，到了 90 年代后，《ELLE 世界时装之苑》《羊城晚报》等各式媒体开始登出泳装、内衣广告，穿着三点式内衣的模特中也渐有中国人。1993 年，《羊城晚报》刊登出安莉芬内衣广告。

图 2-41　1993 年 3 月 18 日《羊城晚报》刊登安莉芳内衣广告

　　1999 年江苏无锡市新艺广告公司推出内衣行业第一份专业杂志——《时尚内衣》季刊，内衣行业有了专属传媒，大量的内衣广告出现。

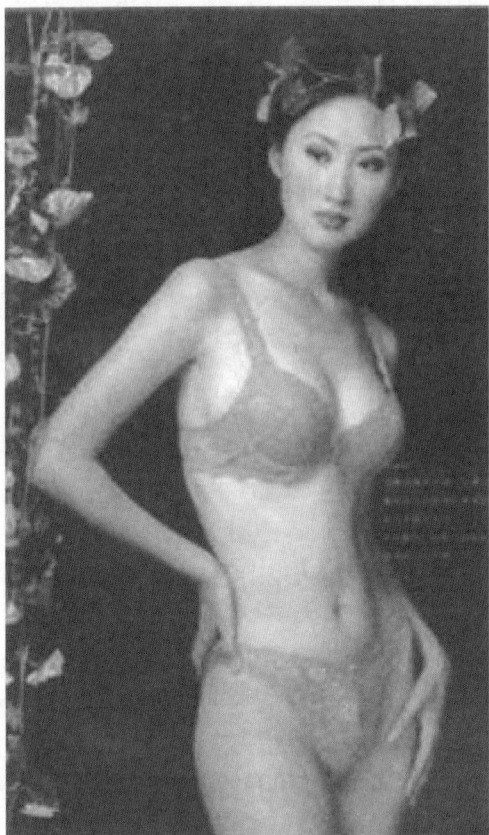

图 2-42　1999 年 3 月《时尚内衣》创刊号刊登的内衣广告

　　与此同时，广告和影视作品充当性感文化传播的先锋，持续的曝光和视觉的冲击帮助现代年轻人实现从保守到开放的转变。《ELLE 世界时装之苑》早在 1988 年就为中国人进行美学教育，杂志广告中不乏各类泳装、内衣、吊带装的典型展示，《大众电影》①的封面模特也开始露出丰臀翘乳。电视、杂志、报纸中的内衣广告也不再遮遮掩掩。

---

　　①　《大众电影》1950 年 6 月 1 日在上海创刊，当时负责该刊编辑工作的是上海市电影事业管理处研究室。《大众电影》在 1961 年前为半月刊，后改为月刊。创刊号仅发行 1 万册，后印数逐年增长。1982 年，发行量曾高达 950 多万册，成为当年国内发行量最高的艺术刊物，受到国内外人士的瞩目，发行至今。

图 2-43　1994 年 4 月《大众电影》封底

　　多见不怪，各类媒介传达出的性感着装开化了保守的国人，让他们从思想接受到亲身尝试。服装时尚穿着超越原有的概念，暴露不再仅仅属于闺房，内衣外穿成为时尚。性感的着装风格使女性在夏季多一丝清凉，更展现窈窕之美。服饰中的性感风情解放了女性压抑已久的渴望，一些优质的内衣品牌进入市场，1993 年，内衣品牌得登大雅之堂，"古今"为国内第一家女性内衣"中华老字号"企业。

三、身份场合有讲究

在讲求时尚、遵从性感的"乱穿"风潮下，人们的日常着装趋于休闲化。双休日制度的实行促进了卡拉 OK、桌球、旅游等休闲娱乐活动的流行，休闲服应运而生。忙碌的国人越来越接受休闲的生活方式，休闲类服饰被视作身份地位及生活品味的物化象征。"没有风格"成为最大的风格，舒适自由的着装品位也更加符合多个年龄段的需求。

休闲装广告也在报纸、杂志、电视等媒体崭露头角，不同品牌风格各有千秋，中国服装行业竞争的号角吹响。法国梦特娇以国际知名品牌的形象推出休闲服广告，30 秒的电视广告启用 4 名外籍模特，以强调产品的高端品质和纯正的法国血统，轻松的画面场景与休闲服的内在精神高度契合。

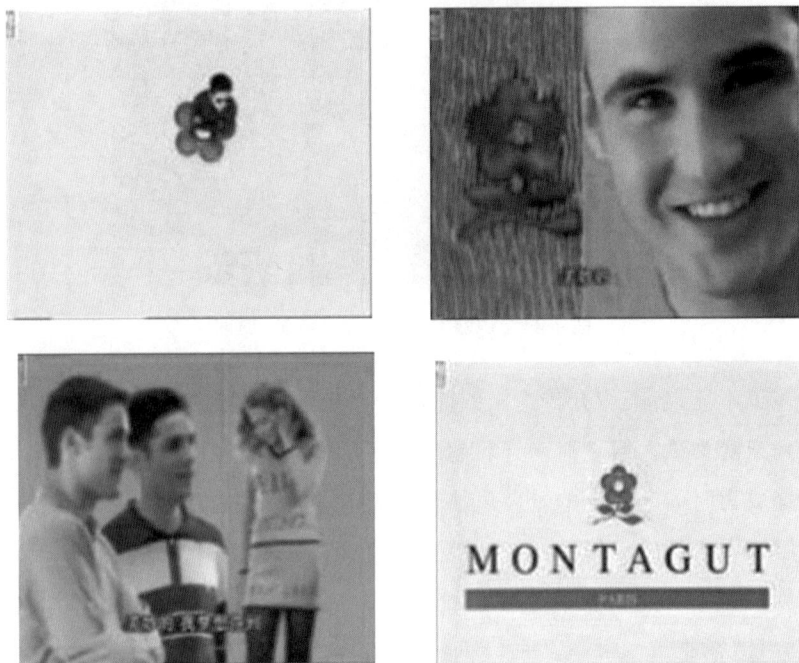

图 2-44　20 世纪 90 年代梦特娇休闲装电视广告

资料来源：http://www.admuseum.cn/ar/ad_video.jsp？id＝114365［2015-09-23］

与休闲服相对的"正装"成为职场新人的首选，国人着装的身份和场合差异日渐明显。女式套装和男式西装成为职业装的代表。男士的西装外形逐渐跟上潮流，由宽松过渡到合体，形成"轻、薄、挺、翘"的新风格。1993年，戗驳领双排扣西装流行，但到了1996年，三粒扣或四粒扣的西装却一统天下，白领男性更成为西服和高档服装消费的主力军。[①] 女性白领也时兴职业套装，西式翻领上装搭配西式套裙，配以素雅的色彩和精致的剪裁，款式简约经典，衬托出白领女性的优雅和成功。1992年春节联欢晚会上，无论男女主持人都穿着清一色的西装套装。

图 2-45　1992 年 CCTV 春节联欢晚会主持人着装

资料来源：http://ent.shangdu.com/2010/zxj/20120108/65_525907_27.shtml［2015-09-25］

宁波罗蒙西服在电视上投放了一则七秒的品牌形象广告，广告中没有产品和模特，文案"穿针引线，潇洒人间，罗蒙西服"，出现男性消费者追求的"潇

---

①　西装领主要分为平驳领、戗驳领和青果领。戗驳领既有平驳领的稳重、经典，又有礼服款的精致、优雅，相对更为时尚。

洒"。简短有力，但画面和企业产品的关联度还有所欠缺。

图 2-46　20 世纪 90 年代罗蒙西服电视广告

资料来源：http://www.admuseum.cn/ar/ad_video.jsp？id＝114354［2015-09-26］

　　90 年代后期，报喜鸟制作并播出一则宣传"成功男士"的品牌形象电视广告。"其实，磨炼自己正是向白手起家的爸爸看齐，唤起男人的豪情，做个成功的男人。报喜鸟，喜报千万家"，广告以父子情、母子情为蓝本，讲述外出打拼的游子荣誉归来，衣锦还乡的故事。极具故事性的广告编排方式区别于单纯的告知型电视广告，以情感诉求为切入，将报喜鸟的品牌形象巧妙融入其中。从最早的"白手起家篇"到后来的"新天地篇"，报喜鸟连续五年投拍的五个广告，分别从品牌、产品、形象等角度诠释品牌内涵，形成了交叉覆盖、重复记忆的投放效果，很快实现品牌提高，建立起良好的品牌形象，"我爱报喜鸟"这句广告语随之传遍大江南北。

　　职业装的热销带动衬衫的销售，一时间随处可见衬衫广告的身影。继健力宝成功赞助 1984 年美国洛杉矶奥运会之后，90 年代的中国服装广告也开动脑筋，体育与品牌的结合成为新时期的又一广告命题。1990 年，成立不久的李宁公司斥资 300 万元，成为亚运圣火传递专用服装，中国代表团领奖专用服以及中外记者指定服装，李宁牌随着奥运圣火跑遍中国的大江南北，中国人第一次穿着自己的运动服走上国际体坛的领奖台。亚运圣火的传递过程，是中国和世界的关注热点，有 2 亿人直接参与，25 亿中外观众直接从新闻媒体认识李宁牌，亚运

a:母亲放心不在外出打拼的儿子　　　　　　b:事业有成的儿子衣锦还乡

c:母亲抚摸着儿子身上的报喜鸟西服　　　　d:片尾以报喜鸟服饰LOGO作结

图 2-47　1998 年中央电视台播出报喜鸟西装广告"白手起家篇"

资料来源:http://www.admuseum.cn/ar/ad_video.jsp? id=114374[2015-09-26]

会闭幕当月,李宁公司接到总额达 1 500 万元的订单,亚运会使李宁牌在中国一炮走红,此后,对中国运动团的赞助始终贯穿着李宁品牌的发展过程。

1992 年,奥运会在巴塞罗那举办,卓夫衬衫在《羊城晚报》上刊登了一则借势 1992 年巴塞罗那奥运会的奥运广告,将衬衫比作五环之一,广告设计与体育营销的理念都已达到较高水准。1994 年是中国足球俱乐部元年,企业出巨资赞助成立各足球俱乐部,拉开了中国企业大规模进行体育营销的序幕。1997 年,圣达菲制衣有限公司打体育牌,赞助了 1997—1998 年"万宝路"足球甲 A 联赛、"希尔顿"篮球联赛,独家赞助"圣达菲世界拳王争霸赛"等一系列体育比赛。

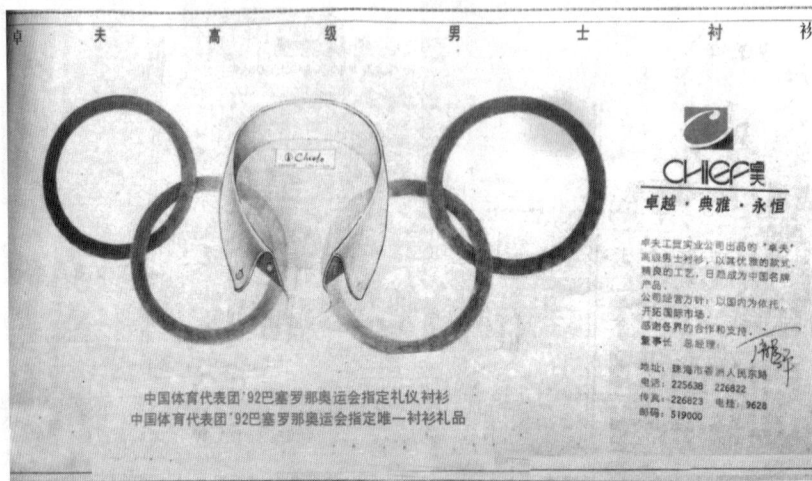

图 2-48 1992 年 7 月 15 日《羊城晚报》刊登卓夫借势巴塞罗那奥运会广告

小　结

90 年代,中国人选购服装的排序标准已经从"实用、经济、美观"转变为"美观、实用、经济",各类品牌和洋面料的出现使着装消费出现分层,追求质量和品位的总体趋势贯穿各社会阶层。服饰文化折射出社会现状,社会稳定时期服饰蕴含着繁荣多样的情调,动荡时局则使服饰携带压抑、散乱的信息,90年代中国服饰扫尽世纪末的浮动不安,显现出明亮多彩的气息,不失为中国人正奔赴小康的一种体现。

广告模特出现,服装广告惯用重现使用场景的方式,告知消费者产品的穿着方式、场合,激发购买欲望,服装的指代意义也更加明确。在品牌意识迅速成长的 90 年代,广告主更懂变通,有远见的品牌将广告从平面媒体移植到电视,从传统媒体拓展到体育赛事。观众数量的增加让企业的投入更大限度得到回报,品牌与优势媒体的强强联合取得绝佳的宣传效果。体育营销的兴起实现品牌形象的二次传播,不仅印证我国服装广告受到外国广告形态的巨大影响,更深层地体现出国民从温饱逐步走向小康的事实。

第四节 2000 年至今：穿出自我

21 世纪后，中国服饰业进入了发展的新纪元。不同于前期服饰发展阶段纵向快速跨越，这一阶段中国服饰开始横向发展，尤其是 2001 年 11 月中国加入世界贸易组织后，服饰时尚完全与国际接轨，种类与潮流均呈多元并行的态势。国人的思想也愈发开放，更加注重内心的需求，"自我"成为时尚追求之本。从服饰广告的流变中可以发现，这种自我意识主要体现在穿着的个性化、享受意识的提高、对潮流和本真的追求。与此对应，国人的消费方式也开始变革：服装可选择性的增加使得服饰消费更注重与众不同，思想包容度的开阔也为 Lolita、cosplay 等服饰的出现创造可能；基本吃穿需要满足后开始向享受型消费发展，奢侈品成为消费热门；与国际接轨后各国潮流均对中国服饰消费产生重大影响。总体而言，21 世纪以来越来越多的国人开始追求从穿着中回归自我，绿色消费、生态消费成为潮流。

一、以个性彰显自我

2001 年 11 月 10 日，中国成功加入世界贸易组织，开始了更深层次、更宽领域的对外开放与经济体制改革，对外贸易快速发展，经济迅猛增长。

随着全球化的深入，服饰越来越多元化，融入许多国外元素，国外的服饰品牌也不断涌入中国。与此同时，中国服饰的风格日渐多样化。从性别上可以分为男装风、中性风、淑女风；从潮流上分为复古风、街头风、波西米亚风、学院风、混搭风；国家上又可以分为英伦风、欧美风、日系、韩范儿。此外，服饰的功能性分类也日益细化，按照场合的不同人们穿着不同类型的衣服，比如游泳穿泳装，上班穿正装，跑步穿运动装。商场也为国人提供了更多选择，各式服装琳琅满目，款型颜色多种多样，加之与国际接轨，国人可以接触到国际上最潮流的款式，也完全可以按照自己的喜好与方式来进行搭配，穿出自己独有的风格。

媒介的快速发展使得服饰广告传播的表现形式日趋丰富，报纸、杂志、电视、广播、互联网、户外等成为服饰广告刊登的场所。男装与女装、休闲装与时装的目标群体不同，广告形式也有区别。不过"强调个性"成为 21 世纪至今的重要特点。

休闲装与男装喜欢在电视媒体上做广告，尤其是"体育新闻"和体育直播节目。这与这些频道、节目的目标群体通常为运动爱好者和男性相关，七匹狼双面夹克早期就曾在中央电视台的体育频道刊播广告，文案"面对强者，是更强的对手；面对亲人，是更亲的人"，突出"男人要两面"的广告语；很多运动类服饰更是直接通过体育赛事进行行销，李宁品牌从 1992 年开始一直赞助中国体育代表团，成为 1992—2004 年中国体育代表团参加奥运会的指定领奖装备。2000 年，李宁的广告为"我运动，我存在"，既突出自我，又体现出人文关怀。2004 年，李宁品牌提出最广为人知的广告语"一切皆有可能"，同时传达李宁品牌代表的人生理念。

图 2-49　2004 年悉尼奥运会中国体育代表团穿着李宁赞助服饰

资料来源：http://news.xinhuanet.com/photo/2012-05/14/c_123126978_2.htm

除了李宁之外，很多休闲服饰的广告开始强调"人"自身与个性。多数服装广告都以"我"为主题，比如以纯在 2002 年请张柏芝作为品牌代言人，打出广告语"我的选择"；2003 年美特斯邦威也推出一系列电视广告"美特斯邦威，不走寻常路""我的呼吸也有自己的节拍"，邀请潮流偶像代表周杰伦代言。

图 2-50 2003 年美特斯邦威电视广告

资料来源：http://news.hexun.com/2012-10-08/146497188.html［2015-10-02］

相对于休闲装和男装，时装和女装更倾向于在杂志和户外投放广告。尤其是时尚杂志，由于读者多为女性群体，成为女性时装广告的重要投放媒介。除了整版广告外，杂志中还处处隐含服饰品牌，有许多软文广告。虽然这类广告以较为隐讳的方式出现，但女性看到美丽的服饰搭配后自然会有购买的欲望，促使其了解相关的服饰品牌。

户外广告是时装的重点投放区域。人们经过百货大楼时，不经意间看到精美的橱窗广告；开车经过街道时，华丽巨大的服饰展牌更引起注意；走进商场，服饰的巨幅广告、橱窗广告立刻让人感受到这个品牌服饰的风格。

与此同时，国人开始不惧他人眼光，随心所欲地进行穿着打扮，各种"奇装异服"出现，虽然部分服饰仍然不被世俗认可，但国人包容度日益增大。服饰呈现不分性别的特征，女装日趋男性化，男装则趋向女性化。街上不乏短发牛仔裤，打扮得像男子的女子，比如《超级女声》中李宇春、周笔畅等人的中性打扮；也不乏留着长发穿着紧身裤，走路婀娜多姿的男子，直接穿着裙子踩着高跟鞋上街。在当今社会，仅凭服饰已经不能分辨出性别。

图 2-51　以中性风格著称的歌手李宇春

资料来源：http://www.vogue.com.cn/invogue/street-chic/pic_181531e4f7824a72.
html? fromproxy＝1[2015-10-06]

　　受日本动漫影响，很多痴迷动漫的二次元①人士追求 Cosplay②，即利用服
装、道具和化妆来扮演动漫或游戏中的角色。国内资深 Coser 黄山就热衷于
国内原创 Cosplay，推出多本个人作品集，代表作有《阴阳师》。

---

　　①　二次元，即二维。该用法始于日本，早期的日本动画、游戏作品都是以二维图像构
成的，其画面是一个平面，所以被称为"二次元世界"，简称"二次元"。
　　②　Cosplay 是英文 Costume Play 的简写，日文コスプレ。指利用服装、饰品、道具以
及化妆来扮演动漫作品、游戏中的角色。玩 Cosplay 的人一般被称为 Cosplayer，简称 Co-
ser。

图 2-52　著名 Coser 黄山

资料来源：http://www.aadongman.com/cosplay/star/6302.html［2015-10-09］

　　此外，一些动漫中的服饰，比如 Lolita 等风格的服饰常常出现在日常生活中。[①] 2010 年，中安在线新闻出现了一则 Lolita 风格少女着装上街的报道，网友大多持"像在动漫中走出来的，好给力"正面支持态度，并非反感厌恶。人们对于"另类"服饰已经日渐宽容并逐步接受。

―――――――

　　① Lolita 源自俄裔美籍作家纳博可夫（Vladimir Nabokov）1955 年出版的小说《Lolita》，描述一位中年教授与 12 岁少女的纠缠情欲关系，女主角名叫 Lolita。自此，日本人将 Lolita 作为天真可爱少女的代名词。Lolita 服饰沿自欧洲宫廷、公主、洋娃娃系列的服饰，以歌特和古装为基础，在日本原宿街头发扬光大，成为一种时尚。

二、以奢侈享受自我

中国人抢购奢侈品已不再是新闻，财富品质研究院发表 2015 年《中国奢侈品报告》说[①]，中国人将继续成为奢侈品行业最大手笔的消费者，他们将买走全球 46％的奢侈品，中国的奢侈品消费有 76％在境外产生。人们关注品牌，也注重奢侈品消费。1979 年，皮尔·卡丹在中国举行时装首秀，一系列的名牌产品入驻中国。1992 年，路易·威登进入中国，在此之后，香奈儿、古驰、圣罗兰等品牌纷纷在中国开设专柜。国民认为这是身份的象征，背着 LV 包包意味着富有，因此在购买奢侈品时比起样式和品质更注重其 Logo；但自用型消费较少，多数为礼品型消费。随着富裕阶层和中产阶层的扩大，奢侈品需求越来越大。奢侈品消费观念有了非常大的改变：首先，消费观念趋于理性，不再是为了社会地位的象征而购买，而是为了自己的成就感，获得心理上的愉悦而购买。其次，自用型消费增长，注重产品的品质与性价比。国人开始拒绝品牌上明显的 Logo，小众的以及无明显 Logo 的产品受到青睐。这是许多奢侈品品牌推出"去 Logo 化"的产品及广告的原因。路易·威登 2015 年秋冬的新品广告，传统 Logo 已经消失，低调凸显的品质和简洁的设计取而代之。此外，根据财富品质研究院预测，未来 3～5 年，多数大牌奢侈品将沦为大众高端消费品。

---

① 财富品质研究院.中国奢侈品报告 2015［R/OL］.［2016-04-05］.http：//www.fcv-vip.com/a/yanjiuyuan/baogao/20150728/132.html.

图 2-53 2015 年秋冬路易·威登广告大片

资料来源：http://www.yoka.com/fashion/popinfo/2015/1030/45800101008734.shtml
［2015-10-30］

三、以潮流更新自我

改革开放后，中国逐渐接触世界时尚潮流，然而由于开放不全面，存在滞后性。中国加入世界贸易组织后，正式与世界接轨，时尚潮流与世界同步。2001 年 10 月，上海 APEC 峰会带起一阵"唐装热"①。峰会上 20 位国际领导人集体亮相，齐刷刷穿着大红色与宝蓝色对襟唐装，光彩四射。此情景通过媒体传遍全球，中国唐装迅速流行，国人纷纷购买唐装，一时间大街小巷都能看到唐装的影子。

---

① APEC（Asia-Pacific Economic Cooperation），亚太经济合作组织，1989 年 11 月成立于澳大利亚首都堪培拉。亚太经济合作组织是亚太地区重要的经济合作论坛，也是最高级别的政府间经济合作机制，在推动区域贸易投资自由化，加强成员间经济技术合作等方面发挥了不可替代的作用。2001 年，APEC 会议在中国上海举办。

图 2-54　2001 年 APEC 会议领导人着唐装合影

资料来源：http://shx.wenweipo.com/? action-viewnews-itemid-9863［2015-10-25］

　　同时，"韩流"和"日流"也产生广泛影响，日韩文化的侵入使得中国人开始"哈韩""哈日"。韩流文化对中国服饰消费影响深远，直至今日，韩风依然流行于中国街头。

　　2000 年，韩国 H.O.T 组合①进入中国举办了第一场演唱会，在中国拥有800 万粉丝。H.O.T 演出时穿着的掉裆裤，成为年轻人的心仪之物，成为"嘻哈风"的象征。同年 9 月，由宋承宪与宋慧乔主演的《蓝色生死恋》在中国播出，成为当年收视率最高的韩剧。此后，《冬季恋曲》《浪漫满屋》《我的女孩》等韩剧相继播出，其中女主角的服饰搭配成为讨论热点。②

---

　　①　H.O.T 是韩国 SM 娱乐公司于 1996 年推出的男子组合。由文熙俊、张佑赫、安胜浩、安七炫、李在元五名成员组成。2001 年 5 月 13 日正式解散。

　　②　《蓝色生死恋》是由尹锡湖执导的系列韩剧，第一步《秋日童话》由宋慧乔、宋承宪、元彬、韩彩英主演，2000 年 9 月 18 日首播。第二部《冬日恋歌》则是由裴勇俊、崔智友、朴容夏主演，2002 年播出，是早期韩剧的代表作。《浪漫满屋》于 2004 年播出，郑智薰和宋慧乔主演，是一部爱情轻喜剧。《我的女孩》由李东旭和李多海主演，2005 年播出。

2013 年 12 月,《来自星星的你》^①在韩国 SBS 电视台播出,迅速风靡整个亚洲,在中国的网络收视率更是突破 72％。"都敏俊 XI"和"炸鸡啤酒"成为中国社交网络上热门的词汇,不知道"千颂伊"和"星你"就 OUT 了。追这部韩剧的不乏一线大牌明星,"两会"上的政界人士都会拿其进行调侃。主演此剧的金秀贤和全智贤更是广告商的追捧对象,从食品、服饰、数码产品到各个领域,几乎都能看到"双贤"的影子。

图 2-55　2014 年全智贤代言韩都衣舍广告

资料来源:http://fashion.ifeng.com/a/20140730/40029898_1.shtml[2015-10-16]

随着互联网与网购的发展,人们对韩国服饰的了解与消费日益便捷。热门韩剧播出后,贴吧和微博上立刻出现时尚博主对女主服饰的"深扒",从服饰品牌到配饰品牌一应俱全,"万能的淘宝商家"更跟风推出"宋慧乔同款""千颂伊同款"。抓住电视剧经济这一卖点,许多服装品牌的广告商都在韩剧中植入广告,因此韩剧中男主给女主买衣服几乎是必有情节。

---

① 《来自星星的你》是韩国 SBS 电视台播出的水木剧,由张太侑导演,朴智恩编剧,金秀贤、全智贤领衔主演。讲述从外星来到朝鲜时代至 400 年后的现代的神秘男人都敏俊,与身为国民顶级女演员的千颂伊陷入爱情的故事。

日本的时尚潮流也不断对中国产生影响。21世纪之后，一批时尚杂志开始与日本合作，得到其官方授权后，在中国进行发行出版。比如《米娜》[①]、《昕薇》[②]。这类杂志不同于市场中的欧美系杂志，主打甜美风格，代表日系混搭时尚，这给消费者提供了欧美时尚杂志以外的更多选择。

如今，商场中的服饰品牌种类繁多，包罗万象，从瑞典品牌H&M、西班牙品牌ZARA，到韩国的ELAND，以及日本的UNIQLO、美国的NIKE，不用走出国门，全球服装品牌触手可及。街头上潮流风格各式各样，中国服饰就是在这一全球化语境中不断融合新的元素向前发展。

四、以生态回归自我

70年代，化纤走入中国人服装行列，充当重要角色。当时中国人"轻棉布而重化纤"，化纤因其耐洗耐磨深受人们喜爱。进入21世纪后，追求原生态的生活，回归自然，获得身体与心理上的舒适平静成为风潮。这种原生态的追求主要体现在服饰材质和风格两个方面。

服饰材质方面最明显的就是人们追求全棉、真皮、纯毛等天然材质。人们购买服饰随口问一句"是纯棉的吗，是真皮的吗"再自然不过，而曾经流行的腈纶、涤纶、混纺已被列入黑名单。强调原生态的品牌，如全棉时代、江南布衣、茵曼等陆续出现。无论是平面广告还是视频广告，都倾向结合天然元素，如森林、稻子。例如，茵曼主打棉麻质地服饰，为凸显亲近自然的理念，广告诉求崇尚清新自然的环境，模特选择氧气型美女，给人以回归大自然的感受。

---

① 《米娜》创刊于2004年9月22日，是由日本主妇之友出版社独家授权在中国大陆地区发行的女性休闲时尚杂志，也是一本"专注于自己的流行"的时尚杂志，致力于推荐从日本原宿街头兴起"混搭"休闲服饰风格。

② 《昕薇》创刊于2000年，是中国纺织工业协会和日本讲谈社合作创办的时尚另类女性杂志，杂志定位为个性、时尚、品位、潮流。

图 2-56　2015 年茵曼千城万店系列宣传广告

资料来源：http://www.chinasspp.com/News/Detail/2015-7-23/201211.htm［2015-10-21］

服饰风格方面，森女风广为流行①。森女风于 2010 年登陆中国马上受到年轻女性的追捧，成为时尚潮流。森女风代表着顺其自然、低碳健康的生活态度，森女们崇尚简单淡泊，让心灵返璞归真；在消费方面，不追求名牌与物质，希望"花最少的钱过有品质的生活"，用小物来提高生活品质；着装方面，追求舒适自然、适合自己。高压的社会之下，人们更加注重内心需求。森女的生活观、消费观、着装观中体现的回归本真，寻找真我备受推崇。

除了注重内心的回归，国人开始注重保护生活环境，环保成为重要主题。近年来，各大品牌均开始在其产品中增加环保因素，人们也乐于通过消费这些产品来表达自己的环保意识。2013 年年初，GUCCI 发布了一款竹节腕表，腕表采用竹节、棕榈树果仁或植物象牙（动物象牙的替代材料）等可持续利用、可再生的材料制作。GUCCI 在丽江发布这个特别的腕表系列，宣布 GUCCI 将在中国支持一项重要的造林项目，帮助中国西北部的宁夏回族自治区恢复生态。

---

① "森女"一词来源于日本一个社交网站，指崇尚简单自然的生活，打扮得如同从森林中走出的女孩。森女风指的是这种女孩的穿衣风格。

107

此外，许多国人也开始通过"拒绝消费"来宣扬环保理念。最典型的案例便是反对皮草。皮草是利用动物的皮毛制成的服装，美观且保暖性高，因此价格也较高。皮草穿着奢华且贵气，拥有一件皮草外套，曾是多数爱美女性的梦想。但是人们对皮草的制作方法却不甚了解。由于相关动物保护法律的缺失，动物在养殖场度过的一生十分苦痛，屠宰过程残忍。因此，许多环保人士反对皮草，关爱动物。与此同时，时尚界也用色彩与质感极其相似的人造皮草来满足人们的需求。

图 2-57　2015 年 5 月 11 日《中国青年报》刊登拒绝皮草主题公益广告《醒醒吧，妈妈》

资料来源：http://zqb.cyol.com/html/2015-05/11/nw.D110000zgqnb_20150511_3-12.htm[2015-12-10]

小　结

2001 年之后,中国广告进入稳步发展时期,媒介呈现融合趋势。广告商营销时不再拘泥于一种形式,而利用多种媒介来达到营销效果。入世后,我国在时尚方面正式开始与世界全方位接轨,服饰商品种类和款式呈现出多样化,国人的穿着有了更多选择,消费观念也伴随生活水平的提高而改变。如今人们对服饰的基本需求不再是实用美观,而是彰显个性;人们消费的不仅是产品品质,更是产品承载的理念;名牌和奢侈品备受推崇,但消费心理已从炫富转变为自我满足。此外,在高压的社会环境下返璞归真、回归自然的"低碳化"消费观逐渐成为新时尚。

第三章　居者有其屋：从简陋到标准化

《汉书》有云："各安其居而乐其业，甘其食而美其服。"古往今来，住房都是中国老百姓心头的第一要事。住房始终与爱，与家紧密联系，它不仅体现着中国百姓对美好物质生活的不懈追求，更是社会文化发展的万花筒。自改革开放以来，中国楼市逐渐实现商品化，房地产广告应运而生。作为房地产市场的重要推手，房地产广告记录着中国城市居民住房观念的变迁，成为梳理中国住房发展史的重要史料。

用一句话来总结中国住房形态这几十年的变化，可谓"从简陋到标准化"[①]。1978—1991年，我国住房制度以福利分房为主，大部分家庭面临住房难的问题，居住环境较差；1992—1997年，地产实现市场振兴与转型，房地产事业由此起飞；1998—2002年，商品房市场成为中国经济发动机，居民住房条件有了质的飞跃；2003年以后，经历大起大落的商品房市场逐渐稳定，但房市存在的结构性风险不容小觑。

第一节　1978—1991年：改革前哨

一、改革迫在眉睫

80年代前出生的国人对"分配"这个概念印象深刻。这两个字概括了改革开放之前中国在就业和社会福利等问题上的政策基点。官方认为，当时我国采取国家与企事业单位统包、低租金的实物福利分房制度，这种制度建立于

---

① 标准化即指现代意义上拥有卧室、起居室、卫生间和厨房等科学化功能分区住宅。

20世纪50年代末。这一当时城镇居民获得住房的唯一途径有三个特点：首先，房屋建设的资金全部来源于国家财政和企事业单位，职工们不承担任何成本，属于纯粹的财政支出。其次，房子分配是无偿行为，分房的标准是职工们的工龄、厂龄、家庭人口状况等与经济条件无关的因素。虽然分配到房子的职工们会向有关部门缴纳一定的租金，但租金低廉，无法维持住房需要的实际开销。最后，住房问题由行政部门主管，即割裂了住房与经济效益之间的关系。

福利分房制度的问题显而易见，排斥市场对住房的调节、流通作用，统建统销导致了一系列弊端和难以克服的问题。福利分房在某种程度上加重了财政负担，房主缴纳的低廉租金，无法承担房屋建造、维护费用，甚至很多企业因此背上沉重的债务。从分房标准来看，实物分配并无透明且确定的标准，干部和职工之间、职工与职工之间的住房差别都很大，在这种难以公正的分配制度之下，职工的不满情绪随之产生，进而影响生产效率。此外，福利分房制度还存在效率低下的弊端。据1972年192个城市的调查统计，缺房等待分配的家庭达689万户，占到家庭总数的35.8%，约68万户的家庭居住在人均不足两平米的逼仄空间之内①，住房制度的改革迫在眉睫。

二、居住形态：群居的喜乐

这一时期，相对低下的经济水平使得大部分城市居民的生活比较艰辛。人口的攀升和经济的拮据让一个院子不再只属于一家人居住，传统住宅，比如北方的四合院、南方的庭院，很难维持原貌，混住成为普遍的状况。总的来说，这一时期的居住形态具有典型的时代特色，主要形式为大杂院、筒子楼和单元房。

1.大杂院

"大杂院"一词出现于20世纪中期以后，其意为"大而杂乱的院子"。大杂院主要集中在中国北方地区，以北京最为典型。在20世纪八九十年代，大杂院是北京居民最主要的居住形式。

---

① 陈龙乾，马晓明.我国城镇住房制度改革的历程与进展[J].中国矿业大学学报：社会科学版，2002(1)：86－93.

北京最早的大杂院在外城，当时社会底层的穷人挨着城根用碎砖烂瓦盖起一个个遮挡风雨的小房，连缀成片就成了最早的大杂院。原始的大杂院已难觅踪影，今天能见到的大杂院多半在胡同里，由四合院改造而成。50 年代以后，北京城人口逐年增多，独门独户的四合院抵挡不住人口的膨胀，一家一户居住的院子挤进几家、十几家甚至几十家住户，成为人们常说的大杂院。

大杂院里的人家大多住两间或三间房，少量住一间房的；各家人口也不一样，少则一人，多则三四代同堂。一个"大杂院"里，往往是老、中、青各个年龄段的人都有，职业不同，生活方式各异。

图 3-1　20 世纪 80 年代生活在大杂院里的人们

资料来源：http://blog.sina.com.cn/s/blog_532bd99f01017k71.html[2015-11-07]

注重邻里关系的国人，对大杂院有很多美好的回忆。人们对于好几家人住在一个院子里感到习以为常。一到饭点，各家各户的灶台都飘出饭香，邻里们都会相互问问今天吃什么。要是哪家今天改善生活，做了些好吃的，都会想起来先给邻居的孩子送上一点。从小在大杂院里长大的孩子，都没少吃邻居家的美味。

如今看来，大杂院相当简陋。有人这样描述："大杂院的脏、乱、破自不必讲了。大杂院里四邻唧唧叨叨的声音是能够穿透空气的，他们呼出的气味混杂在一起，有蒜味、辣椒味、醋味、酱油味。这里的人平庸粗俗，吃的是典型的家常便饭，呼出的只能是这无聊的家常之味了，索然寡味透顶，闻到就烦了。在这里，清雅的香气你是闻不到了。那时候，住单元楼的人们是很'牛'的，住单元楼的人习惯把大杂院里的人叫做小市民，于是大杂院里人的社会地位就变成比较低的了。"大杂院的生活真正诠释了"杂"的含义。①

图 3-2　1987 年四川成都的大杂院

资料来源：阎雷.昨天的中国[M].北京：北京联合出版公司，2015：76－77.

改革开放后，北京不断扩容，城市规划逐渐加快，大杂院慢慢离开我们的视线，但是大杂院的市井文化却不会被遗忘。大杂院生活在改革开放之后的多部热播电视剧中都作为重要的场景出现，比如 1990 年荣获多个大奖、红透

_____

① 老木.消失在繁华都市里的记忆[EB/OL].(2013-07-25)[2016-04-05].http://bbs.iqilu.com/forum.php？mod＝viewthread＆tid＝12181026.

半边天的电视剧《渴望》，就是以大杂院为生活场景，展现了那个年代人们的生活。此外，大杂院也成为众多影视剧的取景地。

2.筒子楼

20 世纪 80 年代最具中国色彩的居民住宅就是"筒子楼"，筒子楼又称兵营式建筑，一条长走廊串连着许多个单间。因为长长的走廊两端通风，状如筒子，故名筒子楼。筒子楼是 20 世纪 80 年代福利房紧张的产物，走廊、卫生间和厕所都是公用，其前身是单位的办公室或者单身职工宿舍。无数中国人在筒子楼里结婚生子，奏鸣着锅碗瓢盆交响曲。

图 3-3　20 世纪 80 年代堆满杂物的筒子楼过道

资料来源：http://blog.sina.com.cn/s/blog_50ee7910010136bf.html[2015-10-29]

影视剧《老爸的筒子楼》①中描绘了这样的生活场景："这个楼道里一共住

①　《老爸的筒子楼》由顾晶指导，2011 年在深圳卫视播出。该剧主要以女孩艾红的视角，讲述了养父养母从 20 世纪 70 年代到 21 世纪初的生活、爱情故事，顺带讲述他们生活的筒子楼里的几户人家，在社会变革这一大背景下的苦辣酸甜、聚散离合。

了七户人，水房和厕所公用，每户面积仅十几平米，资历老的住户可以占两个房间，搬来晚的只有一个。房间的狭小迫使每家每户将厨房移至楼道，走道里也堆满了杂物。每天最热闹的时候就是做饭时间，一到楼梯口饭菜飘香，夹杂着欢声笑语。晚上的时候，楼里传来孩子们的乐器声，还有因为孩子磨蹭不认真写作业的斥责声，菜市行情和股市行情一清二楚。楼里的人情味挺重，谁家做个饺子蒸个包子，每家都会送到尝鲜；着急有事，把孩子一个人放在家里也不是很担心。楼上的孩子多，从小都在这样的环境里长大，吃百家饭，随意串门。"

图 3-4　20 世纪 80 年代的筒子楼外部

资料来源：http://www.360doc.com/content/14/0106/22/6748870_343179684.shtml［2015-11-03］

图 3-5　20世纪80年代北京筒子楼内公共水房

资料来源：http://www.niubb.net/a/2015/12-01/1099092.html[2015-12-02]

直到 2012 年，北京市委开始对旧住宅楼进行全方位整改，全市约有 800 余栋筒子楼被拆除，筒子楼内的居民们住进宽敞、明亮的小区。① 筒子楼成为一代人的记忆，保存下来。

3.单元房

这一时期，只有少部分住房条件较好的城市居民住进单元房，这里的单元房特指每户的功能分区完善，卧室、厨房、厕所一应俱全的居民楼公寓。与筒子楼相比，单元房最大的不同便是每家每户拥有独立的居住空间。老人、孩子和成年夫妻不必再靠一个帘子隔开睡觉，也不用几家几户抢水房和灶台，每个家庭的隐私有了较好的保护。

单元房在当年已经是有厨房和独立卫生间的"高档住宅"。也有人认为独

---

① 石明磊.北京 800 栋简易住宅楼成危房[EB/OL].(2014-05-12)[2016-04-03].ht-tp://finance.ifeng.com/a/20140512/12310842_0.shtml.

门独户的户型不利于邻里之间的交往,淡漠了人际关系。但不管怎样,从杂乱的群居生活逃离到单户的居民楼是国人提高住房品质的早期梦想。

图 3-6　1985 年湖北武汉的单元房

资料来源:阎雷.昨天的中国[M].北京:北京联合出版公司,2015:32—33.

三、住房广告的先声

80 年代,房地产行业的市场化尚未全面开启,只有部分开放较早的地区出现香港等地的房地产广告。广州和深圳是改革开放的前沿,也是各项政策的试点地区。1982 年的《深圳特区报》上出现中国第一则房地产广告。我们很难用现在的标准去评判当时的房地产广告,简单的广告语、稚嫩的手绘几乎是那个年代地产广告的一致形象。

总的来说,早期的房地产广告主要使用简单的商品价值诉求,信息告知类型的广告为主,当时中国居民主要处在获取生活必需品的阶段,物质生活未得到充分的满足。加之当时商品市场相对匮乏,大部分产品都是需求大于供给,许多产品只要稍微广告就会被抢购一空。

1983年的《羊城晚报》刊载了一些针对香港居民前往内地置业投资开发的高端房地产项目，从广告内容可知，当时的房地产项目已经具备商业地产楼盘应有的各种要素。对于内地居民来说，这则广告上的住房价格比较昂贵，但这并不妨碍它成为内地房地产消费市场改革的先声。

图 3-7　1983年10月24日《羊城晚报》刊登翠竹苑房产广告

四、地产改革的前奏

随着时代的前进，住房分配制度的弊端日益明显。不仅居民无法分到满意的住房，政府和企业也背上沉重的负担，典型的"受累不讨好"。如此背景下，房地产市场化改革拉开了帷幕。[①]

首先，1980年4月邓小平发表了关于建筑业和房地产业的谈话，随后在全国开始城镇住房制度的改革。1980年6月，中共中央、国务院批准了《全国基本建设工作会议汇报提纲》，正式宣布实行住宅商品化政策。

----

① 中国市场化改革主要特指1978年改革开放后的经济体制改革，主要手段有二：一是建立国家调节的市场经济体制，并由此形成统一的市场运行机制和市场体系；二是在短期内实现用市场经济体制取代双轨过渡体制的改革过程。

随后，城市开始了一系列针对住房市场的改革措施，史称"三大改革"。这个时期是我国的住房商品化改革的试点阶段，三大改革指的是：出售新旧公房；住房商品化，实行综合开发，有偿转让和出售；租金改革。三大改革直接促进了我国房地产业的产生和发展。这些举措也为之后商品房的大量出现奠定了基础。

第二节　1992—1997 年：振兴与转型

一、房改的浮沉

80 年代，由于政治的波动，我国住房改革发展缓慢，一直处于摸索阶段。1992 年邓小平"南方谈话"之后，改革开放终于加足马力，在市场化道路上一骑绝尘。

住房制度改革缘起于邓小平 1980 年关于住房问题的讲话："要考虑城市建筑住宅、分配房屋的一系列政策。城镇居民个人可以购买房屋，也可以自己盖。不但新房子可以出售，老房子也可以出售。可以一次付款，也可以分期付款，十年、十五年付清。住宅出售后，房租恐怕要调整。要联系房价调整房租，使人考虑买房合算。"[①]这一讲话为中国的地产业改革指明了方向。1995 年的深圳，房产市场热闹非凡，商品房市场刚刚崛起，人们开始学会看着"沙盘"憧憬着未来居住在配套设施齐全的房子里。

---

① 杨慎.邓小平关于建筑业和住宅问题的谈话[EB/OL].(2014-08-25)[2016-04-05].
http://www.archcy.com/news/hotnews/b84fcf281d8d4eb9.

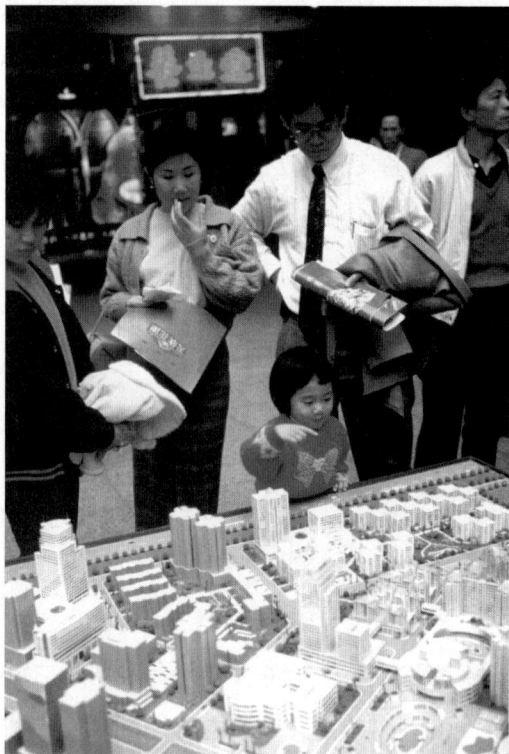

图 3-8　1995 年深圳在楼市看房的人们

资料来源：阎雷.昨天的中国[M].北京：北京联合出版公司,2015:247.

1.1992—1993 年:市场的膨胀

新政策使得刚刚开放的房地产行业出现爆炸性增长。党的十四大之后发布的《中共中央关于建立社会主义市场经济体制若干问题的决定》将制度改革正式铺上台面。国民经济得到极大发展,房地产市场十分火热。当时国家下放了土地批租的审批权,受利益驱动,全国掀起房地产开发的大热潮,外商对房地产的投入又大大增加了房地产的投资来源,大批项目争相上马,房价飞速上涨。1992 年全国房地产开发投资的增速达到 117.6%,同期商品房的销售面积增速达到 50%。在这一时期,全国商品房开发投资额同比增长 143.5%,

新开工面积同比增长 136%，房地产开发企业接近两万家。①

2.1994—1997 年:降温的市场

1994 年是中国房地产事业的起步之年,这一年国务院发布《国务院关于深化城镇住房制度改革的决定》,标志房改的正式开始。在房地产市场刚刚飞速发展了两三年之际,火热的房地产市场呈现出负面作用,海南房地产泡沫的破裂给中央敲醒了警钟。国家开始严格控制土地供应量、新开工的房地产投资规模及其种类,限制现开工的写字楼、高档公寓和别墅项目,商业银行压缩房地产信贷规模。证监会也从 1994 年开始暂停审批新的房地产上市公司,整个房地产业由于融资渠道受阻,其发展步伐大大减缓。从 1995 年开始,房地产业投资虽然还在增长,但增速已大大下降,以 1994 年、1995 年和 1996年三年为例 ,房地产业的开发投资增长率依次分别下降 31.8%、23.3%、21.5%。②

总体而言,相比过去的十年,我国住房市场变化十分显著,住房改革改善了国人的居住条件。1992—1997 年中国的人均住房面积从 14.2 平米增长到17.8 平米,对于人口大国而言这是一个十分积极的变化。③

二、居住形态:高楼渐起

从设计的角度看,相比过去的 10 年,20 世纪 90 年代新建的住房更多朝中小套间的方向发展,这与中国人口众多的国情是分不开的。对旧住宅的改造也在同时进行,以前的大开间被分隔开来,功能更加完善,更加注重保护家庭成员的隐私权。城镇居民们对住宅安全、交通便利、邻里交往、车辆存放等

① 潘丽萍.改革开放三十年中国房地产业政策演变与经济绩效分析[J].平顶山工学院学报,2009,18(2):1—5.

② 陈龙乾,马晓明.我国城镇住房制度改革的历程与进展[J].中国矿业大学学报:社会科学版,2002(1):86—93.

③ 搜数中国.中国固定资产投资统计数典 2000[R/OL].(2001-12-31)[2016-04-0].http://soshoo.las.ac.cn/IrisBin/Text.dll? db=TJ&no=174819&cs=16422738&str=%D6%D0%B9%FA%B9%CC%B6%A8%D7%CA%B2%FA%CD%B6%D7%CA%CD%B3%BC%C6%CA%FD%B5%E4&kz=20.

提出更高要求。从形态上来看，新建的商品房以高层住宅为主，高层住宅的土地利用率更高，颇受大众欢迎。

　　相比 20 世纪 80 年代，这一时期，更多的国人搬进单元房，单元房也更加多样，功能更完善。此时仍有相当一部分的单元房由企业所建，分配给职工居住。新建的商品房更加现代化，但远远超出当时大部分居民的消费能力。

图 3-9　20 世纪 90 年代中国城市单元楼

资料来源：http://tuan.qunar.com/deal/QNRNzgzMjMyNjQ＝［2015-11-02］

三、住房广告：功能诉求时代

　　翻开 1992 年的报纸，邓小平南方讲话占据各大版面和专栏。这一时期的报纸较从前有了很大变化。20 世纪 80 年代的报纸广告通常有半个版，大部分为生产资料广告，如工厂的产品广告，商品广告鲜少出现。但是到了 90 年代，尤其是 1992 年后，报纸上出现大量商品广告，如服装、电器、食品，住房广告也大量出现。与国家提出重点鼓励住房消费的政策密切相关，广州、珠海、深圳等地新开发的高级楼盘、别墅广告纷纷出现。

图 3-10　1992 年 8 月 17 日《羊城晚报》刊登楼盘广告

这一阶段,大部分以满足刚性需求为目的的购房者比较看重房子的质量、价格、地理位置、交通情况等因素。源于这种主流的心理趋势,以折扣优惠、优越的地理位置、生活环境和交通为主要诉求的楼盘广告层出不穷,这类房地产广告能够帮助消费者迅速了解楼盘基本情况,催生购买动机。

四、住房制度大变革

90 年代初期,国家出台一系列政策,彻底改变福利分房制度,建立起完全商品化的住宅市场,这是 90 年代中国住房最重要的变化。房地产市场,在经历了 90 年代初期的过热,1993 年之后的调控,暂时陷入短暂的低潮。然而这不过是一个前奏,新世纪的中国房地产市场,一路高歌猛进,对国民经济和百姓生活的方方面面都产生深远的影响。

第三节　1998—2002 年：高歌猛进

一、政策的起伏

1997 年金融风暴席卷亚洲,中国政府的措施行之有效,经济实现"软着陆",避免了经济的崩溃。1998 年之后,如何应对金融风暴的负面效果,找到经济新的引擎,成为中国恢复雄风的难题之一。

从 1998 年开始,房地产业经过几年的调整,泡沫成分得以控制,作为启动内需的一个重要举措,国家采取一系列政策措施来鼓励包括房地产在内的国内消费市场的全面发展,如 1998 年国务院发布的《关于进一步深化城镇住房制度,改革加快住房建设的通知》,这是房地产制度改革真正意义上的突破口,它宣布我国实行住房公积金政策,使房地产市场发生根本性变化,房地产业进入全面发展时期。国家允许绝大多数商业银行开办个人住房抵押贷款业务,以增加住房需求能力,减免部分房地产开发税费以降低开发成本。还通过推广住房公积金制度,启动住房货币化分配政策,扩大公有住房出售范围,搞活房地产二三级市场等多种形式,增强居民购房能力和意愿。在政策引导和刺激下,房地产市场明显转暖,以建设和消费为重点,以改善城镇居民居住条件和带动经济增长为目的,逐步消化存量,实现房地产市场的平稳发展。

二、居住形态:"高与低"的两极分化

收入水平的提高成为影响居住条件改善的最重要因素。1998—2002 年,中国人对生活提出更高要求。21 世纪初房地产行业的商品化程度相对较高,居民们可挑选的住房种类也越来越多,有高层住宅小区、复式楼、花园小区,甚至有人搬进单门独院的别墅。

高层住宅是比较符合中国国情的建筑形式,它是城市化和工业现代化的产物。城镇化开始之后,大量的农村人口为了更便利的交通、更好的生存环

境、更多的就业机会来到城市，但城市土地有限，高层住宅应运而生。高层住宅节约土地，增加房屋供应量，对于百姓而言，价格便宜，距市中心较近，出行购物方便；质量较好，耐久性强，适合长期居住，高层住宅恰到好处地处理了各方面的矛盾。

图 3-11　2001 年深圳鳞次栉比的高层小区

资料来源：http://life.pchouse.com.cn/jianzhu/1204/195251_all.html[2015-11-12]

这一时期风靡一时的户型还有复式楼。复式楼解决了普通高层住宅面积较小，功能分区局限的缺点。复式楼拥有独立标准层高，在两层间有一个一楼直通二楼的互通空间。对于有一定消费能力的居民，复式楼显然是更好的选择。

图 3-12　现代复式公寓内景

资料来源：http://gz.centanet.com/wordsinfo/articleshow-2-16639-1.htm［2015-11-14］

　　而对先富起来的中国人来说，住进别墅已不再是梦想。21 世纪初的中国房地产市场，结构相对稳定，泡沫较少，别墅的价格也被控制在合理的范围之内。别墅是改善性住宅，是在郊区和风景较好的疗养区建设的居所，是居宅之外用来享受生活的居所，是第二居所而非第一居所。除"居住"这基本功能以外，别墅更体现出居住者的生活品质。在中国老百姓的眼里，拥有一栋别墅，绝对是富豪，是身份和地位的象征。别墅小区也因为雅致的景观和别致的风格而成为富人们的首选。

图 3-13　2000 年广东中山花园别墅

资料来源：http://sucai.redocn.com/haibao_3038691.html[2015-11-15]

三、住房广告：感性诉求时代

感性诉求与理性诉求相对，说服偏重于感性的购买，动之以情，从消费者内心感受及需要上着手，常利用独特引诱来吸引人们购买，让人们欢笑感动，也常利用人生片段及故事情境或名人推荐方式引发消费者注意和认同产品广告中表现自我的东西。

在经历了以基本诉求为主的 20 世纪 90 年代初期，中国房地产广告的诉求方式逐渐变为以感性诉求为主，总的来说，主要有以下四种。

1."洋"风格显现

这一时期的房地产广告体现出居民的消费水平显著提高，居住品质改善的时代风貌。房地产广告中开始出现新的视觉形式和表现方式，大部分社会成员也逐渐接受新的行为标准。这一时期的房地产广告，尤其高档房产的，非常喜欢用西方文化来包装自己。地产广告喜欢用"洋派"这样的词汇来装饰自己,诸如"欧洲园林设计特征""欧陆风范""欧陆风情""欧陆情调""欧美"和"港式",自诩集国外各国文化于一体。今天看来,欧美风格在一定程度上代表着"洋派",能够长面子,人们在意的是身份和地位。

图3-14　1998年7月16日《羊城晚报》刊登枫丹白露庭楼盘广告

2.凸显身份和档次的诉求

美国著名的经济学家凡勃仑在《有闲阶级论》一书中将那些美国的上流阶级,与企业来往密切的暴发户称作"有闲阶级"。他认为,这些有闲阶级通过消费非维持生活所需的时间与昂贵物品,来保持和展现身份地位。改革开放之后,社会财富迅速积累,城市化进程不断加快,一小部分人率先富裕,成为有闲阶级,他们对高档住宅有需求,渴望获得与社会地位相一致的住宅。在这一风尚的引领之下,即使档次和价格并未达到标准的楼盘,广告中也大量出现"豪宅""至尊""皇家""尊贵"这样的词汇,用奢华腔调来展示房子的档次,尽可能吸引购房者眼球。

图 3-15　凸显身份诉求的房地产广告

资料来源：http://sucai.redocn.com/haibao_3038691.html［2015-11-19］

3.对生活理念的诉求

选购房屋就是选择生活方式，这也是房地产广告比其他广告更能揭示消费者心理的原因。一些房地产广告迎合最先富起来的人，他们期望提高生活品质，彰显身份和地位；还有一些地产广告则针对那些急需一套房子来改善当前生活状态的人。对这两个不同的市场而言，最重要的是"有没有大房子"和"有没有房子"。因此房地产广告商们意识到，在房地产广告中加入对生活方式的诉求举足轻重，大量的地产广告开始使用生活理念的诉求方式。

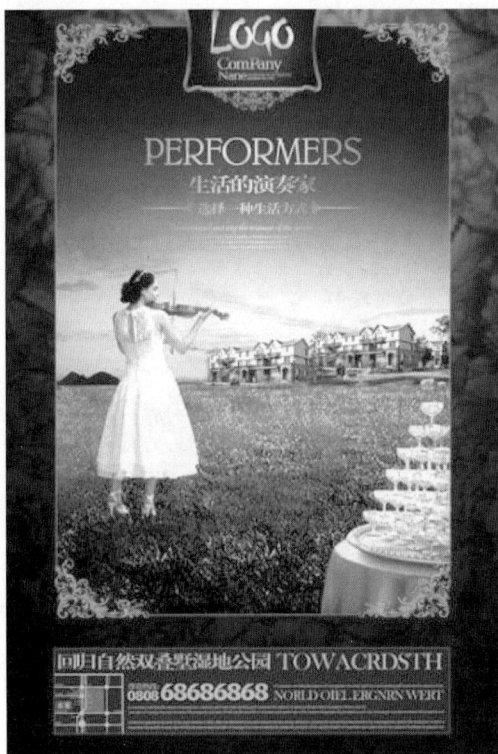

图 3-16　生活理念诉求房地产广告

资料来源：http://tooopen.com/view/253024.html［2015-11-24］

随着社会的逐渐发展,购房者文化水平的不断提高,国人对房屋的文化属性有了更高的追求。房地产广告摆脱只谈房子,不谈其他的简单状态,"买房就是购买一种生活方式"成为新的创意理念。在如今的楼盘广告中,生活方式是多种多样的,惬意的、奋斗的、温馨的、尊贵的、静谧的、悠闲的、富足的、共享天伦之乐的、邻里友善的、健康的……

4.中国元素的地产广告

进入 21 世纪,中国的经济总量赶英超日,成为世界第二大经济实体,国人重拾民族自信,这一点在房地产广告上也得到体现:楼盘广告中的中国元素越来越多。

图 3-17　融入中国风元素的地产广告

资料来源:http://www.photophoto.cn/show/01255457.html[2015-10-29]

中国元素,指大多数中国人认同的、凝结着中华民族传统文化精神,体现国家形象和民族利益的语言、文字和符号。房地产广告涉及的中国元素内核主要有以下三个方面:

首先,营造家的感觉。家在中国人心目中有特殊的含义,一方面,它是亲人所在的地方,另一方面,它是安身养心之所。中国传统文化最重要的社会根基是以血缘关系为纽带的宗法制度,它决定了社会政治结构及意识形态。所以,作为同一血缘关系的聚合体——家在中国人的观念中占有十分重要的位置。它是至亲至近的人生活的地方,是血脉延续的地方,是根之所在,也是人最终回归的去处。所以中国人讲究"传宗接代""倦鸟归巢"，其实都是"家"的体现。重家、爱家、想家、回家是中国人的普遍情结。房地产广告利用"家文化"赢得广阔的创意空间。房子本身是冷冰冰的，把房子置换成"家"就有了感情，附加了很多可以言说的内容。

图 3-18　家庭诉求的房地产广告

资料来源：http://www.taopic.com/psd/201010/10952.html［2015-11-30］

　　其次，诉求人与自然的和谐。天人合一是中国人的自然观，这种自然世界观由中国长期自给自足的农耕经济决定。定居生活和稳定的自然耕作以及长期"重本抑末"的国家政策使人们认识到，只有认识自然，顺应自然，与自然和谐相处才能获得丰收，才能安居乐业。这种自然观深刻影响着中国人的心性。中国人对自然有特殊的感情，亲近自然是中国人普遍的居住理想，使之成为房地产广告商的抓住的又一卖点。这一点在楼盘的名字上也得以体现："东方花园""鹿鸣园""锦绣园"……各种各样的"花园""山水""世外桃源"屡见不鲜。

图 3-19　和谐自然诉求的房地产广告

资料来源：http://www.58pic.com/haibao/11120856.html［2015-11-25］

　　最后，安宁与祥和也是国人的一致追求。中国人历来向往与自然和谐相处，在精神层面则表现为性格的平和、安详。加之长期受儒家文化的浸染，中国人喜静不喜动，喜淡不喜浓，喜敛不喜放，喜合不喜分。[1] 许多房地产广告表现出幽雅、静谧、清新、温馨之感，有的则直接打出"祥和"的旗号，楼盘名称多用"福""贵""雅""泰"等吉利的字眼，广告语中也多出现吉利的祝福。

---

① 何瀚玮.浅析中国平面房地产广告中诉求的演变［J］.中国市场，2015(19)：35－36.

图 3-20　以祥和为诉求的房地产广告

资料来源：http://www.taopic.com/psd/201010/10952.html［2015-10-28］

四、蓬勃楼市

这一时期，房地产行业为中国经济的发展做出巨大贡献。辽阔大地上每天都能够听到挖掘机、水泥搅拌机的轰鸣声，房地产业对各行各业的发展产生巨大的拉动作用。商品房已经占据房市的绝大部分，人们的居住环境得以改善，宽敞明亮的三居室成为无数家庭的栖居之处。

第四节 2003 年至今：稳定与风险

一、楼改的浮沉

2003 年，中国政府发布《关于促进房地产市场持续健康发展的通知》[1]，将房地产认定为支柱性产业，2003 年后，楼市如火箭一般发展。

2003 年之后的中国房地产市场，用"涨"字来形容再恰当不过：房价的疯涨，人们高涨的买房热情，膨胀而充满诱惑的房地产市场……在凯恩斯主义[2]理念推动下，政府一方面通过房地产拉动经济发展，另一方面又抑制房地产市场泡沫。中国住房市场进入饕餮时代，无数的房地产商、广告商和炒房者开始掘金之旅，把中国的房子价格炒上天，房价成为中国老百姓心头的难言之痛。

图 3-21 是 1990—2011 年的房价走势图，2003 年之后的房价增长迅速，北京上海等大城市的房屋均价，在 2012 年就超过 30 000 元/平方米关口。

为抑制楼市过热，中央一系列政策纷至沓来：2004 年 3 月，"831"大限旨在提高开发商的拿地成本。[3] 2005 年 3 月，房贷的优惠政策取消，调控指向消费。2005 年 3 月，"国八条"出台，调控上升到政治层面。2006 年 4 月，房贷利率再次上调。2006 年 5 月，国税局出台二手房税制新政策。2007 年，央行连续五次加息，二手房首付比率提高到 50%。

---

① 《国务院第 18 号文件》即《关于促进房地产市场持续健康发展的通知》，肯定了房地产业的支柱产业地位及其对经济社会发展的作用，明确了通过规范发展来解决房地产价格和投资增长过快等问题的调控思路。

② 凯恩斯主义是建立在凯恩斯著作《就业、利息和货币通论》(1936 年)的思想基础上的经济理论。它主张国家采用扩张性的经济政策，通过增加需求促进经济增长。即扩大政府开支，实行财政赤字，刺激经济，维持繁荣。

③ 国土资源部、监察部联合发文，严令各地须在 2005 年 8 月 31 日前将协议出让土地中的"遗留问题"处理完毕，否则国土部门有权收回土地，纳入国家土地储备，被称为"831 大限"。

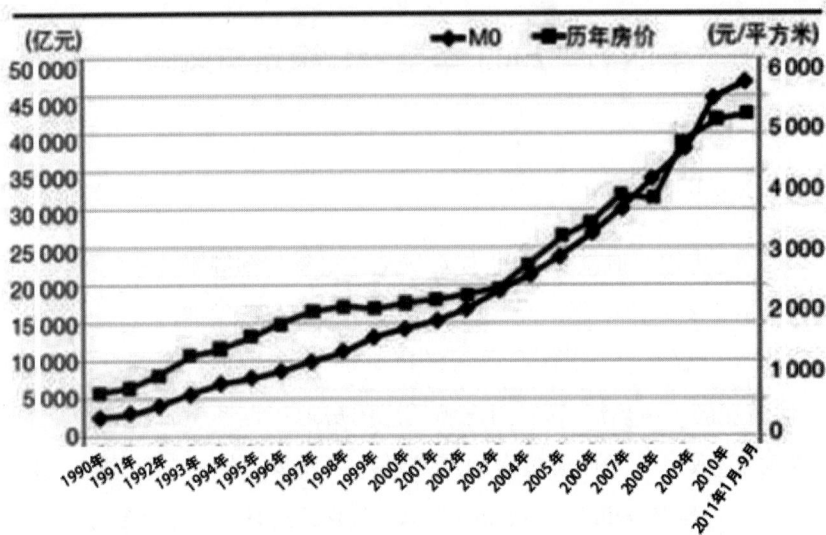

1990年以来新增商品房价格和M0上涨幅度比较

图 3-21 1990—2011 年中国城市房价走势图

2008 年上半年,国务院连续出台 16 项政策控制房市,成效显著,住房市场的过热得到控制,突如其来的美国次贷危机改变已经逐渐放缓的房地产市场。在政策支持、通胀恐慌、外贸出口受阻的三大因素下,房地产迎来又一次暴涨,连续数年的宏观调控戛然而止。2008 年 9 月 16 日,央行宣布双率齐降,一系列的政策宣告支持房地产市场的发展,接下来的一年,地产业又开始肆无忌惮的涨价。2009 年 5 月,国务院终于痛下决心,出台有史以来最为严厉的调控政策"国十条",限制异地购房、二套房贷标准大幅提高等具体可执行性的措施一下将高温的房地产市场打入冰窖,各地房地产市场交易严重萎缩,地产市场进入为期不短的寒冬。2010 年之后,中国的经济走势逐渐放缓,GDP 一再下降,拉动国民经济的任务又落在房地产头上。2013 年 2 月,国务院出台"新国五条"①,希望稳定市场,增加住宅用地,重现房地产业生机。2016 年年初,北京上海等一线城市,楼市交易量再次急剧上升,房价的新一轮增长也随之开始。

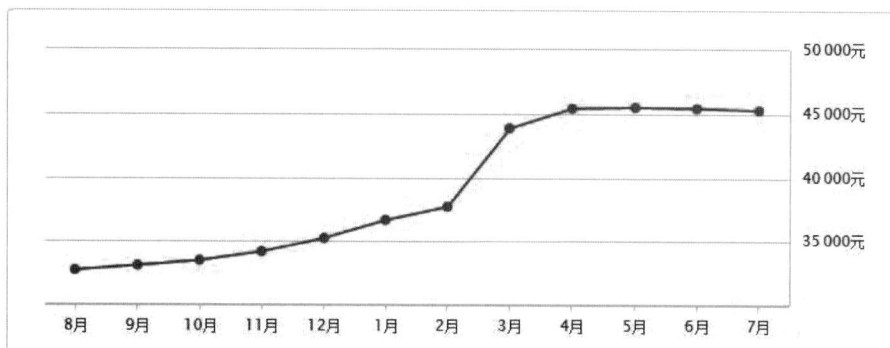

图 3-22　2016 年上海楼市走向

资料来源:http://shanghai.anjuke.com/market/[2016-08-11]

自 2003 年以来,中国商品房市场的发展经历着过热、降温,再过热、降温的过程。而对于中国居民来说,买房的需求始终高烧不退,不仅仅因为住房是中国稳定有保障的投资手段,也受传统的"成家立业"思想的影响,房子意味着安全感,意味着安身立命,这是房子对中国老百姓而言独特的价值所在。

二、居住形态:生态智能的诗意栖居

在经历"野蛮生长"的高速发展后,中国住宅进入到品质时代。从重视室外环境的舒适、休闲,到注重内部居住空间的品质,购房人的理念和需求不断刷新。与此同时,标杆房企也一直在进行各种关于住宅标准化的尝试,从建设

---

① 新国五条指在 2013 年 2 月 20 日国务院常务会议确定的五项加强房地产市场调控的政策措施。国务院常务会议出台五项调控政策措施,要求各直辖市、计划单列市和除拉萨外的省会城市要按照保持房价基本稳定的原则,制定并公布年度新建商品住房价格控制目标,建立健全稳定房价工作的考核问责制度。

标准、环保工艺、人性设计等产品的更新出发，实现一次又一次的技术变革。

21世纪中国的商品房在以下四个维度上有了明显的变化：

首先，人们已经不再满足于简单的结构分区，人们对住宅舒适性提出更高要求。住宅的功能化要求房子既能够"住得下"，也能够"分得开"，"住得舒适，身心健康"，满足人身、财产安全。住宅内部有关设施的方便性是舒适性的内在要素，室内环境上，讲究自然、韵味、浪漫与色彩的和谐统一，以保持优雅、宁静、舒适的居室氛围；外在的住宅室外配套设施要完备。儿童游乐区、体育锻炼设施和休闲区已经成为众多小区必备。

图 3-23　21世纪初功能愈加完善的小区配套设施

资料来源：http://www.sn180.com/member/OfferView/2838312.html［2015-11-21］

其次，追求住宅的生态性。在闹市中生活已久的人们渴望回归自然。住宅营建讲究空气、水质、土地绿化、动植物、能源等，也重视人文环境。在这种观念影响下，住宅建设重视生态建设，注意与自然环境协调，因地制宜、因势利导，利用阳光、通风，注重与大自然、地理景观、人文环境结合，在环保、绿化、安居、道路管网等方面进行系统规划和管理，使住宅环境处于良性循环状态。环境优美、绿地和树荫,已经成为众多小区标准配备。

图 3-24　21 世纪初环境优美的小区

资料来源:http://www.nipic.com/show/4/85/9758534.html[2015-11-21]

再次,随着互联网时代的到来,住宅进入信息化时代。小区基本具备信息化、智能化管理能力。智能布控系统的引进,实现人工环境(空调、照明、太阳能)控制系统,保证了居住的舒适性。实现住宅区的全方位(楼宇门窗廊道)监控,红外线防盗报警、电子巡更、火害烟感、求助呼叫、指纹识别、"三表"出户、IC 卡计费等各种配备,有效地优化了治安环境,增强居民安全感,日常生活也愈发便捷。

图 3-25   21 世纪初的智能化小区设备

资料来源：http://www.noie.cn/mjfa_195.html［2015-12-03］

最后，人们对于住宅的文化属性有所要求。房地产广告由功能诉求转向精神属性诉求，反映出住宅的文化属性日渐成为国人挑选住房的一个重要标准。住宅文化不仅是居住者的文化，也是建筑者的文化，是住宅消费的综合体，它包括住宅建筑艺术、环境营造艺术、居室美化艺术及居住的风俗习惯、居住质量、居住人际关系等。住宅开发重视文化内涵，小区的建筑风貌、艺术品陈设等体现地方特色、民族风情，这是中国住宅文化性发展的重要起步。

图 3-26　21 世纪初的小区内布景

资料来源：http://fang.com/Album/PictureDetail_5774332_52325_47971.htm[2015-12-02]

三、房地产广告：诉求多样化

市场的蓬勃也带动了房地产广告业的繁荣。房地产商财大气粗，堪称头号金主，遍地的楼盘也是广告公司源源不断的财路。从整个市场来看，行业的繁荣一定会带动文化的繁荣。在房地产商巨大的需求下，房地产广告应运而生，出现红鹤、揽胜、上海博文等著名的房地产广告公司。广告媒体的格局发生重要变化，地产公司成为纸媒和户外媒体重要客户，广告媒体的投放形式也有很大不同：户外媒体、杂志、报纸和网络媒体等形式成为主流。

房地产广告追求多样化。随着市场分化，房地产广告的诉求发生巨大变化。这些广告，来源于中国城市居民最朴实的住房需求，是中国人生活的真实体现，更高度凝结了中国人对美好生活的各种愿景。

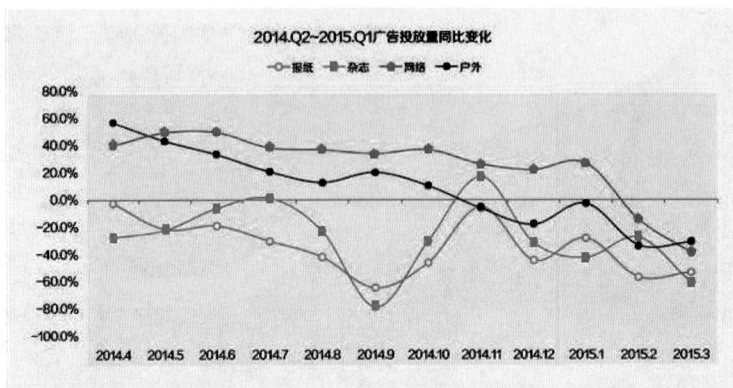

图 3-27　2014—2015 年中国房地产广告投放数据

资料来源：http://www.meihua.info/a/63303[2015-10-23]

1. 我要一个"世外桃源"

图 3-28　2014 年"悦西溪"地产平面广告

资料来源：http://www.zcool.com.cn/work/ZMTUzMTI4NjA=.html[2015-09-29]

　　"内地的生活节奏太快了,我们在台湾都是慢慢走路的",这是一位台湾教授来到北京后的第一感受。三十年的高速发展使得城市生活节奏加快,平日里快节奏的生活让人筋疲力尽,恬静优美的港湾,城市中寂静的世外桃源,山湖美景,远离喧嚣,成为消费者对居住环境的高级追求。"悦西溪"广告便针对国人的这种需求。

　　近年来,中国遇到环境问题是出现这种需求的重要原因。除了频频爆发的公共环境事件,北方各大城市的雾霾,南方的水污染也一直困扰人们。过度重视经济发展,忽视环境的荷载能力,生活在大城市的人们面临更加恶劣的生存环境,防霾口罩、空气过滤器成为家家户户的必需品。这促使人们追求优雅居住环境,房地产广告纷纷以此为卖点,宣传楼盘的环境优美、清净典雅,广告视觉效果极其美观,宛如人间仙境,这是近年来地产广告中最重要的诉求之一。

　　2.我要一个"品质"住宅

图3-29　2008年"青山湖"楼盘平面广告

资料来源:http://blog.sina.com.cn/s/blog_3f267cb40101bgpb.html[2015-09-23]

143

万科 2008 年的楼盘平面广告讲究细节，创意团队认为，对于有钱有闲的富豪来说，别墅已不能够满足需求，中国的富豪开始从"富"转向"贵"，品质成为他们对住房的追求。

三十年的经济发展造就了一批富裕阶层。与普通的工薪家庭相比，价格不再是他们买房最看重的要素，品牌、景观、舒适度等成为他们选择房屋的重要标准；高档小区的配套设施中要有 4S 店、美容院、宠物店、雪茄吧，甚至高尔夫球场等高端项目。他们更看重著名房地产商（如万科、龙湖、华润）的品牌号召力。在户型上，他们喜欢 30 平米的大卧室、独立衣帽间和双阳台，有的人还要求风水好。他们买房更多的是投资而不是自住，很多富人都拥有不只一套房产，且分布在不同城市甚至是国家。

贫富差距扩大的问题不只一次被摆上台面，2015 年官方公布的中国基尼系数[1]为 0.462，达到了近几年的新低[2]，但在国际上仍相对较高。科研机构的结论与官方大相径庭，根据北京大学公布的《中国民生发展报告 2015》称，中国的收入和财产不平等状况正在日趋严重。近三十年来，中国居民收入基尼系数从 20 世纪 80 年代初的 0.3 左右上升到现在的 0.45 以上。报告显示，近年来中国财产不平等的程度更加严重。中国家庭财产基尼系数从 1995 年的 0.45 上升到 2012 年的 0.73。顶端 1％的家庭占有全国约 1/3 的财产，底端 25％的家庭拥有的财产总量仅在 1％左右。[3]

---

① 基尼系数由 1943 年美国经济学家阿尔伯特·赫希曼提出，是判断收入分配公平程度的指标。它是一个比例数值，在 0 和 1 之间，是国际上用来综合考察居民内部收入分配差异状况的一个重要分析指标。

② 中国国家统计局.2015 居民收入报告［R/OL］.（2016-02-05）http://www.stats.gov.cn/tjsj/ndsj/.

③ 李建新.中国民生发展报告［R/OL］.（2016-02-10）http://www.askci.com/rews/chanye/2016/01/19/14422vpzi.shtml.

3.我要一个幸福小窝

图 3-30　2010 年家庭主题房地产平面广告

资料来源：http://www.taopic.com/psd/201011/13082.html［2015-11-29］

中国人要结婚，首先面对的就是婚房这一甜蜜的负担。在社会主流价值观之下，大量准备结婚的情侣不能接受无房的状况。强调家庭幸福随之成为房地产广告的重要诉求点，大量广告透露出：有了安身之所，才有资格谈论幸福。因此，以家庭为诉求的房地产广告层出不穷。

互联网上曾流行一个笑话：在全国各地，结一个婚究竟要花多少钱？经不完全统计，在北京、上海、深圳等大城市，结婚的开销达到 200 万元以上①。主要开支就是婚房。《蜗居》《裸婚时代》等影视剧围绕住房问题来展现老百姓的酸甜苦辣。

中国是以农业、以土地为根本的国家，传统置业观念对国人的住房消费有重要影响。"结婚一定要有房"是众多即将迈入婚姻门槛的情侣们面临的第一

① 黄欢.中国各地结婚成本调查［EB/OL］.（2016-02-14）［2016-04-08］.http://news. sina.com.cn/c/2016-02-14/doc-ifxpmpqp7670204.shtml.

道难关，而在国外，租房很普遍，这与租房市场的完善密不可分。中国政府重视商品房市场的发展，忽视租房市场，相关的法律制度欠缺，许多在外工作的年轻人租房困难，很难找到合适的住房。

近年来，年轻人，尤其是 90 后，置业观念发生改变。他们更有个性，更加新潮，许多 90 后反对几代人一起帮孩子买一套房的做法，也有人表示将来不买房。新一代人对房产需求结构的冲击将会逐渐显现。

4.我要给孩子一个未来

图 3-31　2008 年"阳光佳苑"学区房户外广告

资料来源：http://www.tooopen.com/view/677538.html[2015-12-03]

广义的学区房是指重点学校附近的房屋，狭义的学区房是指按照就近入学的原则，可以免试进入重点小学和初中的物业和房产，也可以理解为能够满足购房者本人子女就读区、市级重点学校（小学或中学）的房屋。学区房是房地产市场的衍生品，也是现行教育体制导致的独特现象。社会竞争日益激烈，为使孩子不输在起跑线上，不惜花费重金购置学区房。重点中学附近的房产，受到学生家长的青睐，在学校附近购买房产居住，有利于家长管理孩子的生活和学习，孩子也可以提高学习的效率。房地产商根据国人的这一心理，诉诸名校、考学等元素，纷纷哄抬房价，如北京西城区实验二小学区房约 40 万/平方米；北师大附属中学学区房约 8 万/平方米……此类新闻数不胜数。

就近入学本是方便百姓的政策，但不少家长却意外吞食"学区房"这颗苦果，加入一场停不下来的金钱比拼游戏。游戏的参与和推动者不仅是望子成龙的学生家长，还有房产中介和开发商，就近入学政策陷入尴尬。

2016 年 2 月，教育部发出《关于做好 2016 年城市义务教育招生入学工作的通知》，明确提出在教育资源配置不均衡、择校冲动强烈的地方，根据实际情况积极稳妥采取多校划片的方式。一纸公文，将限制通过购买学区房进行择校的行为。

房子的身上凝聚着千千万万中国家庭的幸福、愿望、梦想和价值观，房地产广告体现出老百姓期许的生活状态，反映出中国人的焦虑、安逸、幸福、家庭、下一代……房地产广告中所展现出来的图景，正是老百姓对未来生活的期许和愿景。

四、双面楼市

21 世纪初，房地产对中国经济做出重大贡献，也带来了不少附加问题。商品化的住房市场在 21 世纪日益稳定，制度更加完善。但是，国内地产行业的泡沫巨大，库存积压尤为明显。国家统计局 2015 年 10 月指出，全国一线城市商品待售房达到 68 632 万平方米，整个市场面临巨大的"去库存"压力。每一个硬币都有两面，楼市也是如此。三十年来房地产市场成为中国经济的火车头，带动了一系列与投资领域相关产业的发展。楼市背后的种种现象和问题值得深思。我们不能够说中国的房地产市场的发展是健康和绿色的，美国、日本、西班牙等国家的前车之鉴也并未对中国的房地产市场起到太大的警示作用，虽然中国房地产市场的存货已经达到近 7 亿平方米左右，但是在经历了 2012 年和 2013 年短暂的萧索后，又以无畏的态度继续冲锋①。

1.人口红利趋向乏力

在中国，一家三代合作供养一套房子的场景屡见不鲜。中国的房地产市场繁荣多年，与巨大的人口红利分不开。因为处于经济转型期的开端，大部分家庭的长辈们不用像 80 后、90 后一样，在买房方面有巨大的开销，因此可以拿出毕生积蓄，为孩子买房。这样的人口红利还能持续多久，还能撑起这样庞大的房地产市场走多远，不得而知。

2.市场供求的两极化

户均住房超一套，待售住房还可供至少 2 亿人居住，住房投资需求快速下降。越来越多的投资者从"开发新房"转向"盘活旧房"，与中国房地产市场走到供需平衡的拐点密不可分。截至 2014 年，我国城镇存量住房 200 多亿平方米，户均住房超一套，新房仍在源源不断涌向市场。供给与需求关系的变化，导致 2016 年以来我国商品房待售面积一再创下历史新高。尽管央行从 2014 年 11 月起连续六次降息，也难以使楼市恢复到过去十年的高速增长期。由于六次降息，房地产业正迎来近十几年最宽松的信贷环境，却无法扭转房地产市场的分化格局。一二线市场在升温，三四线城市的库存积压非常严重，即使信贷刺激也无法全面回暖，风险仍在上升。

3.中产阶级负担加重

中国大部分的中产阶级都是以买房的形式实现身份的跨越。尽管跻身中产阶层会让人感受到幸福感，但仔细琢磨，以房产的方式实现身份的变迁，其实是"被中产"。人们并不想，也无力承受如此高价的房产。房子不是消费的全部，更不是生活的全部。啃老、透支未来收入的方式，勉强买到一套安居的房子，实现蜗居的梦想，房子变成负担，从价格的角度看，房子的价值确实不

---

① 住房与建设部.中国住房报告 2015［R/OL］.［2016-04-23］.http://mt.sohu.com/20151204/n429601905.shtml.

低,但这没有实质的意义。为了一套房子,人们省吃俭用降低生活标准,放弃生活追求,也放弃社会参与和责任承担。中产阶层每天一睁眼都在为房贷而烦恼时,期待他们有崇高的价值追求,有热情的社会参与,似乎不太现实。

小　结

房地产轰轰烈烈发展了近 20 年,在 1992 年之后经历了多次起伏的过程。伴随房地产产业而兴起的房地产广告,成为集中展现时代特征的文本记录。从中不仅可以看到行业的繁荣更迭,也看到转型期城市居民的梦想。虽然多数的房地产广告主诉于少量的富人和中产阶级,但可以看出,从解决温饱到注重个性化,从出于生物本能到出于社会化和象征化的进阶不曾停止。

第四章　出行的与时偕行：从人力到机械

　　生活空间不断扩大，社会流动性不断增强，与之相对，出行方式也接连革新，从步行，到马车代步，再到使用自行车、汽车、轮船、飞机。改革开放以来，中国的交通事业取得举世瞩目的成就，曾经外国人眼中的"自行车王国"，而今拥有海陆空全面发展的立体交通格局。出行方式的变迁和进步，既反映着老百姓生活的变化，也见证了中国经济与科技的腾飞。

　　国人出行方式的变迁，从单纯依靠人力的自行车，到逐渐依靠机械的摩托车，再到汽车、火车、轮船、飞机等交通工具的全面发展，呈现出从人力到机械的发展轨迹。1978—1993年，自行车凭借轻便灵活的优势在中国迅速普及。同一时期，摩托车也作为时髦与新贵的象征进入普通家庭。公共交通领域，如公交车、铁路、民航，则发展缓慢；1994—2001年，汽车普及率提高，进入大众生活。城市公交、铁路、民航等交通事业均飞速发展；2002年至今，加入世界贸易组织后，我国交通事业迈入加速发展阶段，私家车逐渐普及，公共交通发展呈现人性化、便捷化、智能化，国人的出行品质不断提高，出行选择愈加多样。

第一节　1978—1993年：两轮交通盛行

　　改革开放前，对于大部分国人来说，短途出行基本靠步行，难得出趟远门。改革开放初期，轻便灵巧的自行车迅速普及，成为日常生活中最重要、最常见的代步工具。20世纪八九十年代，民用摩托车逐渐取代自行车成为时髦和新贵的象征。在这一时期，公交车、火车和民用航空等公共交通虽然发展缓慢，但也是国人出行不可或缺的一部分。

一、自行车王国

自行车最早于 19 世纪末从西方传入中国，作为宫廷贵族的玩具；到 20 世纪六七十年代，自行车和缝纫机、手表、收音机并称为年轻人结婚必备的"四大件"；直到 20 世纪 80 年代，自行车才逐渐成为国人最重要、最普及的代步工具，无论在大城市，还是在农村，都能看见自行车的身影。1986 年，北京长安街的自行车道甚是宽敞，浩浩荡荡的自行车洪流颇为壮观。这样的景象使中国成为外国人眼中的"自行车王国"。

图 4-1　1986 年北京长安街上的自行车车流

资料来源：http://info.autofan.com.cn/info/2009-09-08/5/10047641.xhtml［2015-12-10］

"四大件"也称"三转一响"，是 20 世纪六七十年代中国人家庭生活中的"奢侈品"。那时自行车是稀罕物，国人谈论起"飞鸽""永久"或"凤凰"牌自行车时流露出的神情，不逊于 20 世纪 90 年代初期谈论起"捷达""富康"或"桑塔纳"。"当时谁要是骑一辆凤凰或者永久牌自行车，那无异于现在开个私家车，让旁人羡慕得不得了"，一位上海市民回忆说。[①]

在那个年代，自行车不仅是重要的代步工具，也是衡量当时家庭生活水平的重要标准。20世纪70年代，一辆自行车的价格是100～150元，当时普通职工的月工资收入才35元左右。[②] 除却高昂的价格外，供货不足也造成"买车难"。由于国家实行计划经济，自行车必须凭票购买，一个单位通常一年只发一两张自行车供应票，一般优先分给厂里的劳模或者厂领导，对于众多的需求者来说，一票难求，有钱没票买不到自行车是常有的事。

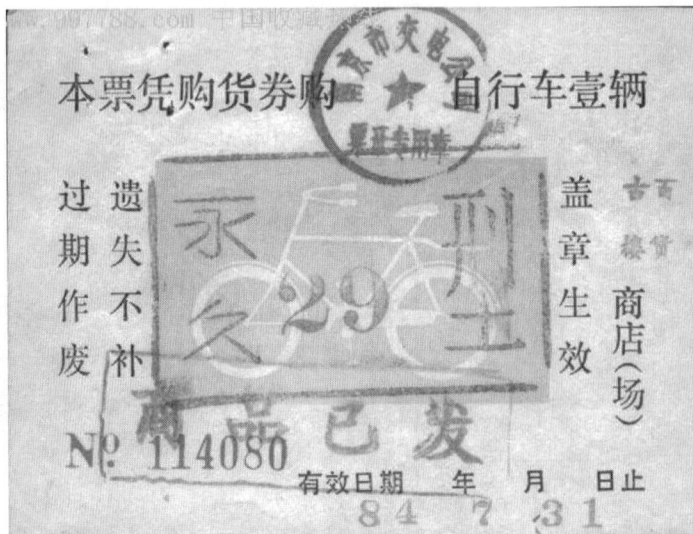

图4-2　1984年用来购买永久牌自行车的票证

资料来源：http://www.997788.com/pr/detail_895_4078294.html[2015-12-02]

---

① 贝贝.改革开放30车——自行车的"生死轮回"[J].中国自行车,2009(1):51—52.
② 庄严.中国"13亿"改变世界购买力影响全球经济格局[EB/OL].(2009-10-05)
[2016-05-08].http://www.ce.cn/macro/more/200910/05/t20091005_20148078.shtml.

截至 1988 年,我国自行车的年产量达到 4 122 万辆,[①]与 1978 年的产量相比,增长了将近 5 倍。[②]经过十年的发展,自行车成为十分普及的代步工具。

图 4-3 1987 年青岛自行车停放处

资料来源:阎雷.昨天的中国[M].北京:北京联合出版公司,2015:26-27.

自行车载人运物,成为富有中国特色的载重车。在南方,上海生产的"永久牌"和"凤凰牌"自行车最流行,而在北方,天津生产的"飞鸽牌"自行车一家独大。三大国产品牌是国人购买自行车的首选,自行车行业出现"三足鼎立"的局面。

1958 年,上海的 267 家小厂合并组建成为上海自行车三厂,并于次年开

---

① 中华人民共和国国家统计局.关于 1988 年国民经济和社会发展的统计公报[R/OL].（2002-03-21）[2016-04-17].http://www.stats.gov.cn/tjsj/tjgb/ndtjgb/qgndtjgb/200203/t20020331_30001.html.

② 中华人民共和国国家统计局.关于 1978 年国民经济计划执行结果的公报[R/OL].（2002-01-21）[2016-04-17].http://www.stats.gov.cn/tjsj/tjgb/ndtjgb/qgndtjgb/200203/t20020331_29991.html.

始使用"凤凰"商标，设计者认为："凤凰好，飞翔轻快，是民间吉祥之物，受人民喜爱"。"凤凰"商标也经历变化，从最初的黑白单色俯冲而下的凤凰标，到如今五彩缤纷、遗世独立凤凰标。商标顺应时代而变，但吉祥的寓意始终未变。

图 4-4　凤凰自行车早期（左）和现代（右）的商标

资料来源：http://baike.baidu.com/view/2263344.htm[2015-12-07]

90 年代前的短缺经济年代里，凤凰自行车的产能迅速得到释放，由 1958 年的 15.6 万辆迅速扩张至 1990 年的 354 万辆，1992 年产量继续攀升至 483 万辆。1993 年，凤凰自行车的年产量突破 500 万辆大关，达 523 万辆。[①] 同年 9 月，凤凰改制为股份公司并成功上市。20 世纪七八十年代，凤凰牌自行车盛极一时，大街小巷随处可见，在商店里也总是被放在最显眼的位置，凤凰女式单车更被称作"女性贵族车"，成为馈送女友的首选高档货。

上海永久股份有限公司从事自行车生产的历史最早可追溯到 1940 年。新中国成立后，作为最大的国有自行车厂，"永久"研制出统一全国自行车标

---

①　巴赫.谁绑住了凤凰自行车的翅膀[EB/OL].(2012-04-14)[2016-04-17].http://www.china-cycle.com/news/show-999.html.

准、规格的标定车,这款自行车统一了国内自行车零部件的名称和规格,也为自行车的零部件互换通用创造了条件。

20世纪70年代,"永久"的身份非比寻常。因为价格昂贵或购买限制,很多人买不起或买不到永久车,只得退而求其次买回一堆"永久"自行车的配件自己组装,组装出的"永久"自行车也被人们视为传家宝,常常从父亲那辈传到子女手中。在"永久"的发展历史中,年产量最高的年代是20世纪80年代末90年代初,每年产量达到340万辆,那时厂里只有7 000人,到处呈现欣欣向荣的景象。①

时任美国驻华联络处主任的布什(后任美国总统)与夫人芭芭拉经常骑着自行车穿行于北京的大街小巷。

图4-5 1974年布什夫妇与永久自行车在天安门前留影

资料来源:http://photos.caijing.com.cn/2012-12-28/112397639_1.html[2015-12-08]

---

① 张杰.永久自行车那是一个时代的缩影[EB/OL].[2016-04-17].http://auto.163.com/09/0902/16/5I7J1LN700083IA1.html.

1981年，湖北应城县实行"统一经营、联产到劳"的责任制，在粮食丰收后，农户杨小运提出愿向国家交售公粮两万斤粮食（征购任务8 530斤），只要求卖给他一辆"永久"自行车，应城县委和县政府答应他的要求，并决定：凡是全年超卖万斤粮食的农户，都供应一辆永久车。湖北的《孝感报》及时报道了这件事，《人民日报》进行转载，向全国推荐。1981年10月15日，厂长带领有关科室干部和技术人员，搭乘长江客轮，将精心制造的1 200辆"永久"车送往应城县，将"永久"自行车赠送给杨小运。"多卖粮只为买永久"的报道在当时轰动全国，足以看出"永久"自行车在当时国人心目中的份量，从另一个角度来看，这也许算是国内最早的事件广告。

图4-6　1981年杨小运接受永久牌自行车赠车

资料来源：http://bike.baike.com/？baike_id＝3063&id＝280596&m＝article[2015-12-18]

1936年，天津生产出第一辆国产自行车，这就是飞鸽自行车的前身。1950年正式命名为"飞鸽"的天津飞鸽车业制造公司，经过十几年的发展，到1965年的年产量已经达到40万辆。20世纪80年代是飞鸽最鼎盛的时期，甚至创造"日产万辆"的生产记录。[①]

1989 年 2 月 25 日,老布什就任总统访华,李鹏总理将两辆崭新的"飞鸽"自行车送给布什夫妇,布什夫妇仔细地看着车子连声说:"好极了,美极了!"布什总统还兴致勃勃地骑上车子,在众多的记者面前做出骑车的样子,让他们拍照[②]。全世界数百家新闻媒体对此事进行了广泛报道。飞鸽自行车厂在收到上级要将"飞鸽"作为国礼赠送老布什总统的通知时就高度重视,一方面是因为此举关乎国家形象;另一方面,借由老布什的名人效应扩大"飞鸽"自行车在海内外的品牌知名度,机会难得。"飞鸽"牌自行车的广告意识可见一斑。此后,飞鸽自行车又多次作为国礼赠送给外国领导人,海外市场由此打开。

图 4-7　1989 年李鹏向布什夫妇赠送飞鸽自行车

资料来源:http://money.163.com/09/0816/01/5GQ7A8QH00253JOV.html[2015-12-16]

---

① 张道正.八十岁"飞鸽"插上"互联网"的翅膀迎接"最好时代"[EB/OL].(2016-03-28)[2016-04-17].http://www.fx361.com/page/2016/0328/170926.shtml.

② 于莉."飞鸽"——走向世界的自行车(走遍天津)[N].人民日报海外版,2003-12-12(2).

20 世纪 90 年代，随着市场经济的发展，自行车行业发生翻天覆地的变化，不但产量大为增加，品牌也不再局限于凤凰、永久、飞鸽三大品牌。众多国产品牌的兴起以及外国品牌如捷安特（GIANT）、美利达（MERIOR）、崔克（TREK）进驻中国，千篇一律的自行车款式被五花八门的新式自行车代替。自行车不再局限于单一的代步功能，折叠车、山地车、公路车遍地开花，运动、时尚等性能也逐渐凸显。

图 4-8　21 世纪品类丰富的自行车

二、摩托车轰鸣

20 世纪 80 年代，自行车已经相当普及，摩托车成为新宠。那个时候，摩托车是富裕家庭最明显的象征，骑着摩托车驰骋于大街小巷引来不少艳羡。

国内摩托车的生产历史要追溯到 1951 年的"井冈山"牌摩托车。20 世纪 50 年代的摩托车主要用于公务和军队；到 20 世纪 70 年代初，邮政部门提出"邮政投递摩托化"，摩托车主要运用于邮件和报刊的投递；改革开放以来，随着国民经济的发展、人民生活水平的提高，摩托车才开始由公务用途转为私人用途，作为运输及代步工具。

20世纪70年代末至80年代初，许多军工企业在党中央提出的"军民结合、平战结合、以军为主、以民养军"方针指导下转而生产摩托车。[①] 嘉陵、建设、金城等兵器、航空、军队系统企业，坚持"军民结合"的战略方针，发挥军工技术优势，大力研发摩托车产品，成为中国现代摩托车产业的开路先锋。我国摩托车生产商在仿制、开发的基础上，通过引进国外先进技术、中外合资办厂以及兴办地方摩托车企业等形式蓬勃发展，1979—1989年，全国共计生产摩托车586万辆，年产量由4.9万辆发展到100万辆。[②]

在1986年国家确定的19家定点生产厂家中，军工企业就有13家，其摩托车产销量占了全国总量的70%以上。而在这其中，以国营的嘉陵机器厂最为典型。

1979年9月15日，中国嘉陵集团第一辆嘉陵CJ50摩托车组装成功，当年10月1日共试制出样车5辆，实现了"造出'争气车'，向国庆三十周年献礼"的目标。这款摩托车是嘉陵开发生产的第一款民用摩托车，也是中国第一款真正意义上消费型摩托车。1981年，嘉陵厂与本田签署技术合作合同，在中国市场合作生产CJ50，产品一经推出便成为抢手货。

20世纪80年代中期，一般城镇工人的月收入还不到100元，售价达1000～2000元的CJ50是名副其实的奢侈品。CJ50造型简洁利落，驾驶轻便灵活，被称作"小嘉陵"。这款摩托车在回油门时皮带传动系统会发出清脆的"锵锵"声，像悦耳的铃声，许多此车的"粉丝"一听到这独特的响声，往往头也不抬就大声喊道：嘉陵来了！[③] 驾驶着轻巧的"小嘉陵"，将自行车远远抛在后面，一路"叮叮咚咚"，风光无限，是当时许多人的梦想。在那个年代，为了拥有一辆会"唱歌"的"小嘉陵"，普通工人省吃俭用一两年、农民存几年的粮食的事情并不罕见。

---

① 党中央于1978年7月在"全国兵器工业学大庆"等专业会议上，提出"军民结合、平战结合、以军为主、以民养军"的战略方针。

② 董扬.中国汽车工业改革开放30周年回顾与展望[M].北京：中国物资出版社，2009：190.

③ 陈曦.五大经典国产摩托车[EB/OL].(2010-07-21)[2016-04-17].http://www.fjs-en.com/j/2010-07/21/content_3529548.htm.

图 4-9　1981 年嘉陵厂与本田签署技术合作合同在中国市场合作生产 CJ50

资料来源：http://money.163.com/09/0913/20/5J4B3S1F00253JPS.html［2015-12-20］

图 4-10　20 世纪 80 年代中期，国营嘉陵机器厂前的嘉陵 CJ50

资料来源：http://money.163.com/09/0913/20/5J4B3S1F00253JPS.html［2015-12-20］

从 1979 年起,日本摩托车品牌雅马哈（YAMAHA）、本田（HONDA）、铃木（SUZUKI）相继进入中国,成为年轻人追捧的对象,拥有一辆进口摩托车被视为时髦。1982 年北京颐和园里,一名年轻人靠在锃亮的摩托车上,做电影《地狱天使》①中的造型。

图 4-11　1982 年北京青年的进口摩托车

资料来源:刘香成.毛以后的中国 1976—1983[M].北京:世界图书出版公司,2011:90.

在改革开放的前沿阵地广州,日本品牌的摩托车更为流行。20 世纪 80 年代初,摩托车进入初级发展时期,渐渐成为富裕阶层的标配,广州大批"烧鹅仔""乳鸽仔""猪肉王"个体户成为摩托车"新贵"。那时的广州街面上,自行车虽然是绝对主流,个体户驾驶的摩托车也有如过江之鲫,穿梭于城市的大街小巷,成为街头一景。1984 年,反映广州当年都市生活的电影《雅马哈鱼

---

① 《地狱天使》是 1996 年香港电视广播有限公司制作的现代悬疑电视剧,由李艳芳执导,苏玉华、陈启泰等主演。

档》中①，摩托车、个体户成为广州领先全国的标志。当时广州比较大的商店，比如华侨大厦、友谊商店，都售卖摩托车，但以雅马哈、本田、铃木等进口车为主，价格比较昂贵。②

图 4-12　1984 年电影《雅马哈鱼档》剧照

资料来源：http：//www.chmotor.cn/sidelight_detail.php？id＝15430&from＝timeline&isappinstalled＝0[2015-12-23]

90 年代，国内摩托车行业合资风起云涌，新兴企业如雨后春笋般纷纷出现，产品更新换代加速，产量大幅度攀升。日本的摩托车行业四大家族本田（HONDA）、雅马哈（YAMAHA）、铃木（SUZUKI）和川崎（KAWASAKI）相

---

①　《雅马哈鱼档》于 1984 年 3 月 17 日上映，珠江电影制片厂出品，张良执导，张天喜、黎志强等人主演。影片讲述了 20 世纪 80 年代初，广东的三个青年在经营卖鱼档的故事。这部影片是改革开放后，国内第一部反映民营经济的电影，被称为广东改革开放的第一张名片。

②　胡军.20 年前摩托车是时髦与新贵的象征[EB/OL].（2008-11-24）[2016-04-17].http：//www.ycwb.com/ycwb/2006－10/31/content_1263435.htm.

继与我国摩托车企业合资成立新公司,如五羊－本田摩托(广州)有限公司、重庆建设－雅马哈摩托车有限公司等,国产品牌力帆、宗申、隆鑫等私营企业也集体崛起。私营企业、合资企业、集体企业和股份制企业的加入,不仅改变国有企业一统天下的局面,也加剧了摩托车行业的竞争。1993 年,我国摩托车产量达到 335 万辆,首次超过日本,成为世界第一摩托车生产大国。从产销量上看,1990—1993 年,摩托车市场呈现出供不应求的局面。[①]

20 世纪 90 年代以来,启用明星代言摩托车成为潮流。1993 年刘德华代言雅马哈劲豹摩托车,这款车型一经推出便风靡大江南北,引得大批年轻人心驰神往。此后,明星代言摩托车愈加流行,例如黎明代言豪爵摩托、巩俐代言大阳摩托,成为国人 90 年代的广告记忆符号。

图 4-13　1993 年刘德华代言雅马哈劲豹摩托车

资料来源:http://www.chyangwa.net/thread-17755575-1-1.html[2015-12-13]

---

① 董扬.中国汽车工业改革开放 30 周年回顾与展望[M].北京:中国物资出版社,2009:194.

1993 年以后，摩托车的产量虽然保持不断增长，但 90 年代后期，受价格战、城市禁摩、限摩的影响，国内摩托车市场疲软，往日风光不再。另一方面，随着 1994 年国务院公布《汽车工业产业政策》，公开表示"国家鼓励个人购买汽车"，私人购车成为挡不住的潮流，如同当年取代自行车成为国人追逐的时尚，摩托车也被私家车所取代。

三、不可或缺的公共交通

自行车和摩托车，都属于私人出行工具，而在公共出行领域里，不能不提及城市公交、火车和飞机。城市公交是居民在城区范围里活动主要的出行方式，远距离出行则离不开火车，民用航空虽然还远不是普通的出行方式，却也在艰难、缓慢地发展着，形成独特的风景线。

1.公交车壮大

改革开放初期，公共汽车主要以柴油为动力，多为外国品牌，如依卡路斯（IKARUS）、斯柯达（SKODA），国产的解放客车也投入使用。这时候的公共汽车，车厢小，硬座，四处漏风，由于减震效果差，乘坐起来十分颠簸，很不舒服。但在当时，公交车是人们主要的代步工具，每天上下班高峰期，都会出现乘客排长队，挤着上车的场面。北京公交车队的工作人员曾生动形象地描述：在 20 世纪七八十年代，由于上下班高峰期人潮拥挤，每天乘客下车后都能在车上看到一二十个大衣扣子。而对于当时的乘客来说，"就是挤成相片，能正点上班就是最大的满足"[①]。

到了 80 年代，改革开放逐渐深入，公共交通由国有转向自营。1980 年 8 月，北京公共交通局改名为北京公共交通总公司；1980 年 9 月，广州市郊县交通运输公司与原广州市公共汽车公司部分合并，组建为广州市第二公共汽车公司。这一时期，公交车开始普及，车辆生产也开始国有化，外观更大气，能源更环保，乘坐更舒适，上车难的问题得到缓解。这一方面得益于公交车数量增多，另一方面得益于大空间车型的使用。铰链车是 20 世纪 80 年代逐渐流行

---

① 王剑平.三十年的巨变[J].城市公共交通,2009(1):41.

图 4-14　20 世纪 70 年代拥挤的上海公交

资料来源：http://news.sina.com.cn/o/2009-01-19/153015057559s.shtml［2015-11-30］

起来的车型，也被称为"大通道"，相比普通公交车，铰链车的车厢更大，乘坐也更加舒适，运行也更加平稳，虽然有动力小、速度慢等缺点，但有助于缓解公共汽车人流拥挤的问题。

图 4-15　1985 年北京天安门广场上的人流和车流

资料来源：阎雷.昨天的中国［M］.北京：北京联合出版公司，2015：4－5.

70 年代末北京客车厂生产的黄河牌 BK670 型客车是铰链车的典型代表。这款车型于 1978 年开始在北京路面运营，直到 2006 年才全部退役，部分车辆的运行时间甚至超过三十年，成为北京人心中不可磨灭的时代印记，以至后来北京公共交通论坛的域名都被命名为 bk670.com，足见其影响力。

图 4-16　1978 年北京客车厂生产 BK670 型公交车

资料来源：http://www.chinabuses.com/myarticle/2009/1020/article_362_3.html［2015-12-21］

1985 年，广州率先从香港引入大量双层巴士，《羊城晚报》报道了广州双层巴士投入运营的情况。之后，这一新式公交车也出现在北京、上海的街头。双层巴士不仅提高了载客量，也因其良好的观景视角和新奇的款式受到市民的欢迎。

图中那辆双层巴士多好看！由香港城巴有限公司提供给广州市第二公共汽车公司试用的这辆双层巴士，经过连续三天路试后，有关部门认为该车载客量大，平稳可靠，适宜在市区干道行驶。

这辆双层巴士从明天起作为游览车对外营业。每天早上七时在环市西路郊县汽车总站开出，在越秀公园、大三元酒家、人民南、西门口设上落站，上层每位收费七角，下层每位五角。良柏　春坚　士雄　摄影报道

图 4-17　1985 年 4 月 6 日《羊城晚报》刊登广州双层巴士报道

在这一阶段，地铁也开始发挥作用。中国第一条地铁是 1965 年开工，1967 年竣工的北京地铁，由于以"战备为主，兼顾交通"为主导思想，北京地铁在通车后并不对公众开放，乘坐或参观地铁都需要参观券。1971 年，北京地铁开始试运营，实行内部售票，凭单位介绍信，老百姓可以花一毛钱乘坐。1981 年 9 月 15 日，北京地铁告别战备阶段，正式对外运营，其交通功能开始发挥。北京市民对地铁充满新奇，因为全程售票一毛，为了感受地铁，不少人买了票后坐了好几个来回。

图 4-18   1981 年北京地铁正式对外运营

资料来源：http://blog.sina.com.cn/s/blog_67e110d80100rxie.html[2015-12-29]

1984 年,天津地铁一号线建成通车,天津成为国内开通地铁的第二个城市。由于造价高,加上城市交通拥堵现象还不显著,地铁在国人出行上发挥的作用微乎其微,这一时期地铁发展迟缓,但为今后地铁在中国的快速发展奠定了基础。

2.铁路压力大

新中国成立以来,我国一直将铁路建设视为关乎国计民生的大事,但由于底子薄,基础设施落后,加上时局变动,到改革开放初,我国的铁路建设依然十分落后。1978 年,铁路总里程 4.86 万公里,电气化铁路里程只有 1 000 公里,电气化率 2%;铁路机车拥有量 9 854 台,其中蒸汽机车 7 828 台,占 79.4%。[①]

---

①   费志荣.时代的巨变——改革开放以来我国交通运输发展回顾与展望(二)[J].综合运输,1998(3):1—5.

当时公路运输极其落后，航空运力严重不足，导致客货运输过多地依赖铁路运输，铁路成为负担最重的运输方式。1978年，铁路客运量、旅客周转量占总运量的32.08％和62.72％，被称为"铁老大"。运力不足导致旅客运输处于全面紧张状态，买铁路客票极度困难，铁路客车超载严重，主要干线的特快、直快列车超员率都在40％以上，有的达100％以上，每年有1亿多旅客靠超载运送。

　　这一时期，铁路客运以绿皮火车为主，由于票价便宜，绿皮车是人们长途出行的首选。坐过绿皮车的人，脑海中都会留下抹不去的记忆：墨绿色的车身和座椅，白色的标牌，车厢内没有空调，夏天解暑靠风扇，冬天取暖靠锅炉，"况且况且"慢悠悠地行驶，小站也会停靠一会儿，有时还需为其他车让路而半路停车……速度慢，车厢拥挤，还经常晚点，几乎无舒适可言。一列火车只有一个卧铺车厢，很少有人舍得花钱去坐。1979年，开往内蒙古呼和浩特的火车硬座车厢，身穿蓝色衣服的旅客和墨绿色的车厢构成一幅具有鲜明时代印记的图景。

图 4-19　1979 年开往内蒙古呼和浩特的绿皮车

资料来源：http://cn.photoint.net/picture-852.html［2015-11-23］

改革开放初的20年里，由于铁路建设资金的匮乏，加上原有政企不分的计划经济体制的管理模式,我国铁路建设虽然相比自身也有巨大发展,但与欧美发达国家相比,我国铁路数量少、运能差,运输能力与日益增长的运输需求不相适应的矛盾极为突出。火车站设施的建设也比较简陋,1985 年北京火车站内熙熙攘攘,由于候车位置有限,不少人选择席地而坐。

图 4-20　1985 年北京火车站

资料来源:阎雷.昨天的中国[M].北京:北京联合出版公司,2015:100－101.

　　20 世纪 80 年代后期到 90 年代爆发的民工潮更是给铁路运输带来巨大压力。1992 年 8 月,四川广安火车站,南下的民工等着上车,由于正门被挤得水泄不通,急着上车的民工不得不选择扒窗而入。在当时屡见不鲜,每到春运期间,买票难、坐车难、回家难等问题就会集中爆发。

图 4-21　1992 年 8 月，四川广安火车站南下的人们正扒窗上车

资料来源：http://www.gjart.cn/htm/viewnews11491.htm[2015-12-14]

3.民航起飞

我国民用航空起始于新中国成立初期，受制于技术和资金短缺，发展十分缓慢，到 1978 年，中国民用航空线路只有 14.89 万公里，民用机场 30 多个，机场设施、设备十分落后，飞机陈旧，年客运量仅 231 万人，占总客运量 0.9%，人均年乘机次数仅为 0.0 024 次。[①]

那个年代坐飞机是十分奢侈的享受，1979 年，上海飞北京的票价为 64 元，相当于一个城镇职工家庭一个月的全部工资。[②] 除了价钱贵，购买机票还需要出具单位介绍信等证明，乘机人必须是县团级及以上干部，到了 20 世纪 80 年代后才改为持有县团委的介绍信即有购票资格。从 1975 年开始，乘坐中国民航国际航班的旅客可以免费获赠茅台 1 瓶，到 80 年代末才取消。除此

①　国家统计局.中国统计年鉴[M].北京：中国统计出版社，1983：299—303.
②　吴鸿亮.致消失的纸机票：从订一张票只需 7 秒说起[EB/OL].(2015-08-13)[2016-05-08].http://news.carnoc.com/list/321/321308.html.

之外，一些航班还会赠送熊猫牌或凤凰牌香烟以及扇子、钥匙圈之类的纪念品，物质匮乏的年代，这些小礼物很抢手，旅客拿到后都开心得不得了，会小心翼翼收起来拿回家。[①]

图 4-22　1982年国际航班头等舱供应茅台酒

资料来源：http://www.qianzhan.com/indynews/detail/285/140117-5416b23a.html
〔2015-12-25〕

1980年，为了适应改革开放及党的工作重心转移，邓小平提出"民航一定要企业化"，拉开我国民航行政管理体制以"军转民和企业化"为核心的第一轮改革序幕。同年，民用航空正式脱离军队建制，中国民航局从隶属于空军改为国务院直属，实行企业化管理。1987年，民航业按照市场经济要求进一步推进管理体制改革，火速展开以"政企分开""机场与航空公司分设"为主题的第

---

① 刘春霞.羡慕嫉妒恨：30年前飞机上有茅台？民航专家：还送熊猫烟〔EB/OL〕.（2012-07-20）〔2016-04-29〕.http://sh.eastday.com/m/20120720/u1a6719204.html.

二轮改革,分别组建成立 6 个地区管理局、6 家骨干航空公司、6 个机场,实行自主经营、自负盈亏、平等竞争。[①]

随着管理体制改革而变的还有票价制度,20 世纪 70 年代末,航空的客货运价由国家民用航空主管部门统一制定管理,由国务院审批后公布,各地民航单位严格遵照执行。到 80 年代,中国民用航空总局和国家物价局允许各航空公司根据市场的情况,依据国家公布的国内运价在一定范围内进行适当上调或下浮。

这一阶段乘坐飞机的主要是政府公务人员,高昂的价格和身份限制使乘坐飞机对于普通百姓而言可望不可及。直到 1993 年,买机票必须持介绍信的规定取消,乘客只需出示身份证等有效证件即可买票,民航才走向普通大众。

小 结

1978—1993 年,在国人的私人出行领域,自行车已成为十分普及的代步工具,而摩托车以其解放人力的优势异军突起,成为私家车进入中国家庭的前奏。中国城市公共交通初具雏形;铁路运输作为交通事业中的顶梁柱承受着巨大的运输压力;企业化改革为民航业注入活力,开始在国人出行中占据一席之地。整体而言,这一时期中国交通事业处于"行路难"阶段,国人出行难、出行不便的问题急需解决,新的变革暗潮涌动。

第二节 1994—2001 年：承前启后的多元化出行

国民出行方式的变革和发展总是与国家的经济发展水平相适应。随着改革开放的深入,释放出的生产力和向世界开放带来的经济活力推动着经济的高速发展,中国社会各个方面都发生明显的改变。出行方面,汽车逐渐取代摩

---

① 六个地区管理局:民航华北、华东、中南、西南、西北和东北;六家骨干航空公司:中国国际航空公司、中国东方航空公司、中国南方航空公司、中国西南航空公司、中国西北航空公司、中国北方航空公司;六家机场:北京首都机场、上海虹桥机场、广州白云机场、成都双流机场、西安西关机场、沈阳桃仙机场。

托车成为新的时尚潮流,公共交通也得到充分发展,逐渐形成完善的体系。这一阶段,国人多元化的出行网络已经成型,在承接上一阶段发展成果的基础上,为下一阶段构筑便利、高效的出行网络埋下伏笔。

一、汽车驶入寻常百姓家

新中国成立到改革开放,私人轿车被贴上资产阶级的标签,受到抵制,汽车工业结构长期处于"缺重少轻,轿车几乎是空白"的状态。1979年,国家首次宣布允许私人拥有汽车,这一年被称为中国家庭轿车的创始年。但是,对于当时城市居民来说,黑白电视和洗衣机已经是消费的终极目标,拥有一辆私人汽车无异于天方夜谭。1980年北京故宫前停着辆红旗牌轿车,合影留念收费二角,排队等着合照的人络绎不绝,国人对于私家车的新奇和渴望可见一斑。

图4-23　1980年北京故宫前"红旗"牌轿车作为稀罕物供游人拍照

资料来源:http://www.ce.cn/cysc/zgfdc/yiwen/200611/07/t20061107_9310341_11.shtml

〔2015-12-07〕

随着政府财力增强,中央与地方党政机关、事业单位、群众团体的公车消费开始由较高职务向较低职务扩展;同时,先富裕起来的一部分人也有购车用车的需求。1984 年 2 月,国务院发布《关于农民个人或联户购置机动车船和拖拉机经营运输业的若干规定》,这是国家从政策上第一次明确私人购置汽车的合法性,自此,中国汽车消费从公款购车的单一渠道转向多元化消费,由此拉开我国居民轿车消费的序幕,桑塔纳汽车成为当时最热销的车型。

图 4-24　1983 年上海汽车和德国大众合资的桑塔纳汽车

资料来源:http://auto.ce.cn/auto/gundong/201408/13/t20140813_3347115.shtml [2015-12-07]

1994 年以前,虽然相关政策放宽,但还是限制轿车消费。在 20 世纪 80 年代末期,《中国轿车发展规划》明确指出,在 2015 年以前,家庭轿车不予考虑。直到 1994 年,《汽车工业产业政策》提出将"逐步改变以行政机关、团体、事业单位及国有企业为主的公款购买、使用小轿车的消费结构""国家鼓励个人购买汽车,并将根据汽车工业的发展和市场结构的变化适时制定具体政策"。

同年,"当代国际轿车工业发展与中国轿车工业发展战略技术交流研讨及展示会"在北京召开,会上第一次明确提出"家庭轿车"的概念,以官方名义首次向世界汽车巨头抛出绣球——"中国汽车工业不仅开始将生产结构从以载货车为主,转向以轿车生产为主,还将把市场结构从公费购买为主,转为以家庭购买为主"。前机械部部长何光远在开幕式致词中意味深长地说道:"中国家庭对家庭轿车的需求已不再是天方夜谭"。

这一阶段，不再限制轿车消费，但也未明确措施鼓励消费，各种税费、地方保护仍然十分严重。国人束缚已久的"轿车梦"集中爆发，形成轿车消费的第一次高潮。1995 年的上海国际车展上人群熙熙攘攘，国人的"轿车梦"与世界接轨，私家车消费的大门渐开。

图 4-25　1995 年上海国际车展一瞥

资料来源：http://yd.sina.cn/article/detail-icczmvun5000102.d.html？vt＝1［2015-12-10］

此后，我国居民轿车消费保持猛增态势，1995 年，我国私人载客车拥有量为 114.15 万辆，首次突破百万辆大关，与 1994 年的 78.62 万辆相比，增幅高达 45.2％。1998 年私人载客车拥有量突破 200 万，1999 年更突破 300 万大关。[1]

2000 年 10 月，党的十五届五中全会通过《中共中央关于制定国民经济和社会发展第十个五年计划建议》，首次写进"鼓励轿车进入家庭"，我国居民轿车消费迎来更快发展的新时期。汽车行业竞争从国内企业间的竞争转向跨国公司在中国的竞争。国人汽车消费观念经历缓慢萌芽后快速成长，受到世界

---

① 飞熊.最汽车.激荡三十年［EB/OL］.（2015-09-08）［2016-04-18］.http://auto.sohu.com/20150908/n420708788.shtml.

市场风向与潮流的影响，与国际接轨。

二、城市公交大变样

20 世纪 90 年代后，"单车承包""无人售票""走向市场"等新名词成为市民茶余饭后谈论的焦点。1997 年，广州在国内率先推行无人售票公交车，城市居民乘坐公交车更加便利。大通道车被专线车、双层车、空调车所取代，新式公交车不仅舒适、便利，也更加注重环保。以北京为例，早在 1978 年，北京市用的都是机械式喷油的柴油车，行驶时尾部会冒出大量的黑烟，老百姓戏称为"墨斗鱼"。90 年代，这些旧款汽车陆续退出，取而代之的是使用清洁燃料的"绿色车辆"。2000 年末，北京清洁燃料车总数达到 5 923 辆，其中纯天然气公共汽车 1 300 辆，成为全世界使用天然气公交车最多的城市。[①]

图 4-26 1997 年广州公交车首次实行无人售票

资料来源：http://news.dayoo.com/guangzhou/201505/05/140278_41165510_3.htm［2015-12-10］

---

① 李博.北京公交升级在路上［EB/OL］.(2010-12-01)［2016-05-10］.http://www.bj-bus.com/home/fun_news_detail.php? uNewsCode＝00001453＆amp;uNewsType＝2.

步入21世纪,我国的公交车更加注重实用、环保和美观,成为城市中靓丽的风景线。21世纪初亮相北京的京华"巡洋舰",是为适应实用和环保的要求特别研制的新型公交车,外观现代大气的京华"巡洋舰"与天安门城楼沧桑的历史感相得益彰,共同构成历史与现代交融的图景。

图4-27　21世纪初亮相北京长安街的京华"巡洋舰"

资料来源：http://www.chinabuses.com/myarticle/2009/1020/article_362_5.html
[2015-12-15]

公共汽车具有城市属性,不同城市的公交车面貌不同,公共汽车成为城市的代言和不可缺少的名片。随着人们越来越关心生态环境,尤其是城市空气质量,崭新、现代、环保的车型层出不穷,新型的公交车采用更加清洁环保的燃料,满足城市出行的同时,也肩负起节能减排的历史重任。

由于机动车发展迅猛,城市交通拥堵问题凸显,快速公交系统(Bus Rapid Transit,简称BRT)出现,[①]1999年,昆明成功开通国内首条"路中式"公交专

---

　　① 快速公交系统(Bus Rapid Transit,简称BRT)是一种介于快速轨道交通与普通公交之间的新型公共客运系统,通过专用道路,配置大容量高性能的车辆,达到快速运送乘客的目的。运量大,速度快,被称为"路面上的地铁"。

用道,成为全国第一个将"公交优先"的理念转变为科学和成功的交通实践,虽然未形成成熟完善的 BRT 系统,但为中国城市发展 BRT 做出有益的探索。

自北京、天津开通地铁后,上海地铁和广州地铁分别于 1994 年和 1998 年相继开通,"没有地铁的城市是不完整的城市",在中国,这不仅仅是一句口号,更是所有城市难以抑制的冲动。继上海和广州之后,"地铁热"升温,中国 34 个人口数量过 100 万的城市中,有 20 个城市提出修建地铁的计划。当时,地铁立项标准、投融资机制并不成熟,由于担心全国地铁建设出现一哄而上的局面,国务院于 1995 年和 2002 年两次叫停地铁立项,众多城市建设地铁的热情受挫,基本停摆。

三、全国铁路大提速

20 世纪 90 年代以后,铁路事业稳步发展,然而随着经济快速发展,人口流动加快,铁路运力远远无法满足庞大的货运和客运需求。面对铁路运输严重的供需矛盾,我国铁路于 1997 年 4 月、1998 年 10 月、2000 年 10 月、2001 年 10 月进行了四次大提速。经过这四次提速,全路旅客列车平均旅行速度从 48KM/h 提高到 61.92KM/h,同时更加重视"旅客至上"的服务理念,不仅增开夕发朝至列车,避免火车晚点,还通过一系列机制来提高服务质量。[①] 在进行火车大提速的过程中,昔日的"绿皮车"逐渐被装有空调的"红皮车"和"蓝皮车"所替代,火车上的卧铺车厢也渐渐多了起来,国人乘坐火车的出行体验得以改善。图 4-28 是 2001 年为实现第四次铁路客运提速研制的新车型:韶山 SS7E 型电力机车。

---

① 段丹峰.历次中国铁路大提速回顾[EB/OL].(2007-07-20)[2016-04-17].http://www.cnr.cn/tfmb/ts/zxbd/200704/t20070413_504443370_1.html.

图 4-28 2001 年韶山 SS7E 型电力机车

资料来源：http://blog.163.com/han8_8/blog/static/10127791720115285571633/［2015-12-26］

铁路提速，既是为了适应社会经济快速发展和国人日益庞大的出行需求，也是为了应对客运行业激烈的竞争形势。20 世纪七八十年代，铁路客运在长途客运中一家独大，速度慢、服务差等问题引起不少怨言。90 年代以来，民航和汽车客运快速发展，客运市场竞争激烈，铁路客运在速度、服务等方面不断改进，出行愈加频繁的国人成为最大的受益者。

四、民用航空翱翔

20 世纪 90 年代，民航改革进一步深化。按照人员精干、机构精简、政企分开的原则，成立行政性的民航福建、江苏、湖北、海南省局。在探索机场管理体制多种模式的过程中，形成民航投资民航管理、地方投资地方管理、联合投资联合管理等形式。1988 年，民航总局将厦门高崎机场下放由厦门市政府管理后，1994 年，民航总局将上海虹桥国际机场移交上海市政府管理。

民航改革使客运和各项建设飞速发展，飞机、机场、配套设施建设达到空前规模：2001 年，民航运输飞机达到 566 架，技术先进、性能优良的新机型投入使用；航班共用机场由 1978 年的 78 个增加到 1998 年的 142 个，机场的等级也普遍提高；国内通航城市增加到 135 个，国际通航已经遍及 34 个国家和地区的 64 个城市。在基础设施不断加强的基础上，民航运量迅速增长，1991—1995 年的"八五"时期，民航运量年均增加 700 多万人，成绩喜人。① 改革开放初期乘坐飞机出行需有一定职位级别和单位介绍信的规定被取消，普通民众凭有效身份证件即可购买。民航渐渐进入普通国人的生活，成为一般大众也能够享受的出行服务。

虽然这一时期，中国民航运输总周转量、旅客运输量和货物运输量年均增长均高出世界平均水平两倍多，但同发达国家相比，整体发展水平较低，竞争实力较弱。表现在航空公司规模普遍偏小，全民航所有航空公司拥有的飞机数量还不如外航一家公司多。同时，政企不分的体制使得中国民航总局既要管企业和市场，又要代表国家对航空运输企业的国有资产进行管理，双重身份决定了发展航空业的改革措施难以施行。民航业更进一步的企业化改革暗潮汹涌。

小　结

1994—2001 年，这一阶段交通事业稳步发展，国人的出行更为多元化，出行成本降低，时间也大为缩短。国家首次鼓励私人购买汽车，私家车取代自行车和摩托车成为私人代步工具中的新贵。城市公共交通系统趋于完善，BRT和地铁成为部分城市公共出行的重要补充。铁路速度和服务的提高改善了国人长途出行的体验。市场竞争激烈让民航业焕发活力，越来越多的普通百姓有机会乘坐飞机。各种交通方式的进步加快了整个社会人流与物流的运转速

---

① 中国民用航空局.中国民航改革开放三十年（综合篇）[M].北京：中国民航出版社，2009：3—9.

度,成为社会经济快速发展的显著标志。

第三节　2002 年至今:"上天入地"

　　2001 年 12 月 11 日,中国正式加入世界贸易组织,向世界开放的程度进一步扩大,对于中国来说,这既是机遇也是挑战。汽车市场进入跨国汽车公司在中国全面竞争的时代;与此同时,公交、地铁、火车和民航也与国际接轨。

一、高歌猛进的汽车消费

　　2001 年以来,两股巨大的力量帮助国人实现轿车梦:一是"鼓励汽车私人消费"的方针首次写进党中央对"十五"规划的决议,历时近 50 年的公务车一统天下的格局被打破。二是中国加入世界贸易组织之后迎来的全球化冲击,丰田、宝马、奔驰等国际汽车巨头纷纷进入中国,寻找企业进行合资生产。本土企业也不甘落后,面对日益开放竞争的市场积极回应。在中国加入世贸组织后的第三天,面向普通百姓消费的小型轿车天津夏利(Charade)宣布大幅度降价。"低价"和"家庭轿车"成为国产汽车主打的宣传口号。国产品牌主导中低端市场,国际品牌主导汽车高端市场的局面逐渐形成。

　　2002 年 6 月 6 日,北京国际车展现场人头攒动,这次展览展出面积超过以往历届汽车展会,参展商多达 1 200 家,来自世界 24 个国家和地区。近八天的时间里,参观人数超过 40 万。此后,人山人海的场面成为国内车展的常态,是汽车市场火爆的力证。

图 4-29 2002 年北京国际车展现场人头攒动

资料来源：http://news.xinhuanet.com/newscenter/2004-11/03/content_2174233.htm
［2015-12-16］

在国家政策支持和入世的双重背景下，关税下调，经济型轿车大幅降价，价格日益合理，新产品不断推出，中国百姓压抑多年的需求急剧释放。国产轿车的产量连续六年井喷式增长，从 2001 年的 234.17 万辆，增加到 2007 年的 888.89 万辆。2007 年，中国的汽车市场超过德国、日本，成为全球汽车产量排名仅次于美国的汽车生产第二大国。私人轿车拥有量占民用汽车总量比例从 2001 年的 42.77％上升至 2007 年的 65.99％，私人轿车消费的热情高涨，成为拉动中国汽车消费快速增长的主导力量。

在经过 2008 年车市萧条和 2009 年国家政策刺激市场热情再度高涨后①，2010 年中国汽车销量达到 1 806 万，超越美国最高历史记录成为全球第

———————————

① 2008 年，受雪灾、地震、金融危机等因素的影响，中国汽车市场在连续九年保持两位数增长后突然刹车。2009 年燃油税改革、1.6 升及以下排量车减免部分购置税、汽车下乡、以旧换新等一系列政策对车市消费的刺激效应显著，车无现货、加价提车变成常态。这一年，汽车销量历史性地达到 1 364 万辆。

一大汽车市场。[①] 合资公司不断涌现，纷纷推出自主车型，合资品牌与自主品牌之间的交锋越发激烈。中国汽车消费市场经历了十几年的井喷式增长，保有量呈几十倍的增加，从"奢侈品"变身"日常消费品"，汽车在中国完成世界瞩目的快速蜕变。

2011 年，中国汽车销售刷新纪录，但产销增速十三年来首次低于 3％。汽车增速放缓源于基数较大。机动车发展过快引发城市交通拥堵，北上广等一线城市交通拥堵如家常便饭的时候，二三线城市也遭遇同样的困境。为了缓解交通拥堵，北京从 2011 年开始对私人购车实行摇号政策。[②] 除了交通拥堵，汽车增长同时还导致严重的气候污染，大城市空气质量下降，"雾霾""沙尘暴"越来越受到关注，成为社会热点话题。面对日益加剧的交通拥堵和空气污染，国家从 2007 年开始出台相关政策鼓励发展新能源汽车[③]，国人的购车愈发理性，逐渐重视节能环保。

二、现代化城市公交

进入 21 世纪，城市交通拥堵问题日益严重，促进公共交通的发展成为缓解拥堵的新思路。2006 年《关于优先发展城市公共交通若干经济政策的意见》出台，将城市公共交通定位为关系国计民生的社会公益事业，进行重点扶持。要求实现低票价政策，以最大限度的吸引客流。在"公交优先"政策的指导下，我国对于公共交通发展的投入进一步加大，公共交通得到更加充分的发展。除了传统的公共汽车外，BRT、地铁成为城市居民重要的出行方式。

---

① 周红.中国 2010 年汽车销量 1806 万辆［EB/OL］.（2011-01-10）［2016-05-08］.ht-tp://www.yicai.com/news/649646.html.

② 2010 年 12 月 23 日，北京交通治堵新政——《北京市小客车数量调控暂行规定》正式实施，小客车配置指标将以摇号方式无偿分配，2011 年机动车放牌量为 24 万，平均每月 2 万个。

③ 2007 年《新能源汽车生产准入管理规则》正式开始实施，意味着新能源车有了自己规范的行业准则。同年，国家发改委发布《产业结构调整指导目录（2007 年本）》，新能源汽车正式进入发改委鼓励产业目录。

图 4-30　2015 年北京国庆黄金周假期结束时返京高速入口大拥堵

资料来源：http://www.ithome.com/html/it/196578.htm［2015-12-24］

　　空调车、公交 IC 卡逐渐普及，电子报站器、卫星定位指挥系统、卫星电视等纷纷亮相。城市公交凸显便捷舒适、智能化、人性化。除此之外，国家大力推广新能源汽车，将公共汽车作为发展新能源汽车的重点，绿色环保也成为公共汽车发展的一大亮点。多个城市已经使用 5 万多辆新能源公交车，"十三五"城市公共交通发展规划纲要中明确提出，到 2020 年，在城市公共交通领域，新能源车要达到 20 万辆。过去坐公交只希望能够乘上车、安全到站；现如今，环保、绿色、人文成了新追求。

图 4-31　2015 年广东省汕尾市百辆新能源纯电动公交车投入营运

资料来源：http://sw. southcn. com/content/2015-12/30/content_139883165. htm
[2015-12-30]

　　1999 年，昆明成功开通国内首条公交专用道，北京 BRT 于 2005 年开通，成为中国第一个完整意义上的 BRT 系统[1]，此后，BRT 在国内迅速发展，于 2008 年达到顶峰，杭州、厦门、常州、济南等二线城市分别开通 BRT 系统，其中厦门架设了全国唯一的 BRT 专用的高架路。作为新兴的公交系统，快速公交高速、便捷、低成本、大运量的公共交通运输模式，对于城市居民出行，土地利用，城市功能有着非常大的影响作用。截止 2015 年，国内已有 19 个城市建设运营快速公交系统。

---

　　[1]　Karl，Fjellstrom.中国快速公交系统发展简评[J].城市交通，2011，9（4）：30—39.

图 4-32　厦门 BRT 系统

资料来源：http://news.163.com/10/0107/04/5SD8OVSD000120GR.html[2015-12-23]

　　所谓"19 世纪修大桥,20 世纪建高楼,21 世纪开发地下交通资源",在 21 世纪,地铁不仅是国家综合国力、城市经济实力、人们生活水平及现代化的重要标志,也是解决城市交通紧张状况的理想交通方式。截止 2008 年,我国仅有 10 个城市拥有地铁,运营里程 776 公里。2008 年,在国际金融危机的背景下,政府加大基础设施建设的力度,国内地铁建设在沉寂七年之后再次呈现火爆场面,22 个城市的地铁建设规划得到批复,大批城市开始筹建地铁。截止 2014 年,我国共有 22 个城市建成地铁,运营里程达到 3 155 公里。①

　　数据显示,一条地铁线路的覆盖距离为 33～35 公里,公交只有 4～10 公里,地铁因其高效快速、准时准点、方便快捷,被誉为效率最高的城市交通工

---

　　① 中国城市轨道交通协会.城市轨道交通 2014 年度统计分析报告[J].城市轨道交通,2015(2):14－18.

具①。地铁有利于拉大城市框架，打造城市次级中心，扩大市民生活圈，为中心城区"减压"。有了地铁，"距离不是距离，时间才是距离"，"区位"概念彻底颠覆。地铁不仅改变城市，更成为城市居民新的生活方式。

与其他公共交通方式相比，地铁占用土地和空间最少，运输能量最大，运行速度最快，环境污染最小，乘客最安全舒适。在北京、广州、上海和深圳等一线城市，地铁俨然成为出行首选，然而由于人流量巨大，在早晚上班高峰期，拥挤成为乘坐地铁的常态。

图 4-33　北京地铁早高峰时期人潮汹涌

资料来源：http://news.163.com/15/0609/19/ARMLNT0600014Q4P.html［2016-01-01］

三、高铁时代到来

21 世纪以来，在 1997 年开始的四次大提速的基础上，我国铁路又分别在

---

①　顾佳华.福建的地铁时代即将到来［J］.福建质量管理，2016(1).卷首语.

2004 年和 2007 年进行两次大提速。① 2007 年 2 月 1 日 CRH1A 动车组在广深线投入试运行,最大运营速度可达 250 公里/小时。2008 年 8 月 1 日京津高速列车开行,时速可达 350 公里/小时,此后,我国铁路格局以飞一般的速度改变。铁道部统计数据显示,到 2014 年,全国铁路开行的 2 447 对旅客列车中,高铁动车组列车首次超过一半,达 1 330 对。截至 2015 年,中国高速铁路运营里程达到 1.9 万公里,居世界第一位。②

高铁被称作贴地飞行的"陆地航空",不仅改变出行方式,更颠覆了人们的时空观念。城市间交通上的阻隔越来越小,"高铁生活圈"概念由此形成。对于高铁沿线的人们而言,在一线城市工作,二线城市买房的生活模式成为可能,探亲访友也更为便利省时。以北京为例,从北京乘高铁到天津只要 1 小时不到,北京的五小时高铁生活圈则包括西安、武汉、上海等在内的 130 多个城市。高铁生活圈的形成对旅游业做出重大贡献,催热短期旅游,突破了以往周末或两三天小长假出游选择局限的情况,各大旅游机构不失时机地推出各类短期旅游服务,说走就走的旅行成为常态。

高铁提速,极大改善了出行体验。高铁一改经常晚点的问题,出发到达时间往往可以精确到分。硬件上,高铁可以配备人性化设施,例如坐椅下方设有电源,方便乘客使用电子设备;每个窗户下还设有放置台,可以放手机或者水杯;每个座位前,保留小桌板,便于旅客看书、放置随身物品等。

2014 年,铁道部推出高铁宣传片,向世人展示中国高速铁路给出行带来的便捷。运行高速度、安全高可靠、服务高品质,高铁已经成为中国腾飞的重要标志。

---

① 2004 年 4 月 18 日,京沪、京广、京哈等干线部分地段线路基础达到时速 200 公里的要求,全路旅客列车平均旅行速度 65.7 公里/小时。2007 年 4 月 18 日,时速达 200 公里以上的动车组列车投入运行。

② 梁士斌.中国高铁运营里程 1.9 万公里世界第一[EB/OL].(2016-01-18)[2016-04-17].http://news.xinhuanet.com/legal/2016-01/18/c_128637734.htm.

图 4-34　2015 年高铁上办公的商务人士

资料来源：http://help.3g.163.com/15/0415/16/AN8NH8EI00964K6O.html［2015-12-18］

a：运行高速度

b：安全高可靠

c：服务高品质

d：中国高速铁路网

图 4-35　2014 年中国高铁电视宣传片

资料来源：http://v.qq.com/page/c/j/i/c01528cjqji.html［2015-12-26］

作为铁路服务的重要组成部分，订票服务也紧跟发展步伐。2011年动车组率先实行火车票实名制，电话订票、网络订票全面开启，在线票务网站开始提供订票服务；2012年，全国所有旅客列车实行车票实名制，购买火车票正式迎来"网络时代"；2013年，12306手机客户端正式开放下载，购买火车票至此进入"拇指时代"。如今，去车站窗口排队买票渐渐淡出人们的视野，使用电脑、智能手机订票成为越来越多人的选择。

四、民航的"春秋战国"

2002年10月11日，中国民航宣布政企分开，成立中国航空集团公司、中国东方航空集团公司、中国南方航空集团公司三大航空运输集团，标志着民航市场化进入新的发展阶段。国航、东航、南航这三大国有航空集团为我国迅速发展成世界民航大国做出重要贡献，以海南航空、深圳航空为代表的地方航空公司发展势头强劲。值得一提的是，2005年2月民航总局为奥凯航空颁发经营许可证，国际航空公司第一次出现在中国民航市场上。同年，鹰联航空、春秋航空获发许可证，这是民营资本首次作为主体进入典型的国有资本垄断行业。中国民航在2005年全面完成"十五"规划目标，运输总周转量达到2 044.9亿人公里，一举成为仅次于美国的世界第二的民航市场，成为令人瞩目的民航大国。[①]

2002年民航市场化改革带动票价制度的变革，2002年11月民航总局取消航线联营[②]。2004年3月《民航国内航空运输价格改革方案》发布，方案允许航空公司运输企业在境内外销售国内航线客票时，以基准价为基础，在上浮25%、下浮45%的幅度内确定具体价格，由航空运输企业独家经营的航段实行票价上限管理，不规定下限，机票打折时代来临。票价放松管制加上民航市

---

① 中华人民共和国国家统计局.2005年国民经济和社会发展统计公报[R/OL]. (2006-02-28)[2016-04-17]. http://www.stats.gov.cn/tjsj/tjgb/ndtjgb/qgndtjgb/200602/ t20060227_30019.html.

② 航线联营，就是将同飞一条航线的航空公司联合起来，按照民航总局统一核定的票价售票，然后再按各参运公司投入的座位数和机型，确定其收入比例。

场的激烈竞争,机票价格呈现出亲民化的倾向,以春秋航空为代表的低成本航空的发展模式在国内市场得到认可,越来越多的航空公司企图掘金廉价航空市场。吉祥航空旗下的九元航空,一诞生便定位于低成本航空,甚至推出9元特价机票。东方航空旗下的中联航空、海航旗下的西部航空、首都航空也都相继转战低成本航空。2012年春秋航空推出的微电影广告中,就将低价作为核心诉求点之一。

a:即将毕业的大学舍友决定去香港毕业旅行
b:机票大贵让她们陷入忧愁
c:她们在微博上发现春秋航空的低价机票
d:毕业旅行如愿成行

图4-36 2012年春秋航空微电影广告

资料来源:http://www.tudou.com/programs/view/rWgz3-InnfE/[2015-12-29]

2000年,中国南方航空公司推出首张"B2C"模式的电子客票,随后海航、东航、国航相继跟进,这一举措省去乘客购买机票乘坐飞机时的繁琐手续,极大提高了购票的便利性。这一时期,携程、艺龙、去哪儿等在线票务服务公司如雨后春笋般涌现,旅客在网上就能轻松订到打折机票。数据显示,2015年中国人均年乘机次数达到0.3次,比2002年的0.07次增长近4倍,比1978年提高100倍,民航正班客座率达到82.5%。[①]价格的降低和购票的便利促进越来越多人选择乘飞机出行。机场的客流量已经不亚于火车、汽车,曾经乘坐

---

① 林红梅.中国人均年乘坐飞机次数10年增长近3倍[EB/OL].(2012-10-25)[2016-04-17].http://news.xinhuanet.com/air/2012-10/25/c_123867548.htm.

飞机出行是奢侈的享受，是能够让人艳羡的谈资，而今真真切切地变成寻常化。

图 4-37　2015 年春节前夕北京首都机场值机台前排起长龙

资料来源：http://www.yicai.com/image/4575095.html[2015-12-29]

小　结

2002 年至今，我国的交通事业全方位跨越式发展。呈现出多元、舒适、快捷的发展轨迹，国人出行完成从"上得了"到"坐得好"华丽转变。汽车行业一路高歌猛进入中国家庭的同时，交通拥堵、环境污染问题引发人们的关注，低碳环保成为新潮流；城市公共交通呈现智能化、人性化的特点，从公共汽车一家独大到如今公共汽车、BRT、地铁比翼齐飞；铁路速度一快再快，高铁动车成为这一时期铁路大发展的鲜明符号。民航市场竞争激烈，曾经的奢侈消费成为普通百姓的出行选择。

第五章　用器改变生活：从简易到智能

　　"如果你想了解中国市场经济的发展历史,那么你去翻看中国家电业的发展历史。"[①]作为除吃、穿、住、行以外的生活用品,家电为代表的生活用器的变化不仅能够反映改革开放以来市场经济的发展,更能展现人民生活水平的变化。由最初满足基本生活需要"三转一响",到引发热议的电视机、冰箱、洗衣机,直至当下的"物联网家电"[②],从短缺到普及,从简易到智能……回顾生活用器的发展史,看到的是国人不断解放自我,追求完美的奋斗史。

　　改革开放以来,中国家电业见证了城市居民家庭消费生活的变迁轨迹:1978—1989 年,计划经济占据主导地位,家用电器受到耗电和生产限制,随着国家政策逐步走入百姓生活中;1990—1999 年,市场经济体制确立,国产家电大发展,家电广告战、价格战不断打响,大宗家电迅速降价普及走进千家万户;2000—2008 年,经济迅猛发展,家电生产技术成熟,人民收入进一步增加,面对饱和的市场,城市居民家用电器"大换血";2009 年至今,互联网飞速发展,智能家电从幻想步入现实。

第一节　1978—1989 年：电流随着计划走

　　1978 年 12 月举行的中共中央十一届三中全会确定了"解放思想、开动脑筋、实事求是、团结一致向前看"的指导方针,做出把全党工作重点转移到社会

---

　　① 　王巍栋.中国家电业市场上的"诸侯争霸"[J].江苏商论,2007(19):14.
　　② 　"物联网"是新一代信息技术的重要组成部分,也是"信息化"时代的重要发展阶段。英文名称"Internet of things(IOT)"。

主义现代化建设上来的战略决策，开创了以经济建设为中心的时代，拉开了中国改革开放的序幕。面临国民经济比例严重失调、体制不合理、效益低下等问题，为了恢复经济，保障人民正常生活，"调整、改革、整顿、提高"成为改革之初对于国民经济的指导方针。1982 年中共中央提出计划经济为主，市场调节为辅的原则；1984 年正式提出"社会主义商品经济"的概念，"鼓励消费，消费能刺激生产"；1986 年，提出对待私营企业的十六字方针"允许存在、加强管理、兴利抑弊、逐步引导"，可以看到，直至市场经济完全确立前，我国的经济主要都是按计划来走，家用电器行业也不例外。

一、作为"奢侈品"的家用电器

经历过 80 年代生活的人或许都有这样的记忆，每逢夜间总是频频断电，经常需要拿出备用的煤油灯、蜡烛，查阅当时的资料也可以发现，许多研究者为国家建言献策讨论的有诸多譬如"我国家用电器市场预测""从能源消费看我国家用电器的发展前景"等计划性观点极强的分析。1989 年以前，我国家用电器的生产与消费根据国家经济环境、产能条件、电力能力、产品价格等按照国家的计划逐渐展开，小到电风扇，大到电视、冰箱、洗衣机，必须有供应票才能购买。

虽然家用电器生产与消费起步晚，但事实上五六十年代我国已经自主研发出收音机、电视机和洗衣机等产品。1980 年，我国城镇居民家庭人均生活费收入为 439 元[①]，当时黑白电视机 500 多元，彩色电视机上千元，国人几乎无力消费这些产品，只有收音机在改革开放初期得到普及。其他的产品，对于挣扎在温饱线上的多数人来说是奢侈品。改革开放十年间，国人收入不断攀升，城市居民对电器的消费热情持续上涨，我国电器行业不断成长。作为"先遣军"，电器广告从改革开放之初就登陆媒体。1984 年曾有一篇报道里讲过这样一个故事：有一户人家，两口子打架，把新买的三角牌电饭锅从五层楼上扔出了窗外。休战以后，两人痛惜不已，拿着摔瘪的电饭锅到厂里修理，谁知

---

① 　国家统计局.中国统计年鉴[M].北京：中国统计出版社，1993：229.

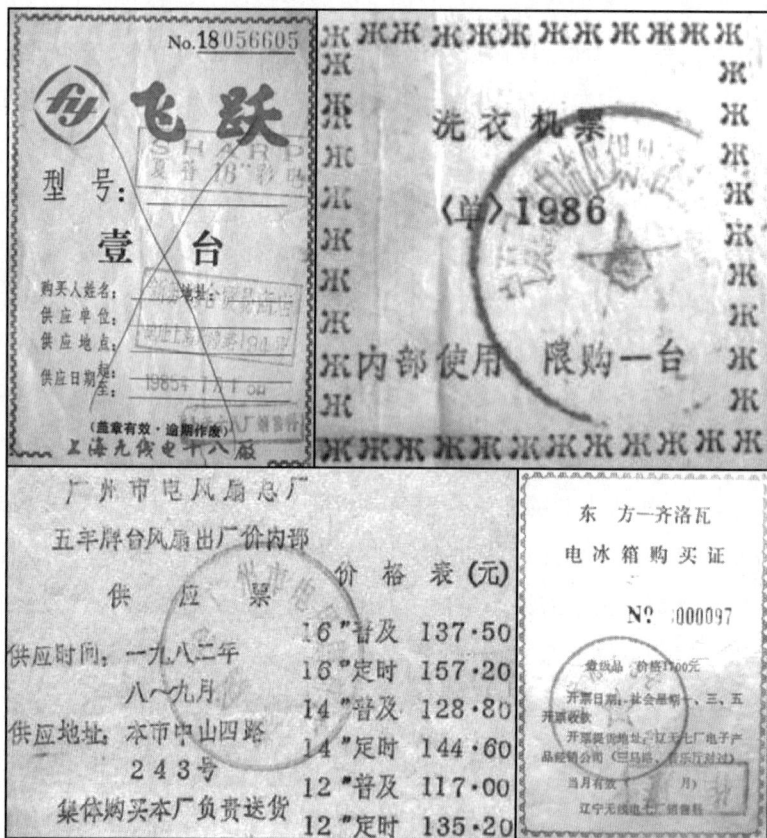

图 5-1　20 世纪 80 年代各类家用电器供应票

资料来源：http://book.kongfz.com/141258/305848298/？ref＝search［2015-12-29］

接通电源一试，"内脏"依然完好无恙，乐得两口子直竖大拇指。① 这个故事中的主角——被扔出窗外的"三角牌"电饭锅，是当年独领风骚的生活用器。当时"三角牌"电饭锅在报纸上投放的广告，均以质量保障为诉求，满足人们对生活用器耐用性的需求。

_____

① 荆杞.追逐消费的新潮头——从一些畅销商品看市场调节［J］.瞭望周刊，1984 (40)：14.

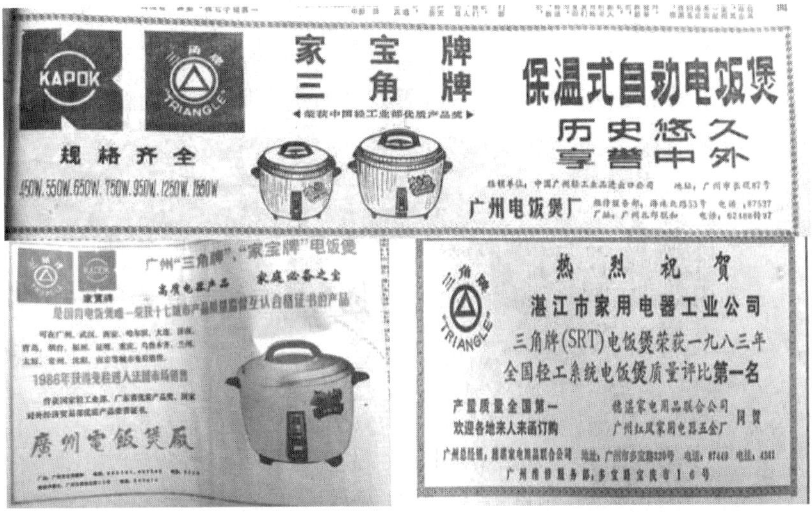

图 5-2　1987 年 11 月 8 日《羊城晚报》上刊登的三角牌电饭煲广告

　　率先开放的广东地区，走在家用电器生产和消费的最前沿。1989 年以前，广州电饭煲厂生产的"三角牌"电饭煲以质量著称，在报纸上刊登了大量广告，品牌家喻户晓。电饭煲技术门槛相对较低，对于城市居民来说，住房等条件的改善使其"煮饭电气化"。电饭煲耗电量不大，满足煮饭刚需且价格合理，这一时期，电饭煲一类满足城市居民基本需求的简易家电大量普及，各大电器厂争相生产，电饭煲广告占据了许多报纸的版面。与电饭煲几乎同步普及的还有电风扇，这一点在我国南部地区尤为明显。

　　这一时期，电风扇代替城市居民手中的摇扇，走进千家万户。1981 年，全国电风扇城镇普及率达到 15％[①]，到 1984 年达到 35.32％，其中广东省为 80.08％，北京为 57.68％[②]。到 1988 年，城镇居民家庭平均每百户电风扇拥有量达到 117.51 台[③]。电饭煲、电风扇一类电器，是我国当时完全有能力自主生

① 黄良辅.我国家用电器市场预测[J].经济管理,1981(2):29.
② 轻工业部家用电器产品市场调查预测组.全国电冰箱、洗衣机、电风扇市场调查和预测报告[J].家用电器科技,1984(1):23.
③ 国家统计局.中国统计年鉴[M].北京:中国统计出版社,1993:289.

产、大众居民有能力消费的相对简易的电器。80年代,头号媒体报纸上有大量电风扇广告,广告信息以生产厂家和品牌为主,部分印有风扇样式,以介绍产品为主要目的。在80年代,北京的百货公司将电风扇的热销视为北京居民生活水平提高的标志,运输车装载着电风扇产品送进国人家中。

图5-3　1986年3月8日《羊城晚报》刊登各类电风扇广告

图 5-4 1980 年北京装满电风扇的运输车

资料来源:刘香成.毛以后的中国 1976—1983[M].北京:世界图书出版公司,2011:89.

二、电波娱乐初体验

除了生活必须用器,改革开放使得国人对于信息的接收和娱乐的向往逐渐加强,以收音机和收录机为代表的各种家庭音响设备开始流行。国产与进口收录机在报纸上投放的广告,均以介绍产品为主,标有品牌和型号。相比国产收录机仍在宣传产品质量优势，进口收录机则开始以娱乐诉求打动消费者，"享受""现代""完美"等词汇出现在广告中。

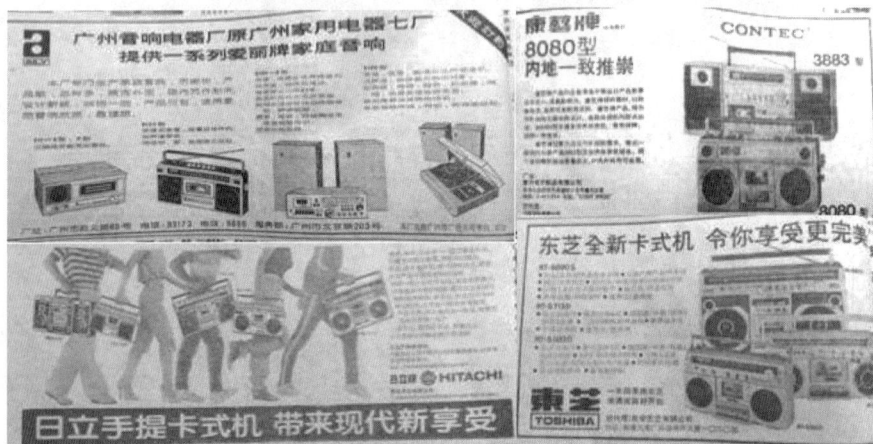

图5-5　1981年9月2日《羊城晚报》刊登各类收录机广告

生活用器的广告与消费情况揭示人们消费由满足生活必需向解放自我、走向娱乐的觉醒，电视机、洗衣机、电冰箱的大发展无疑是这一趋势的代表。

进口电视面向国人发售，但城市居民熟知和接受的还是国产品牌，比如"质量第一，用户第一"的金星电视机；"'凯歌'传佳音，更上一层楼"的凯歌电视机。1980年，19寸国产管装黑白机销售价630元，相同规格进口电视机的销售价约700元，20寸进口彩电价格则达到2 000元以上[①]。到了1989年，一台18寸的日立电视机售价大约2 600元[②]，同类别国产熊猫牌电视机大约售价1 800元左右[③]。虽然电视生产与进口有了较大发展，但由于技术落后，定点凭票购买，只有部分收入和地位较高的城市居民才有机会购买名牌电视。

---

①　福州市地方志编纂委员会.电视机价格[EB/OL].http://www.fzdqw.com/Show-Text.asp？ToBook＝804&index＝156.

②　同②.

③　金秋.江苏省国产彩色电视机产地浮动价格表[J].价格月刊,1988(9):47.

购买耐用的大宗商品，人们非常慎重，一时间，通过各种渠道"托购"电视机的风气盛行。"托购"指国人千方百计找门路去买平价、出厂价或批发价的货物，虽然得送上些"好处费"，但总比市场上或黑市上的便宜①。

图 5-6　1984 年 9 月 27 日《羊城晚报》刊登国产电视机广告

---

①　彭泗清.从购物心理到社会态度[J].社会,1989(11):32—33.

图 5-7　1986 年 5 月 26 日《羊城晚报》刊登外商电视机广告

　　1989 年一篇调查文章表示，北京市民选购电视机多考虑价格如何，是否方便美观，首先顾及质量与品牌，在许多人心目中，品牌就是质量的保证。部分人受赶时髦风气的影响，即便进口电视机价格超出心理预期还是"咬着牙随行就市"。比如，当时电视机遥控功能要加价 100～200 元，许多居于"斗室"之间的国人因看重这一"高科技"的社会功能——显示时髦、气派阔绰而选择购买。[①]

　　"新三件"——电视机、电冰箱和洗衣机消费日益上升，有条件的城市居民开始购买"新三件"。与此同时，小众消费品，如照相机及胶卷等影像设备以及"大哥大"等通讯工具，开始兴起，但并未得到普及。

----

　　①　彭泗清.从购物心理到社会态度[J].社会，1989(11)：32－33.

图 5-8　1985 年北京居民购买电冰箱

资料来源:阎雷.昨天的中国[M].北京:北京联合出版公司,2015:222—223.

小　结

1978—1989 年,开放的不仅是国家的政治与经济,更有人民的思想与生活。虽然这一时期国产家电技术落后,筚路蓝缕,进口家电又受计划的限制,然而基本生活用器电气化,成为不可阻挡的潮流。这一时期,中国城市居民在"用"上的消费仍是以满足基本生活需求为主,但以消费来换取自身劳动和精神上解放的意识开始萌芽,先富起来的家庭拥有部分进口家电,成为身份和地位的象征。在计划经济向市场经济过渡的十余年内,城市居民对电器产品的消费主流依然还是随着计划走,日渐开放的市场使得人们可以根据收入层次的差异进行更多的选择。

图 5-9 1980 年中国城市富裕居民家庭

资料来源：http://slide.news.sina.com.cn/j/slide_1_45272_95947.html♯p＝11
〔2016-03-01〕

第二节 1990—1999 年:"降"入寻常百姓家

1990 年,邓小平提出"把上海搞起来",开发浦东新区;1992 年南方讲话后,正式决定建立社会主义市场经济体制,进一步开放盘活中国经济①。作为与住房、私人轿车并列为耐用消费品三大支柱的家电工业,其发展突飞猛进。以当时的"新三件"为例,1990 年全国彩色电视机产量为 1 333.08 万台,1999 年为 4 262 万台;洗衣机 1990 年产量为662.68万台,到 1999 年为 1 342.17 万台;电冰箱 1990 年产量为 463.06 万台,1999 年为 1 210 万台。突破定点生产,城镇居民的彩电、冰箱、洗衣机等大宗家电普及,到 1999 年,城镇居民家庭

---

① 1992 年 1 月 18 日至 2 月 21 日,邓小平先后到武昌、深圳、珠海、上海等地视察,并发表了一系列重要讲话,统称"南方谈话"。

平均每百户拥有彩色电视机111.57台,电冰箱 77.74 台,洗衣机 91.44 台。城镇居民家庭平均每百户拥有空调数量从 1990 年的 1.19 台增加到 43.63 台,颇有取代电风扇的趋势,以 VCD 为代表的数码小家电开始崛起。这十年中,BP机、移动电话等通讯工具的发展,使得城市居民成为第一批移动中也能被连接起来的中国人。电脑技术的发展,让这一时期的国人感受到来自未来科技的召唤。[①]

一、家电的中外之争

除了本土家电品牌之间掀起发展与竞争的浪潮外,更深的开放意味着直面外资品牌的涌入。通过合资、独资等形式,到 1994 年年底,有 20 多家企业与国外家电生产企业合资,这些合资公司生产量都在 100 万台以上,扩张之势咄咄逼人。90 年代中后期,美国惠而浦收购北京"雪花";德国西门子收购安徽"扬子";韩国三星收购苏州"香雪海"。国外家电企业资金、技术和品牌优势强大,使得许多在上个十年中发展比较稳妥的中国本土家电品牌在这轮浪潮中淡出国人的视线。但也有部分本土企业抓住机遇,重视对品牌的打造,发展成具有国际竞争力的家电集团。打着"中国造"的旗号,海尔从一个不到800 人的街道小厂发展成中国第一个千亿级规模的自主品牌。1997 年"海尔,中国造"的形象广告,让国人对这个极具国际化实力的品牌印象深刻。此外,掌握着最新电脑技术、移动通信技术的国外企业也在这一时期大举进军中国。这十年也是中国广告快速发展的十年。传统家电、新兴电脑乃至移动通讯工具,成为广告生力军。1997 年,中央电视台广告构成有 30％来自家电。[②]

90 年代初期,进口品牌彩电广告占据大部分广告空间,80 年代报纸上大量出现的国产彩电品牌广告已经鲜少露面。中国的民族彩电业由于缺少核心

① 国家统计局.中国统计年鉴[M].北京:中国统计出版社,2000:316.
② 国际广告杂志社等.中国广告猛进史 1979—2003[M].北京:华夏出版社,2004:177.

图 5-10　1997 年海尔电视广告《海尔·中国造》篇

资料来源:http://v.youku.com/v_show/id_XNDAxMDI4OTc2.html? from＝s1.8-1-1.2〔2016-01-12〕

技术,在与国际品牌的竞争中始终处于劣势,因此 80 年代城市居民消费的电视机产品中外国品牌占据半壁江山的状况一直持续到 90 年代,当时走私之风盛行也就不足为奇。据国家商业部门统计,1995 年中国正常进口的彩电是54.9 万台,市场上实际销售的数量是 500 万台。[①]

　　本土行业的发展和外国企业的入侵,直接导致竞争不断加剧,价格战一触即发。1996 年 3 月,长虹率先掀起降价潮,市场占有率迅速提高,成为中国彩电第一品牌。这次价格战的发起者,长虹集团总经理倪润峰亲自上阵为消费者介绍长虹电视机,足见国产电视机品牌对中国消费者的重视程度。随后康佳跟进,打响了中国彩电业历史上规模空前的价格战。国产品牌依靠价格战占据了有利的位置,国外品牌则借助技术升级主攻高端市场,这种分而治之的

　　[①]　新京报.日志中国——回望改革开放 30 年(第 1 卷)(1978—2008)[M].民主法制出版社,2008:294.

图 5-11　1996 年 4 月 5 日《羊城晚报》刊登的外商电视机广告

局面一直延续至今。价格战是恶性的，但国人是价格战的受益者，这一"降"使得上个十年中以彩电为代表的"三大件"大量进入寻常人家。

物质产品的丰富带领国人告别短缺经济时代，家用电器价格战的打响宣告卖方市场向买方市场转变。此时，国人的消费从"人生产什么，我只能购买什么"的被动地位转向挑品牌，选样式，比质量，评价格的主动地位。这种挑选与在上个十年中由于付出不菲的价格而谨慎购买的心理有所不同，"喜新厌旧"成为国人家用电器消费的一大特点。敏锐的家用电器生产商嗅到苗头，迎合并推动引导这种消费转变，塑造品牌，改善产品形象，着眼人文关怀成为广告的必备元素。

1993 年，小天鹅全自动洗衣机投放的平面广告中未提及产品本身的性能、质量，而是打出"我也喜欢小天鹅"的广告语，在国人心中导入小天鹅品牌受人喜爱的形象，改善产品美誉度，促进购买。此外，查阅当年其他洗衣机的广告流行语，打出"领先一步"的申花、"时代潮"的荣事达，从产品处于时代潮头，领先发展的角度吸引国人，"真诚到永远"的海尔则以真诚关爱国人的诉求

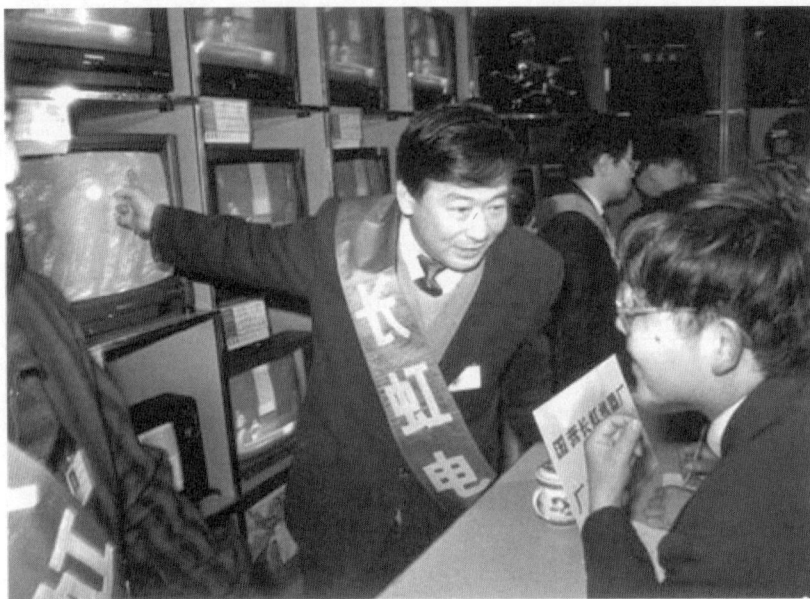

图 5-12　1996 年中国彩电价格大战，倪润峰亲自上阵促销长虹电视机

资料来源：http://www.pjtime.com/2012/9/69755474_all.shtml[2016-01-04]

提高品牌好感度。

电视机不但努力营造价格优势，也转型注重品牌形象塑造并诉求于关怀消费者。创维彩电 1998 年《小狗篇》电视广告，以生动的画面，到位的表现向国人传达"画面不闪烁，效果好得多"的独特优势。90 年代，价格已不再是国人消费耐用品难以逾越的阻碍，"量的满足"转向"质的追求"，广告诉求也从理性向感性转变。

二、控温大件首秀

电饭煲、洗衣机解放了日常的劳动力，收录机、电视机给生活增添娱乐的色彩，90 年代快速发展起来的两种能够改变温度的电器——电冰箱与空调，给城市居民带来更多的享受。对于城市居民来说，冰箱已经不是新鲜事物，容声、新飞、华菱、美菱冰箱，澳柯玛、星星冷柜，已经成为城市家庭必备电器。90

图 5-13　1993 年小天鹅洗衣机平面广告

资料来源：国际广告杂志社等.中国广告猛进史 1979—2003[M].北京：华夏出版社，2004：128.

年代的冰箱广告不再单纯告知产品的高质量，而有自己的广告语，重视从消费者视角宣传产品。很多冰箱广告上醒目地标明产品的省电特点，告诉消费者，自家产品不仅品质高，而且用了可以节约电费支出，对当时多数国人来说，这依旧具有直接的吸引力。

除了价格、省电等经济优势，不难看出冰箱厂商试图引导国人萌芽状态中的高品质、个性化需求。"风冷""无霜""除臭""零污染"等表明品质追求的词汇开始用来宣传产品。1998 年，美菱推出保鲜冰箱，展示保湿保鲜、除臭保鲜、冰温保鲜、速冻保鲜、深冷保鲜、抗菌保鲜的"六招鲜"工艺，强调冰箱食物保鲜的强大功能，"中国人的生活，中国人的美菱"，以国人情感、生活方式为切入点引发精神上的愉悦，产生共鸣。

图 5-14　1998 年创维电视广告《小狗篇》

资料来源:国际广告杂志社等.中国广告作品年鉴 2000[M].北京:中国摄影出版,2000:93.

对国人情感消费把握最成功的当属容声,1999 年容声电冰箱广告《母亲篇》,用平实的手法,将母亲与容声冰箱朴实、奉献的共性相联系,使国人产生亲切感。广告文案"生活在变,容声品质不变",从表现容声冰箱与中国家庭的情感共鸣入手,突出展示容声冰箱质量的可靠。

从 90 年代开始空调与彩电、冰箱和洗衣机一同流行。作为耗电大户,在 80 年代被国家严格控制发展。直到 1991 年 10 月底,轻工业部召开"房间空调八五发展规划座谈会,会议讨论和编制了中国第一个房间空调发展规划。自此之后,尤其是 90 年代初突破定点生产之后,中国家电业进入全面快速增长期。

到 1999 年,城镇居民家庭平均每百户拥有空调数量从 1990 年的 1.19 台

图 5-15　1996 年 4 月 22 日《羊城晚报》刊登华凌冰箱广告

增加到 43.63 台①。这一转变的根本原因是空调生产的发展,现实原因则是家电市场十年间大幅降价。1993 年,虽然生产高速发展,价格却居高不下,居民的消费能力与生产量不能如此同步加速,空调积压严重,各大品牌降价大战逐渐白热化。1996、1997 年,随着家电市场全面降价,空调也随之降价,因此得以普及。空调与电视机、电冰箱和洗衣机不同,其广告似乎没有单纯介绍产品的阶段,而直接与国人追求生活品质的步伐相结合。在空调广告兴起的 90 年代,"美好生活空间""舒适又宁静"几乎概括当时空调广告的主要诉求。华凌空调强调"舒适如春的享受",凉宇空调强调"营造舒适气候",春兰空调强调"把严冬关在门外",华宝空调强调"借东风送春风"……空调这个享受型的家庭用品,直接瞄准国人提高生活质量的需求,激发国人花钱购买舒适的欲望。

三、电波娱乐全新升级

90 年代也是中国小家电崛起的年代。录像机、VCD、微波炉等产品满足了城市居民多层次、求方便、个性化的生活需求。值得一提的是,世界上第一

---

①　国家统计局.中国统计年鉴[M].北京:中国统计出版社,2000:318.

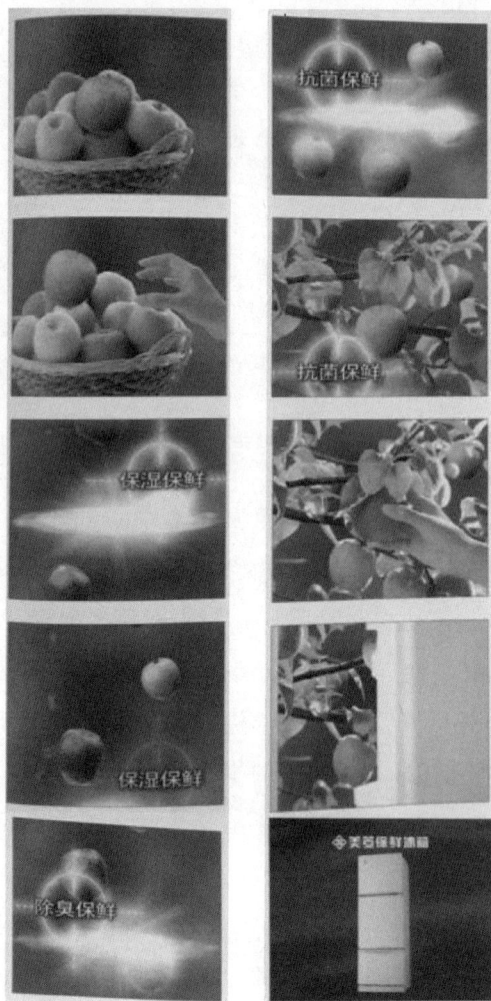

图 5-16　1998 年美菱电冰箱广告

资料来源：国际广告杂志社等.中国广告作品年鉴 2000［M］.北京：中国摄影出版，
2000：105.

图 5-17　1999 年容声电冰箱电视广告《母亲篇》

资料来源：http://show.adkungfu.com/production-3383.html［2016-01-14］

台 VCD 是中国制造的。[①] 万燕公司创始人姜万勐在美国引入 MPEG 技术后研制出物美价廉的 VCD，由于专利意识的薄弱，VCD 技术很快被各大公司购入并仿制，投入生产。一时间，VCD 组装厂如雨后春笋般出现在珠江三角洲。1997 年，以爱多 VCD 推出"阳光行动"为首，行业价格与广告大战同时上演。随后，VCD 这种新一代的家庭影音娱乐设备迅速成为消费者追捧的热点。1996 年，爱多 VCD 邀请成龙为其代言并成为央视广告标王，风光一时。大小家电各显神通大放异彩，与此同时，国人乃至整个国家，正在被新兴的电子技术改变着。电脑与移动通讯设备，让人与人之间跨时空连接不再是幻想。

———————————

① 新京报.日志中国——回望改革开放 30 年（第 2 卷）（1978—2008）［M］.北京：民主法制出版社，2009：276.

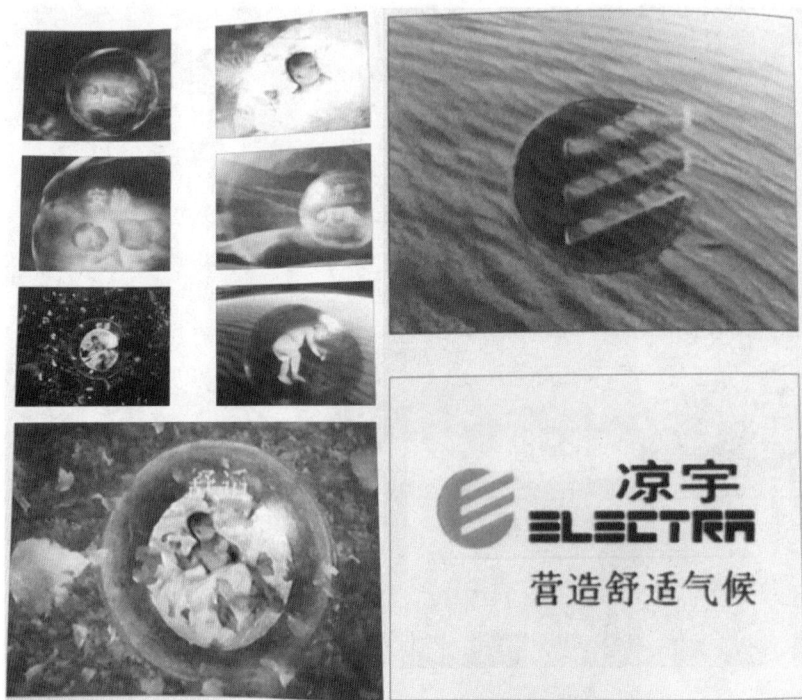

图 5-18　20 世纪 90 年代凉宇空调广告

资料来源：国际广告杂志社.中国广告作品年鉴 2000［M］.北京：中国摄影出版，2000：104.

小　结

　　1990—1999 年，国家的进一步开放推动了家电工业大发展，在本质上决定了 1995 年前后家用电器全面降价家电"降"入寻常百姓家，推动了国人从跟着国家计划购买向自由购买的转变。消费从保守转向进取，从求同转向求异，从稳固转向更新，从封闭转向开放，这一时期的家电广告既捕捉了这一潮流，也成为这种变革的幕后推手。广告不再诉诸"我是谁，我在卖什么"或"我的产品质量最好"，而开始从国人心理与行为的改变上寻找诉求点，在给予国人经济优惠的同时展开情感诉求。国人不再单纯购买产品，更愿意为引起他们共

图 5-19　1996 年成龙代言爱多 VCD 广告

资料来源：http://digi.163.com/11/1207/00/7KKNAB9E0016656A.html［2016-01-09］

鸣、满足他们心理需求的品牌买单。

第三节　2000—2008 年：换代更新选择多

一、小家电的大时代

2000 年开启了中国经济的崭新时期。2001 年 11 月 10 日中国加入世界贸易组织，敞开的国门让大批国产电器品牌走向世界同时，也迎来更多的外商电器品牌。同年 7 月 13 日，北京申办 2008 年奥运会的成功，带动电器产品体育营销不断升温。进入 21 世纪，国产电器从生产到销售再到品牌打造都进入成熟期。外国资金和技术的引进使得国产家电品牌与国际家电品牌接轨，产品品种多样，质量性能稳定。90 年代，国产家电与外商家电分治大众市场和高端市场的局面愈发明显。此外，2000—2008 年，海尔、长虹、科龙、伊莱克斯、西门子等家电巨头纷纷进军小家电，一时间小家电陡然升温。对于家电商来说，这绝非偶然，而是战略性的调整。大家电市场上那些轰轰烈烈的战役还不知是不是赔本赚吆喝的买卖,家电企业为了寻找新的利润增长点纷纷转投小家电。从国人角度来看,城镇居民住房环境改善,生活习惯变化,微波炉、豆浆机、电磁炉、榨汁机、烤箱这些相对小巧而又富有人情味的小家电能使日常生活更加方便丰富。

二、新意层出的家电广告诉求

家电企业生产技术、产品更新加快,变频、滚筒洗衣机,平板、液晶、高清电视机等大宗家电不断更新换代;小家电产品容易被模仿,只有保证新产品的开发速度才能适应竞争掌握主动。因此这一时期市场上的电器产品极大丰富,消费者的选择不仅更加多样,也更加主动,种种变化明显体现在广告上。新世纪唤醒了城市居民对高生活品质的意识,在满足了基本需求后,他们开始追求家庭用器的高质、环保、节能,追求外观和造型的时尚,这些因素逐渐成为人们进行家电消费的重要指标。90 年代崛起的美的空调,1998 年确定"原来生活可以更美的"品牌核心诉求后,其 21 世纪的广告语不断强调该品牌对环保的追求,"环境大于一切,我们致力以创新科技呵护自然";"借助变频力量,缔造绿色能量……致力降低空调能耗……让世界生机盎然"。2004 年,美菱投放"新鲜美菱,节能中国"广告,以太阳能、风能和水能与美菱相类比,提出"珍藏能源,美菱能做到"。

洗衣机生产商不甘示弱,纷纷推出更多附加价值概念的产品。小天鹅于2004 年前后推出广告"深层洗涤,心花怒放",提出"渗透衣物纤维,深层漂洗,彻底带走残留"。"突破传统洗涤观念,洁净无残留,杀菌更彻底",海尔于2007 年推出的不用洗衣粉的洗衣机倡导洁净、杀菌洗衣的概念,产品更新的同时教育消费者,灌输洗衣不仅要方便,更要彻底清洁的概念。

到 2008 年,国人走过改革开放三十年,中国社会经历了"第二次革命",即消费革命。在这场消费革命中,国人完成从生活必需品时代到耐用消费品时代(即小康时代)的转变。消费革命带领国人进入耐用消费品时代后,生存型消费让位于发展型乃至享受型消费,计划经济体制下以集体为取向的消费也让位于个人为取向的消费。个人消费有更多的选择,消费自由得到前所未有的张扬。我国从生产主导型社会向消费主导型社会过渡,消费成为推动社会

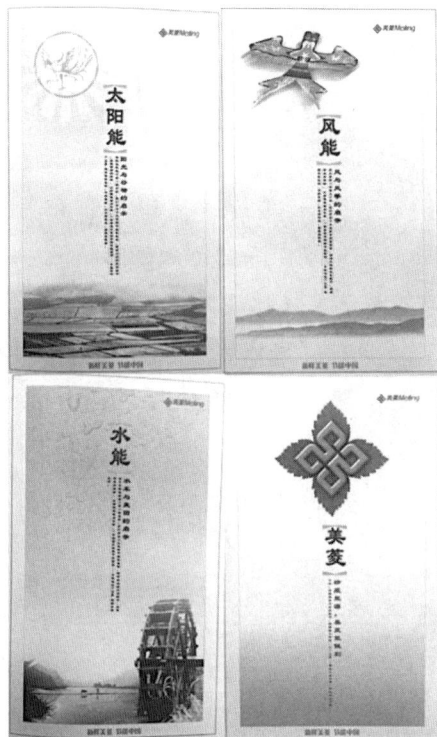

图 5-20　2004 年美菱电器节能广告

资料来源：国际广告杂志社等.中国广告作品年鉴 2005[M].北京：中国传媒大学出版社,2005:205.

发展的重要引擎。越来越多的人认识到,有限的资源和日益恶化的环境提出可持续发展的要求。随着环境意识的觉醒,国人开始回归自然环境,讲究环境氛围,美化生活空间,追求绿色食品,防止环境污染。伴随着改革开放成长起来的青年人,他们对于环保有着深刻的认知,随着他们成为社会主流,家用电器广告纷纷诉求于环保、健康。

家电产品的丰富让国人不再像过去 20 年那样简单满足于看到电视即可,"纯平"彩电、背投彩电、液晶彩电的出现,让国人向往更好的观看体验。2003年前后,长虹精显王背投彩电 15 秒视频广告《擦窗工人篇》提出"影院效果,现场感受",旨在凸显背投彩电让人身临其境的逼真效果。30 年的发展,国人从

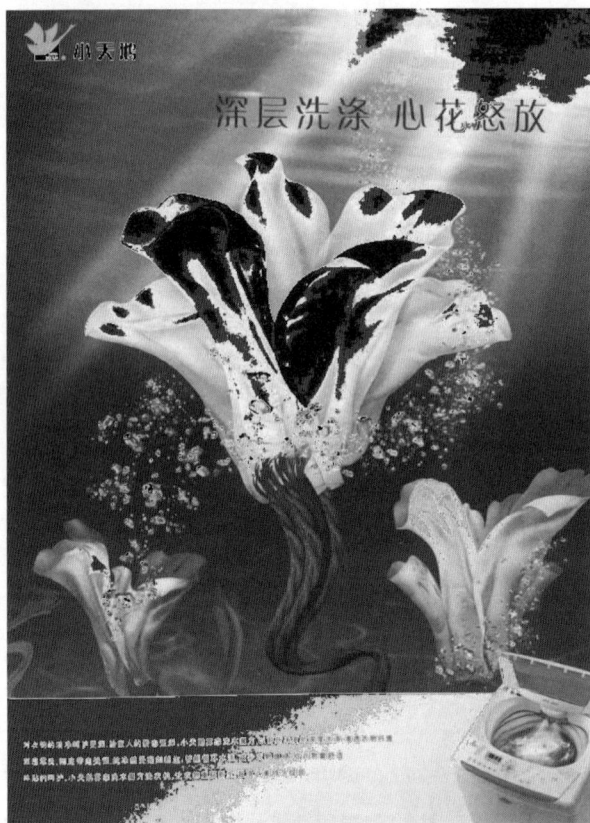

图 5-21　2007 年小天鹅洗衣机广告

资料来源：国际广告杂志社等.中国广告作品年鉴 2008[M].北京：中国传媒大学出版社，2008：209.

几户人家围着一台黑白电视机看到在自己家里就能享受影院级别视听。

　　与此同时，"小家电、大市场、大营销"的观念在家电企业中流行开来。较之大家电与国际品牌的差距，国产小家电了解国人对产品功能的需求和使用习惯，逐渐占有比国际品牌更大的市场份额，形成科龙、海尔、美的三强争霸的局面。比如，科龙借助自有品牌、渠道优势，营销服务网络遍布全国，新的小家电产品一上市就能在全国市场上铺开，与消费者直接见面。此外，科龙还倡导"全过程无忧虑服务"，率先提出十二小时内省会城市市区上门服务到位，

图 5-22　2003 年长虹精显王背投彩电广告

资料来源：国际广告杂志社等.中国广告作品年鉴 2005[M].北京：中国传媒大学出版社，2005：194.

100％回访，消费者享受到与大家电同等的服务。在洗衣机后，吸尘器一类小家电的流行又一次让国人得到解放，家电企业纷纷在广告中展示吸尘器的吸力强大，干净环保省力，准确抓住国人放松自己的需求。

相比大家电，小家电受季节变化影响较小，多数城市家庭都买得起，但可有可无，购买弹性比较大，因此在收入较高的地区，小家电保有量相对较高。城市居民住房条件的改善使得生产小家电的企业崛起，比如格兰仕。大小家电纷纷更新换代的同时，2000—2008 年也是我国家庭 IT 产品消费开始增长的时期，大到电脑、数码相机，小到手机、MP3，已经迅速进入城市居民家庭。

小　结

2000—2008 年，我国从物质匮乏型社会逐步转向初步富裕型社会。从这一阶段家用电器广告的表现可以看出，国人早已不再拘泥于满足生活所需，对千篇一律的大众化家电也已兴趣索然。追求个性与品位，满足发展与享乐成为主流消费观，提高生活品质同时又体现自我、凸显不同成为这一时期家用电

图 5-23 2007 年美的吸尘器广告

资料来源：国际广告杂志社等.中国广告作品年鉴 2008［M］.北京：中国传媒大学出版社,2008:211.

器广告的一大卖点。在追求享乐的过程中,回归自然、健康意识抬头,造就了这一时期国人对环保健康型家电产品的追捧。值得一提的是,伴随改革开放成长起来的青年人在这一变革进程中发挥了不可忽视的作用,他们是家电消费的弄潮儿,也是未来主流消费观的引导者。

第四节 2009 年至今：智能开启新生活

一、智能家电新格局

2009 年 10 月 3 日，在美国发布近一年后，iPhone 3G 正式登陆中国内地。而在 2007 年第一代 iPhone 发布的时候，远在大洋彼岸的中国人并未想到以它为代表的移动互联[①]及智能化浪潮来得如此汹涌。这一浪潮不仅带来技术与产品的进步，更带来消费与生活的变革。在经历了满足基本生活需求到更新换代各买所需的消费变化后，逐渐崛起的中国城市中产阶层开始追求家庭用器极致的个性化和高品质生活。与此同时，随着大批"80 后"步入社会并组建家庭，成为国家经济主体，他们追求新鲜事物的特点凸显在家用电器消费中。移动互联智能技术进步与新兴市场的出现相互促进，触发了 2009 年以来家电智能化的开关，推动智能家电朝智能家居步步迈进。

所谓智能家电，就是将微处理器、传感器技术、网络通信技术引入家电设备后形成的家电产品，具有自动感知住宅空间状态和家电自身状态、家电服务状态，能够自动控制及接收住宅用户在住宅内或远程的控制指令；同时，智能家电作为智能家居的组成部分，能够与住宅内其他家电和家居、设施互联组成系统，实现智能家居功能[②]。智能家居则是以住宅为平台，利用综合布线、网络通信、安全防范、自动控制、音视频等五重技术将家居生活有关的设施集成，构建高效的住宅设施与家庭日常事务的管理系统，提升家居安全性、便利性、

---

① 移动互联，就是将移动通信和互联网二者结合起来，成为一体。是指互联网的技术、平台、商业模式和应用与移动通信技术结合并实践的活动的总称。

② 百度百科：智能家电[EB/OL].[2016-04-13].http://baike.baidu.com/view/4043798.htm.

舒适性、艺术性，并实现环保节能的居住环境①。

截止 2009 年，智能家居在中国已有十余年发展历史。1994—1999 年，中国的智能家居处于萌芽，彼时处在概念熟悉、产品认知阶段，未出现专业的智能家居生产商，只有深圳一两家美国智能家居代销公司从事进口零售业务，其产品多数销售给居住在中国的欧美用户。2000—2005 年是中国智能家居的开创期，先后有 50 多家智能家居研发生产企业成立，主要集中在深圳、上海、天津、北京、杭州、厦门等地。2004 年，中国家庭网络标准产业联盟"e 家佳"成立，被认为是中国智能家居产业化的起始。2005 年 6 月 28 日，信息产业部批准发布《家庭网络平台》和《信息设备资源共享协同服务》两个与智能家居有关的技术标准，开始规范智能家居市场。2006—2008 年是我国智能家居的徘徊期，这一时期首先走进普通家庭的是满足家庭安全需要的智能安防控制系统，其余的智能家电、智能家居产品，炒作大于功能。2008 年，苹果手机将世界带入移动互联网时代，这本是智能家居发展的大好时机，然而由于金融危机的冲击，与智能家居休戚相关的房地产行业低迷严重影响了智能家居的发展。金融危机导致消费者购买力降低，对于当时很多人眼中华而不实的智能家电，不仅刚需差，购买欲望也较弱。2009 年经济稍有恢复后，无论是老牌家电企业还是新兴致力于智能家居的企业，纷纷重整旗鼓。推动"e 家佳"联盟成立和两项技术标准制定的海尔推出 U Home 智能家居，在 2009 年成都安博会亮相，由此开始快速发展。

全套的智能家居产品，价格相对昂贵，从功能上来讲，智能照明、背景音乐、远程监控、智能卫浴等系统对普通城市家庭来说并不是必需品，因此处于市场导入期阶段的全套智能家居被认为是专为富人消费的奢侈品。2014 年前后，随着无线通信技术的进步和摩尔预言的实现②，苹果、华为等信息电子

---

① 百度百科：智能家居［EB/OL］．［2016-04-15］．http：//baike.baidu.com/link？url＝fXq3ONwcZqMVTSJSxc-9366f88K1ocsHDTftxzFYLCJg5zFAKdPbrtmwt7MKFf-cs7d8loVGITJmZk63QjpPhq＃reference-［1］-37089-wrap.

② "摩尔预言"，是指大约每隔十八个月，芯片制造技术的改进会使芯片的性能提高一倍，而价格却下降一半。

图 5-24　2009 年海尔 U Home 智能家居亮相成都安博会

资料来源：http://finance.ifeng.com/roll/20090423/574586.shtml[2016-01-19]

企业开始致力于整合单品智能家电，让业内知名业外无名的全套智能家居得以进入普通城市家庭。

科技的进步是智能家居从奢侈品走向平民化的根本原因，互联网与移动互联的发展使得这一转变大大加速。2013 年 12 月 4 日，我国正式发放首批 4G 牌照。2016 年 1 月，《中国互联网络发展状况统计报告》显示，我国网民规模达到 6.88 亿，手机网民达到 6.20 亿，互联网普及率达到 50.3%，通过手机终端接入互联网的用户达到 90.1%。互联网信息海量与即时传播的特点使国人更新信息的速度加快，网络使用者追新求异的特性使其消费观念变革和消费品换代的频率加快，这尤其体现在智能家电产品上。一方面，国人购买产品本身，消费了它的功用；另一方面，被买回来的智能家电产品又成为刺激他们消费欲望的媒介。率先成长起来的智能电视，作为家电商品，它是国人购买的对象，也成为唤起和引发国人新欲望的媒介，它连通网络，把充满诱惑力的商品

图 5-25　2014 年深圳半山帝景园顶级智能豪宅内景

资料来源：http://www.smarthomecn.com/［2016-01-21］

世界更加鲜明、丰富地展现在人们面前，直接激发对这些商品的占有欲和享乐欲。电视是家电领域一直以来的龙头，在智能化发展过程中也占据先机。老牌电视制造商如 TCL、长虹，不仅研发制造智能电视产品，也为日后智能家居的操控终端集合于电视而努力。TCL 于 2011 年发布全球首款超级智能互联网电视，拉开智能电视的序幕。

虽然传统家电企业先行一步，但在智能电视领域占据上风的却是互联网公司。2014 年《中国智能家居市场专题研究报告》表明，被访者感兴趣的智能家居品牌中，小米与苹果一样占比 47.8％，华为占比 32.1％，谷歌占比 31.4％，乐视占比 27.3％[①]。在移动互联时代，互联网公司自身强大的网络营销基因奠定了他们生产的智能电视迅速打开局面的基础。这些品牌对当下主流消费者 80 后进行准确定位，首先是价格较传统电视品牌更具优势，其次，他们不仅

---

① 易观智库.中国智能家居市场专题研究报告 2015［R/OL］.（2015-07-10）［2016-4-14］.http://www.cww.net.cn/mobile/html/2015/8/18/201581814562667.htm.

图 5-26　2011 年 TCL 发布全球首款超级智能互联网电视

资料来源：http://elec.it168.com/a2011/0324/1170/000001170207_all.shtml[2016-01-22]

强调互联网电视强大的功能性，更从年轻态的娱乐视角出发，迎合国人对影视、体育乃至游戏娱乐的全方位需求。乐视超级电视基于自身网络内容的强大基础，以"中国最全影视库＋最全体育赛事库"为吸引点，打出"双倍性能，1/3价格"的口号，小米电视则打出"年轻人的第一台电视"的旗号，剑指移动互联时代的主流人群。

洗衣机、空调这类解放劳动力、带来享受的家用电器，其单品智能化发展并不如电视一样突出。作为耐用消费品，这类电器功能性需求强大，即便有新型产品的诱惑，但当其在基本功能上没有真正意义的突破时，国人的更新换代频率也并不高，虽然广告具有强大的煽动与美化意义，但在 2008 年以前经历了更新换代后，产品基本满足了国人需要，智能化产品的市场需求并不强烈。创新型智能化家电的表现却恰好相反，它们开拓新的消费市场。这类产品多集中于小家电，比如智能扫地机器人，其实就是智能化了的吸尘器，它可以对房间进行测量，记录主人的理想设置，躲避墙壁、楼梯，即使被放到桌子上也不

图 5-27　2014 年小米电视广告

资料来源:http://android.xdnice.com/AnZhuoXinJi/2013-09/21.htm[2016-01-25]

会掉落,随机配备的虚拟墙发射器可有效地阻止它进入主人不想让它进入的地方。

生活水平的提高使城市居民对健康愈加注重,空气问题也给智能家居带来市场,监测房间空气质量的家用智能空气监测仪得以开发并走入城市居民家庭。

2014 年《中国智能家居市场专题研究报告》调查表明,被访者购买单个智能家居产品的预算集中于 2 000 元以内,其中 1 000 元(含 1 000 元)以下的占比 24.4%,1 001~2 000 元的占比最高,为 28.7%。同时,有 63.1%的被调查者对智能监控设备感兴趣,有 49.5%对个人护理及健康管理设备感兴趣。[①]

①　易观智库.中国智能家居市场专题研究报告 2015[R/OL].(2015-07-10)[2016-4-14].http://www.cww.net.cn/mobile/html/2015/8/18/201581814562667.htm.

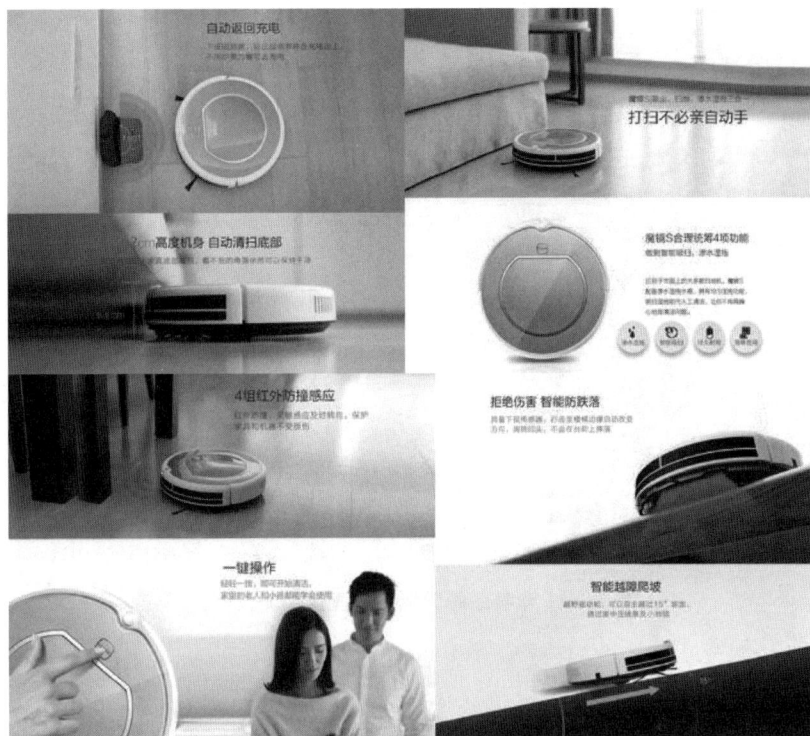

图 5-28　2016 年某品牌智能扫地机器人网页广告

资料来源：http://www.ecovacs.cn/［2016-03-22］

城市居民消费水平的提升不仅是购买力的提升，更加体现在消费需求多样化和消费呈现的多层次中。这些创新型智能化电器价格多数集中于 2 000 元以内，使用较少的钱消费高科技含量的家用电器，除了功能需求外，也是这些人追逐时尚，甚至是标榜自己卓尔不群的方式。IT 技术的飞速发展，科技与艺术的不断结合，智能化家电产品从功能与设计上都更加"酷炫"，符号化为科技风格的时尚，而消费这种符号化的时尚商品，能够使一些普通城市居民付出不算昂贵的代价，获得堪比消费奢侈品的优越感。

二、"物联"时代到来

从本质上来说，家用电器实现智能互联才能够达到真正意义上的生活与

227

图 5-29　2016年某品牌智能空气质量检测仪网页广告

资料来源：http://item.jd.com/1296180798.html［2016-01-31］

消费方式变革。2015年3月5日，李克强总理在第十二届全国人民代表大会第三次会议开幕会上提出制定"互联网＋"行动计划，推动移动互联网、云计算、大数据、物联网等与现代制造业结合。这一计划从国家战略层面上推动国人使用真正智能家电的实现。互联网电视率先崛起，无线互联的智能设备受到国人青睐，正是需求与科技进步共同导向"物联网"生活的表现。"物联网"并不是简单的家电互联，其实质是满足从个性化到个人定制化需求的进步。智能家电应该具备用户个性化定制功能，一键操控全家电器不再是梦想。随着移动互联网与无线连接技术的发展，"物联网"成为推动实现智能家居的催化剂。这时，以苹果手机为代表的智能手机、平板电脑真正而非象征性的变革意义再次凸显。

由此一来，"连接"便成为开启智能家居的钥匙。在这样的趋势之下，传统家电企业以家电制造优势为主打，甚至颇有远见地与信息企业联合，升级全套智能家居，如海尔、TCL、LG；新兴互联网及信息技术企业也大举进军，有的专注于连接,致力于整合智能家居碎片,通过智能路由器等来打造集中的连接中心,不仅可以控制家中的电视节目,还将整合家电控制功能;有的则开始打出家居"完整生态"的广告口号,利用"云服务"①统一整合所有的智能硬件产品,将智能家居推向更高层次。

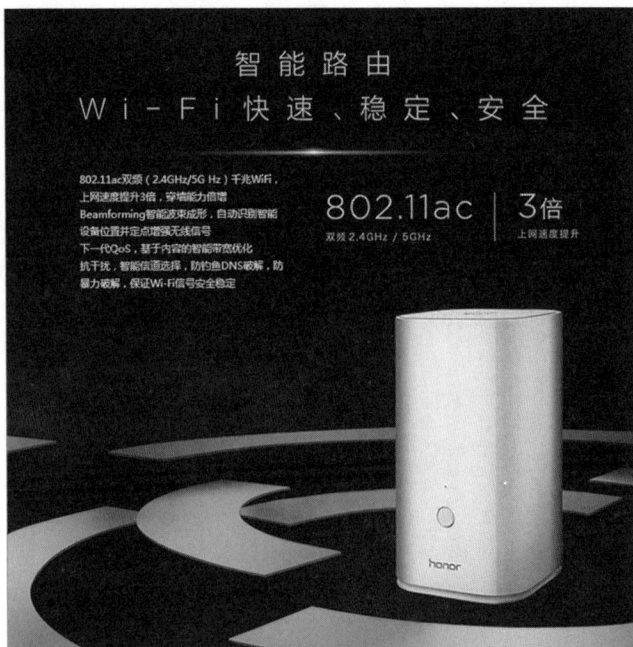

图 5-30　2016 年华为智能路由器网页广告

资料来源:http://digi.163.com/15/0416/18/ANBIA54S00163HE0.html♯from
＝relevant♯xwwzy_35_bottomnewskwd[2016-01-27]

---

① "云服务"是基于互联网的相关服务的增加、使用和交付模式,通常涉及通过互联网来提供动态易扩展且经常是虚拟化的资源。云服务指通过网络以按需、易扩展的方式获得所需服务。这种服务可以是 IT 和软件、互联网相关,也可是其他服务。

小　结

　　对美好生活的追求既是人类的共同本性,亦是经济蓬勃发展之下国人消费动机的真实写照。伴随开启智能家居大门钥匙的转动,这些曾经被认为形式大于噱头的新鲜事物,在日新月异的变化中切切实实改善着国人的生活品质。传统的生活用器日渐智能,科技将其点石成金,既保留原有的人文情怀,又不乏智能化创新。虽然当下我国智能家居"内热外冷"——行业内部摩拳擦掌、虎视眈眈期望率先占领市场,谓之"内热";国人需求刚刚打开,好奇观望多于购买,谓之"外冷"。但是,智能家居不仅仅是时尚,更是不可逆转的生活潮流,它指引着未来品质生活的方向,预示着美好人生终将来到。

下篇　浪潮里的新生者

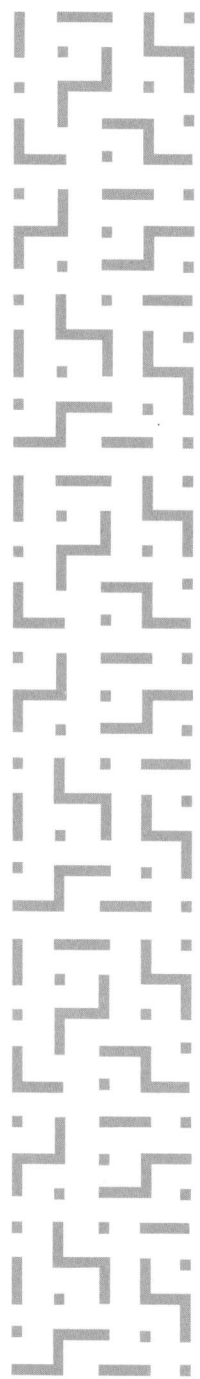

第六章　　全民娱乐：从单调匮乏到多彩梦幻

娱乐消费的发展史，既是经济发展史，也是技术发展史，更是思想解放史。在中国，各色娱乐活动的兴起与繁荣，最大的功臣莫过于改革开放。这场铺天盖地的改革浪潮不仅给予文娱产业以发展的物质土壤，也让思想解放披荆斩棘一往无前，让国人对精神文化的消费欲望日渐强烈，休闲娱乐不再是社会上层的特权。

影像的世界由黑白变为多彩，舞乐的晚餐由单调变为丰盛，游戏的天地由简陋变为豪华，人们的娱乐生活由稀缺变为充足。广告作为文娱产业的一部分，引领娱乐消费的潮流，其形式也在互联网的大潮中不断推陈出新。广告不再仅仅是广而告之，而变成整合营销传播①中的重要一环，以丰富多彩、年轻时尚的内容与形式将更多的娱乐消费方式带进人们的生活，真正的全民娱乐时代已然到来。

第一节　　影像的多彩

"看"是最直观的视觉体验，通过影像的娱乐一直为国人所青睐。古时候人们看戏台子里的皮影、戏剧、杂耍，现在人们看屏幕上的电视、电影，舞台上的话剧、舞台剧。"看"的娱乐随着技术的进步不断丰富，每出现一种新的影像表现形式都会引得人们的热捧。广告表现方式随着影像娱乐消费的变迁由静

---

① 整合营销传播（integrated marketing communication，简称 IMC）指将与企业进行市场营销有关的一切传播活动一元化的过程。整合营销传播一方面把广告、促销、公关、直销、CI、包装、新闻媒体等一切传播活动都涵盖于营销活动的范围之内，另一方面使企业能够将统一的传播资讯传达给消费者。

233

变动,由单调变多彩,其中最具代表性的便是电影和电视。

一、电影：幻动的光影天地

与其他现代技术一样,电影技术①由西方商人于 1896 年引进中国,根据程季华主编的《中国电影发展史》记载,中国人第一次看到真正的电影,是在 1896 年 8 月 2 日夜晚,上海徐园"又一村"的一次游艺活动上,电影的放映者是西方文化商人,放映的影片多为风光和喜剧短片。看电影进入中国人的娱乐生活。从新中国成立初期在露天广场上忍受夏虫或寒风,看一场社会主义集体电影,到如今抱着可乐爆米花坐在舒适的影院,享受身临其境般的视觉盛宴,中国老百姓的观影变迁,谱写出人民生活水平攀升、社会思想开放的精彩乐章。

1.1949—1979 年：计划体制中的社会主义观影

新中国成立后,经过 1953 年的社会主义改造,上海电影制片厂建立,电影业成为国有事业,进入国家经济"一五"规划,电影成为政治宣传工具。除了国产影片,大量社会主义国家电影被引进。电影院反反复复放映同样几部国产和进口的影片,于是有人编了一段顺口溜："罗马尼亚的电影搂搂抱抱,朝鲜的电影又哭又笑,越南的电影飞机大炮,阿尔巴尼亚的电影莫名其妙,中国的电影新闻简报。"②好莱坞电影则在抗美援朝后被彻底驱逐出境。受"大跃进"思想的影响,1958 年 5 月,文化部召开电影事业跃进工作会议,要求五年内发展电影院 2 000 座,农村放映队 18 000 个。为了达成国家下发的目标,也为了进

---

① 1829 年,比利时物理学家发现"视像暂留原理",即物体在人的眼前消失后,该物体的形象还会在人的视网膜上暂留一段时间。根据这一原理,美国、英国、法国、奥地利等多国的摄影师开始尝试运用连续的相片制作幻灯及摄影机。对于电影的发明者仍旧存在争议,一说 1895 年 12 月 28 日法国卢米埃尔兄弟在巴黎一家咖啡馆里进行了营业性试放映,标志着电影的诞生;另一说 1893 年爱迪生发明电影视镜并创建"囚车"摄影场,开启了电影的历史。

② 马中命.《兵临城下》被打为"毒草"[EB/OL].(2013-04-25)[2016-05-13].http://www.sxwbs.com/wh/1773288.html.

行意识形态宣传，部队、单位、学校以及后来的人民公社①纷纷贴大字报或广播通知群众来看电影，且多为免费放映。在城市，影院多设在当地的大礼堂中，白天开会演讲，晚上放映电影。在更为广大的农村，人们观看是需要自备板凳的流动露天电影，放映员一个晚上要跑三四个村子。放映露天电影时，全村人都聚集起来。

图 6-1　1963 年湖北荆州观看露天电影的人们

资料来源：http://www.dili360.com/ch/article/p5350c3d9aa9cc42.htm[2016-02-23]

受政治因素影响，"文革"期间数以亿计的电影观众只能在荧幕上看到《地道战》《地雷战》《南征北战》三部故事片。② 由于娱乐生活的高度匮乏，每星期一次的免费观影成为全家老少急切期盼的活动。即使当时的电影表演刻板、剧情模式化，老百姓也不觉腻味，有的小孩子甚至会追随电影放映员，一晚上将同一部电影看上好几遍，电影台词倒背如流。电影成为物质极度匮乏时期人民唯一的精神补给。一位 40 年代出生的老人回忆说："当从广播中或是从

---

① 人民公社，又称农村人民公社，是我国社会主义社会结构的、工农商学兵相结合的基层单位，同时又是社会主义组织的基层单位。人民公社是大跃进的产物，从 1958 年夏季开始，短时间内，全国农村实现了公社化。公社中不论男女老少，不论干部和社员，一律同工同酬。

② 倪骏.中国电影史[M].北京：中国电影出版社，2004：142.

哪个街坊邻居口中听到今天要放电影,一家人都会怀揣起蠢蠢欲动的心情。吃过晚饭,夕阳西下,家家户户拿上小板凳,跟随着观影大队前往放电影的广场落座。灯光一暗,便会随着影片中的英雄人物心潮澎湃,仿佛自己也动手杀了几个鬼子!"[1]

"文革"结束带来思想的解禁,1976年,中共中央发布18号文件,要求文化部组成"电影复审小组",对建国后十七年间被打为"毒草"的600多部影片进行一一筛选,以决定是否公开放映。1978年11月,第一批共50部影片通过复审小组的审查和中宣部批准,到1979年年初,600多部影片几乎全部上映。[2] 文化娱乐生活被压抑许久的中国人仿佛呼吸到新鲜空气,纷纷涌入电影院。但这一时期城市影院很少,全国的放映单位增至115 900个,作为电影放映收入基本来源的营业电影院只有2 600多个。有的电影院一天要放映六七场,多的七八场。影院设备简陋,放映条件很差,有时外面下雨,里面也要挨淋,甚至还因为拥挤发生伤亡事故。[3] 但是,恶劣的观影条件并不能阻止老百姓前往电影院。1979年,中国电影曾经创造出293亿的观众人次纪录,为世界所震惊。[4] 一些人民公社为了满足社员们对观影的需求,自筹资金建立电影放映室。1981年12月,安徽省长丰县徐庙公社邵集大队青年社员邵贤芮、杨有珍自筹资金购买电影机,利用队里的闲房作放映室,把电影院办到社员家门口。可以看出,此时电影仍然在国人的娱乐生活中占据着无可替代的地位。

① 宽荧幕.七十年代我们看电影去[EB/OL].(2015-04-27)[2016-05-13].http://blog.sina.com.cn/s/blog_6f68fb180102vgxr.html.

② 张磊,胡正荣.宣传、商业与艺术的三驾马车——中国当代电影政策变迁研究(1986—2013)[J].现代传播(中国传媒大学学报),2015(4):65—68.

③ 沈芸.中国电影产业史[M].北京:中国电影出版社,2005:209.

④ 沈芸.中国电影产业史[M].北京:中国电影出版社,2005:215.

图 6-2　1981 年安徽人民公社社员正在买电影票

资料来源：http://www.ah.xinhuanet.com/xhsyxy/2009-09/21/content_17762095.htm[2016-02-12]

2.1980—1990 年：娱乐重回影院，香港电影繁荣一时

20 世纪 80 年代，随着中国的改革开放，民营企业、外资企业艰难地进入电影业，大众的电影娱乐逐渐丰富起来。1980 年，中共中央提出"文艺为人民服务，文艺为社会主义服务"的方针，这相对"文革"时期的"文艺为工农兵服务、文艺为政治服务"宽泛了许多。这一年的 7 月 12 日，电影《庐山恋》在庐山东谷电影院上映，一下子在成千上万的年轻男女心中掀起惊涛骇浪。这部电影是当时最热门的电影，影片中男女主角的一吻令青年男女们感到禁忌又倾羡。《庐山恋》似乎教会了一代人谈恋爱，年轻人争相模仿，之后的情书中不再只是谈工作，谈理想，最后互致"革命的敬礼"。[①]

此时电影院仍以国营为主，电影放映依靠国家财政拨款。1980 年，中央和地方财政留给或拨给电影发行放映企业的资金是 93 720 万元，这些资金为

---

① 武斌，韩春燕.中国流行文化三十年(1978—2008)(图文珍藏本)[M].北京：九州出版社，2009：71.

城市旧电影院的维修和农村集镇影院的建设提供了物质支持。[①] 当时电影票价便宜，一场电影只需要两角钱，人们常常在电影院门前排起长龙。

图 6-3　1985 年成都某电影院售票窗口

资料来源：http://bbs.qiku.com/thread-250787-1-1.html[2016-01-30]

中国电影产业竞争压力不大，营销意识淡薄，影院只需要在外墙或是附近的广告牌上贴上电影海报，便能够吸引到众多观众。

这一时期，香港电影发展进入黄金时期，香港也曾被誉为"东方好莱坞"[②]。香港武侠片、动作片等商业娱乐电影流向内地，一批走红国际的香港明星为中国内地观众所熟知。其中，李连杰主演的《少林寺》[③]香港和内地上

---

① 季洪.打破"大锅饭"，推进经营责任制，开创电影发行放映工作新局面——关于经济管理体制和核算问题的研究汇报[M].北京：中国文联出版社，1999：142.

② 倪骏.中国电影史[M].北京：中国电影出版社，2004：240.

③ 《少林寺》由中原电影制片公司制作，张鑫炎执导，薛后、卢兆璋编剧，李连杰、于海、丁岚等主演，于 1982 年公映。该片讲述隋唐年间，著名武术家神腿张抗暴助义，遭王仁则陷杀，其子小虎幸被少林武僧昙宗救出，小虎为报父仇，拜昙宗为师，取名觉远，习武少林的故事。

图 6-4　1985 年昆明某电影院外张贴的电影海报

资料来源：http://tieba.baidu.com/p/2702104415［2016-02-02］

映后，以 1 毛钱的票价创下 1.65 亿元的票房纪录，引发各地少年奔向少林寺拜师学艺的热潮，香港的功夫片也逐渐成为内地观众所追捧的对象。[①] 功夫片之所以大受欢迎，一方面是拍摄手法先进，喷火、炸药、吊钢丝、碎石等花样繁多的特技手法令观众应接不暇。看多了文艺片和黄梅调影片的观众们受到直观的视觉刺激。另一方面则是故事情节引人入胜，凝结在中华民族血脉中

---

① 梁晓雯.明年开拍 3D 少林寺［N/OL］.新快报，2012-08-09（09）［2016-15-13］.ht-tp://epaper.xkb.com.cn/view/804642.

239

的尚武精神被激发出来。当时吃、穿、用等各类产品的广告,都喜欢使用香港明星,因为《醉拳》系列、①《警察故事》②等影片大火的成龙更是成为代言王,分别于 1994 年代言小霸王学习机,1998 年代言爱多 VCD 和汾皇可乐,2000 年后代言开迪汽车、霸王洗发水、北方汽车专修学校、格力空调等。

3.1990—1993 年:影院与音像店的冰火两重天

90 年代,随着电视的普及、多种文化娱乐方式的兴起,再加上政策上给予电影的补贴减少,自负盈亏的影院跃进式地提高票价,前往影院观影的人数逐年减少,影院发展一度陷入冰河期。1993 年,国产影片的生产下降 50%,观众人数下降 60%,票房总收入下降 35%。③ 看电影依旧是娱乐生活的重要组成部分,只是观影方式发生变化。VCD 机、家庭影院于 90 年代进入国人生活,成为 90 年代末期家庭家用电器的重要组成部分。VCD 机于 1994 年由中国安徽万燕电子系统有限公司率先研制生产并在国内销售,第二年的销售量就接近 70 万台,中国迅速成为全球最大的 VCD 消费市场,VCD 也被当时的媒体称为"最受消费者欢迎的家电商品"。④

另外,便宜、便捷、种类繁多的影碟也吸引了大批国人。据《人民日报》载,1997 年,中国全年的光盘产量突破 1 亿张。⑤ 由于中国并未采取电影分级制度,影院放映的电影内容受到严格的审查,于是内容管制较松的 VCD、DVD影碟更能满足当时中国人对于多样化娱乐休闲观影的需要,尤其是大量未经许可的海外影碟通过走私渠道流入中国市场,使中国老百姓看到许多未被引

---

① 《醉拳》是 1978 年由袁和平执导,成龙主演的古装武侠电影。讲述少年黄飞鸿从只会招惹麻烦的混小子,历经挫折,苦练醉拳,击败了前来踢馆的挑衅者故事。

② 《警察故事》是嘉禾电影有限公司推出的动作片,由成龙执导,成龙、张曼玉、林青霞等主演。该片讲述警察陈家驹冒死抓捕大毒枭,由于证据不足,自己却被设计嫁祸杀死同事,于是走上了为自己洗脱不白之冤道路的故事。影片于 1985 年 12 月 14 日在中国香港上映。

③ 斯坦利·罗森,戚錳,钟静宁等.狼逼门前:1994—2000 的好莱坞和中国电影市场(上)[J].北京电影学院学报,2003(1):21—26.

④ 谢迎.中国 VCD 的喜与忧[J].中国商贸,1996(18):38.

⑤ 赵乾海.1998 年音像市场趋势[J].出版参考,1998(2):5—6.

进的好莱坞大片。据民间影评人卫西谛回忆，那时"除了上班，几乎所有时间都用来去淘碟、看片……那个14寸的电视机像一个小小避难所，屏蔽掉现实中的不快和孤单"①。这一时期，盗版影碟大行其道，据统计，2002年，盗版影碟占据91％的市场份额。② 一张正版碟需要花18～25元，盗版碟只要6～12元，再加上盗版碟不经过有关部门的审查删减，上档速度快，有时候画质质量和售后服务甚至优于正版，使得购买盗版碟成为主流③，大量贩售与租赁影碟的音像店也借此机会发展起来。

图6-5　20世纪90年代繁盛一时的音像店

资料来源：http://yd.sina.cn/article/detail-ichmifpx8629120.d.html［2016-02-03］

---

① 卫西谛.像我这一代观众［EB/OL］.（2012-11-10）［2016-08-11］.http//vcd.cinepedia/？p＝2015.

② 陈怡,杨康贤.非常罪,非常美——一份关于盗版的民间调查［J］.电影新作,2004（3）:51—55.

③ 韩炜.我国DVD影碟盗版现象分析及对策［J］.科学之友（学术版）,2005（1）:27—29.

伴随着VCD、DVD等设备的普及，"把家庭影院搬回家"的消费观念日益深入人心，真正的"影迷时代"到来。当时，配一套高档家庭影院需要一两万元，只有部分高收入人群才能消费得起，大部分普通家庭会选择3 500～4 000元的普通配置，电影或是音乐发烧友则会依据需求自行组装。据调查，2000年左右，中国大城市中新婚家庭欲购家庭影院的比例高达80％。[①] 家庭影院的普及，体现中国城市居民生活水平的提高，荷包充实后的国人正向着娱乐与休闲消费迈进。

图6-6　20世纪90年代影音发烧友自行组装的家庭影院

资料来源：http://www.av199.com/thread-170565-1-1.html［2016-02-11］

4.1994—2010年：国际化大片时代与互联网观影

为了吸引观众走进影院，电影发行方各出奇招，电影广告的形式多样化，例如成龙主演的贺岁片《我是谁》在上海公交车票上刊登广告。这一时期，除

---

① 罗文浩.走马观花家庭影院市场［J］.家庭电子，2000(7):5.

了香港电影外，好莱坞进口大片成为影院观影的新选择。

图 6-7   1998 年电影《我是谁》公交车票广告

资料来源：http://www.7788.com/pr/detail_603_25278829.html［2016-02-12］

1994 年，独家拥有电影进出口权的中影公司宣布每年将引进 10 部"基本上反映世界优秀文明成果、基本上反映当代电影艺术、技术成就"的外国影片，新华社发稿称"中国有 40 年的进口过时的、低档次的廉价电影传统，现在终于结束了"。进口大片以其成熟的拍摄手法、跌宕起伏的故事情节以及恢宏的视觉享受吸引中国老百姓重新进入电影院。1995 年前半年的总计票房超过往期的 50％，观影人数上升 70％。可以说，好莱坞大片支撑起中国 90 年代后期的电影产业[1]，1998 年上映的电影《泰坦尼克号》更是激发中国人的观影热情，一举拿下 3.59 亿的电影票房。

---

[1] 斯坦利·罗森，戚锰，钟静宁等.狼逼门前：1994—2000 的好莱坞和中国电影市场（上）[J].北京电影学院学报，2003(1)：21—26.

图 6-8　1998 年电影《泰坦尼克号》在中国影院公映

资料来源：http://news.xinhuanet.com/photo/2009-09/21/content_12088895_5.htm

[2016-02-12]

　　2001 年 12 月 11 日，中国加入世界贸易组织（WTO），中国电影市场不断与国际接轨，越来越多的海外大片被引进，推动了华语大片的制作。2002 年上映的电影《英雄》，拉开中国大片时代的帷幕。[①] 与此同时，外资开始进入中国影院市场，中影集团建立起中国第一批数字院线，中国电影放映进入数字化时代[②]，电影"院线制"[③]逐步建立起来。2004 年 1 月 8 日，国家广电总局发布《关于加快电影产业发展的若干意见》，"鼓励系统外境内单位参股、控股或独资组建院线"，以万达为代表的地产巨头开始投资院线建设，将购物中心与影

────────────────

　　① 《英雄》由张艺谋执导，李连杰、陈道明、梁朝伟等知名影星主演，是中国 21 世纪之后首部投资过亿、票房过亿的国产电影，不仅为国产商业化大片开辟了道路，也引领着中国电影营销迈入媒体中心期。

　　② 张过.中国影院发展十年大事记（2002—2012）[J].当代电影，2012(12)：24－28.

　　③ "院线制"即以若干影院为依托，以资本和供片为纽带，由一个发行主体和若干影院组合形成，实行统一品牌、统一排片、统一经营、统一管理的发行放映机制。2001 年 12 月 18 日出台的《关于改革电影发行放映机制的实施细则》明确"实行以院线为主的发行放映机制"。

院结合起来,建立起集休闲、购物、办公、商务、旅游、观光、居住为一体的中央娱乐区——CED,影院成为现代商业中心不可或缺的一部分。

由于影院租金以及各种先进设备成本压力,电影票价常年居高不下,将不少观众挡在影院门外。60～80 元的票价,对当时的普通中国家庭来说,比较高昂,去影院观影成为仪式性活动,只有在特殊节假日才会进行,且被看作品质生活的象征。根据 2008 年的一项调查数据显示,选择影院作为主要观影渠道的仅占 4.5%,经常通过网络观看电影的观众比例则高达 77.3%。[①] 目前,各大门户网站、论坛都设有与电影相关的频道或版块,提供电影观赏及相关服务的专题网站更是不胜枚举,为国人了解影讯、下载或在线观看电影提供极大便利。“网络影院”覆盖面广、片源丰富、成本低廉,为热爱电影的观众提供平等发表见解的机会,不少影迷在网络上撰写影评,使“口碑效应”影响大众对影片的选择和判断,电影“口碑营销”兴起。[②] 其中,豆瓣网的电影评分及排行榜成为许多人在选择观看电影时的重要参考。

5.2010 年至今:平价与体验并重的娱乐时尚

2010 年,与团购网站合作,北京的影院率先推出 9.9 元低价票,之后国内其他影院纷纷效仿,前往影院观影的观众逐步增多。同年,美国电影《阿凡达》上映,许多中国人第一次与世界人民一起带上 3D 眼镜,配合 IMAX 巨幕,享受了一场身临其境般的视觉盛宴。从此,电影 3D 纪元到来,国人的观影体验上升了一个层次。

---

① 中国电影博物馆学术年会.新中国电影与观众的变迁[M].北京:中国电影出版社,2010:153.

② 早在 2006 年,电影《疯狂的石头》便利用口碑营销。《疯狂的石头》依靠 300 万元人民币的成本收回了 2 200 万元的票房,被认为是小成本电影成功的鼻祖。在影片上映前,发行方选取了几百名观众,请他们免费观看《疯狂的石头》。通过观众的口口相传以及媒体对该事件的报道,获得很好的营销效果。这个时期的口碑营销仍然依托主流媒体的新闻报道,与目前依靠新媒体进行的口碑营销有所不同。

图 6-9　2009 年正在使用 3D 眼镜观看电影《阿凡达》的观众

资料来源：http://edu.1905.com/archives/view/567/［2016-02-15］

　　2010 年被称为微博元年[①]，社交媒体开始崛起。相对于报刊、广播、电视等主流媒体，社交媒体以其覆盖面广、参与性强等优势，为电影的商业宣传和话题讨论提供最具影响力的传播平台，其中最具代表性的新浪微博（以下简称"微博"）成为电影营销宣传的重要阵地。如今绝大多数国产电影在上映前都会注册官方微博，通过购买"水军"在短时期积累粉丝、制造热度。电影《失恋33 天》是早期利用社交媒体营销成功的案例之一。[②] 社交媒体营销让许多小成本电影进入观众的视野，拥有"大制作、大导演、大明星、大宣传"的"大片"套路不再是吸引观众走进影院的不二法门。

　　如今，人们将观影与购物、美食等其他休闲活动结合起来，看电影不再仅仅追求由先进技术打造的"视听盛宴"，也注重影院提供的服务体验。许多影院设立专为会员定制的 VIP 豪华影厅，除了配置国际最先进的放映和音响设

[①]　张妍，宋迪.微博元年：我们在路上［J］.中国传媒科技，2010(9)：58—61.

[②]　《失恋33 天》改编自鲍鲸鲸的同名人气网络小说，由滕华涛导演，文章、白百合主演。故事讲述了女主角黄小仙从遭遇失恋到走出心理阴霾的 33 天。

备外,沙发座椅能够通过电动调节让观众体验不同姿态观影,还配套设有休息厅,观众可以在此聊天,听音乐,享受免费的食品饮料。对于非会员观众,除了将影院的整体环境进行智能化、舒适化改进外,中国院线还将美国看电影时吃爆米花、喝可乐的习惯全盘引进。爆米花成为影院最畅销的卖品,万达院线2013年仅爆米花收入就高达 3.9 亿元[①]。爆米花不仅是一种食品,更是一种休闲符码,象征着观影状态愈发放松。

图 6-10　2012 年上海五角场万达影院正在购买饮料和爆米花的观众

资料来源:http://views.ce.cn/view/ent/201403/31/t20140331＿2575477.shtml [2016-02-11]

电影种类、数量都在不断增加,人们的选择增多,电影广告走入整合营销时代,逐步品牌化。一方面是品牌在电影中植入广告,另一方面是品牌借电影来宣传产品。2014年《爸爸去哪儿》大电影与汉兰达汽车合作,融合二者"旅途中"的统一观念,将亲情、旅行作为品牌形象的关键词。

---

① 陈占伟.卖爆米花赚 4 亿电影院到底怎么赚钱的?[EB/OL].(2015-09-19)[2016-05-13].http://digi.163.com/15/0919/06/B3RSR5PL00162DSR.html.

图 6-11　2014 年汉兰达汽车与电影《爸爸去哪儿》合作平面广告

资料来源：http://newcar.xcar.com.cn/haikou/201401/news_1484962_1.html

[2016-02-05]

2015 年，中国电影票房达到 440.69 亿元，比 2014 年增长 48.7%，中国成为世界第二大电影消费市场。电影消费占据中国城市居民休闲娱乐消费的半壁江山。[①] IMAX、3D 技术的发展，视觉享受有了质的飞跃，在线票务的发展给予购票以极大便利，再加上票价的降低以及人们消费水平的提高，"看电影"可以"说走就走"，前往影院的仪式感渐隐，电影内容的天平也在市场的选择中倒向娱乐的一边。如今的中国电影市场，好片烂片林立，题材繁多。中国观众手握选择权，以娱乐之心观影，寻求各个层面的精神满足。

80 后、90 后是影院观影的主力军[②]，除了一部分追求视听极致的电影发

---

① 关子辰,刘晓雪.文娱:电影消费占据半壁江山[N].北京商报,2015-02-12(A04).

② 猫眼数据.大数据时代的电影消费洞察[R/OL].(2015-07-13)[2016-05-13].ht-tp://www.199it.com/archives/364615.html.

烧友外，许多年轻人将影院视作联谊与聚会的场所，通过选择不同类型的电影来展示个性、标榜自我，获得身份认同。对于广大城市家庭来说，节假日前往电影院是节日娱乐新选择，看电影成为充满时尚气息的文化生活方式。春节期间经常出现电影院场场爆满的情况。

图 6-12 2014 年春节期间抚顺某电影院人满为患

资料来源：http://www.fs024.com/News/NewsShow-16996-1.html[2016-02-09]

影院是休闲娱乐场所，更是社会文化的集结体，影院的影片、设备以及观影的人群都在诉说着中国消费文化的动向。"看电影"这一消费活动从集体化走向个性化，从仪式化走向休闲化，折射出中国社会的开放多元，映照着人民生活风貌的日新月异。

二、电视：小屏幕中的大世界

电视是 20 世纪科学技术最伟大的发明之一，是国人最早了解外部世界的窗口。它一方面反映社会生活的方方面面，一方面也营造出令人不知不觉沉溺其中的媒介社会，影响着人们的生活方式、价值判断以及消费观念。在中国，电视的传播力、权威性、影响力是其他媒介所无法比拟的，电视广告也曾一度创造出数个销售奇迹。中国电视的发展史蕴含着丰富的历史信息，与经济、政治、文化的变迁紧密相连。伴随着电视节目种类、数量的丰富与趣味、创新的增强，看电视逐步成为中国人重要的娱乐休闲方式，甚至一度取代电影的地位。

1.1958—1976 年：高端而稀缺的"专政工具"

1958 年 5 月 1 日，中国第一个电视台北京电视台(中央电视台前身)实验播出，经过四个月的实践，于当年 9 月 2 日转为正式播出，新中国电视事业由此诞生。6 月 15 日，中国电视剧的开山之作《一口菜饼子》[①]开播。由于经济、技术条件限制，这部电视剧场景简单，整个剧时常只有 20 分钟，且采用直播方式，"某种程度上说，更接近于舞台剧"[②]。

继北京电视台之后，在"大跃进"的热潮中，各地方电视台纷纷建立，但受客观条件的影响，电视的受众并不广。一方面，由于技术条件简陋，电视发射机功率小，覆盖范围极其有限；另一方面，当时的电视接收机数量不多。北京电视台开播时，北京市的电视接收机只有 30 多架，这些电视机大多集中在高级干部家中或机关单位之中，看电视对大多数人来说是不可企及的奢望。"文革"时期，所有文艺节目几乎停播，荧屏上只能看到几出样板戏和枯燥乏味的对口词、二人转、锣鼓调、忠字舞。电视以"政治斗争"为指导，一度成为镇压人民群众的"全面专政工具"。

但国家依旧十分重视电视技术的发展以及电视台的建设。70 年代，中国外交战略进行整体调整，门户逐渐开放。1972 年尼克松访华，美国三大广播公司派记者随同采访，也为中国带来国外彩色电视技术与设备。1973 年 4 月 14 日，北京电视台彩色电视第一次试播，1975 年传送全部改为彩色信号，次年北京电视台的彩色节目已可以传送到 25 个省、自治区和直辖市。[③] 根据 1976 年商业部和中央广播事业局的调查统计，截至 1975 年，全国电视机数为 46.7

---

① 《一口菜饼子》于 1958 年 6 月 15 日在北京电视台上映，是我国第一部电视剧。由胡旭、梅村执导，孙佩云、佘琳等人主演。

② 刘习良.中国电视史[M].北京：中国广播电视出版社，2007：29.

③ 左漠野.当代中国的广播电视(下)[M].北京：中国社会科学出版社，1987：14.

万台,按当时全国 8 亿人口粗略推算,平均 1 600 人拥有一台电视机。因此,当时电视在中国还不是真正意义上的大众传播媒介,只是国家政府用来进行知识教育、政治宣传的工具,并无经济属性、产业功能,看电视也并未与老百姓的娱乐生活联系在一起。

2.1977—1991 年:电视功能转向娱乐与社会服务,电视广告呼声渐强

"文革"结束后,经过思想上的"拨乱反正",中国开始全面推进改革开放和现代化建设事业。社会发生翻天覆地的变化,中国电视的发展遇见有利的契机,电视功能的转型有了条件。

首先,电视节目种类与数量增多,毛泽东倡导的"百花齐放"的局面逐渐形成。在黑白方寸之地,老百姓们既能看到生动感人的诗歌朗诵会、纪念音乐会,也能看到曾经被禁播的电影,还能看到激动人心的赛事转播[①]。另外,外国电视剧开始大量引进,全新的生活方式及思想扑面而来,令中国老百姓倍感新鲜,消费与时尚的选择也向这些电视剧靠拢。如第二章《衣之嬗变》所述,1978 年在中央电视台播放的日本电影《望乡》和《追捕》带来潮流的喇叭裤,美国电视剧《大西洋底来的人》[②]则使蛤蟆镜成为万千中国青年追逐的对象。电视剧逐步成为中国老百姓社会文化生活的重要组成部分,科教类、体育类、旅游类专题节目的恢复或创办,开阔了老百姓的视野,也发挥了电视的教育、娱乐功能。

其次,电视保有量大幅提高,电视机从高不可攀的枝头飞入寻常百姓家。1979 年,中国内地共有电视接收机 485 万台,而到了 1983 年,这一数字猛增

---

①　1981 年 10 月 18 日,中央电视台通过卫星转播中国国家足球队与科威特队的比赛实况,中国队以 3∶0 战胜科威特得亚洲锦标赛冠军。比赛结束后,首都一些群众自动组成长达一里多的自行车队,直奔天安门广场,喊出"祖国万岁"的口号。电视声画结合的直观传播,逐步在体育赛事的传播上发挥重要作用。

②　《大西洋底来的人》原名《海底旅行记》,由美国 NBC 电视台于 1964 年拍摄,1980 年引进中国。该剧讲述奇异生物麦克·哈里斯被海洋学家伊丽莎白·玛丽博士所救,之后接受了一连串的试验,在与科学家的合作中渐渐地了解到人类世界,帮助科学家们进行一系列神秘的探索。

到 3 611 万。[①] 这一时期的电视机大多是黑白样式，集中在城市。为了与街坊邻里沟通感情，谁家买了电视，就会招呼四邻前来观看。当时电视作为稀罕物，不管放什么节目，都能引来众人围观，常常出现几十甚至上百人围看电视的壮观景象。

图 6-13　20 世纪 70 年代，众人围看电视

资料来源：http://news.hainan.net/photo/wentiyule/xiaotu/2016/02/06/2838075_1.shtml［2016-02-21］

最后，电视的商业属性被挖掘，电视成为接纳商业广告的先行者。1979年 1 月 28 日，上海电视台播出我国第一条电视广告——参桂养荣酒。1979年 3 月 15 日，上海电视台首播第一条外商电视广告——瑞士雷达表。1979年 11 月，中宣部发布《关于报刊、广播、电视台刊播外国商品广告的通知》，认可同意大众传媒发布商业广告的行为。12 月，中央电视台在财务上改全额预

---

① 任远.中国电视 50 年风风雨雨［EB/OL］.（2009-09-10）［2016-05-13］.http://media.people.com.cn/GB/10031824.html.

算为差额补贴，开始接受商业赞助。随着人们对电视产业功能认识的逐步加深，电视产业不断得到发展。广告作为一种文化力量，在推动中国电视业的大众化、流行化转型中扮演重要角色。

1983 年 3 月 31 日—4 月 10 日，广播电视部在北京召开第十一次全国广播电视工作会议，这标志着我国电视事业正式进入转型期。电视除了发挥传播信息、引导舆论的作用外，愈发成为提供娱乐和服务社会的工具。

第十一次全国广播电视工作会议提出将电视作为宣传工作的重点，电视新闻的权威性逐步提高，《新闻联播》成为最稳定的高收视率节目。[1]《新闻联播》于 1978 年 1 月 1 日正式定名播出。但在当时由于电视机的保有量还较小，电视作为舆论宣传阵地不能与电台媲美，电视台的新闻基本处于点缀状态，与热火朝天的文艺节目相比，并不那么受关注。由于政策支持以及电视机保有量提高，到 1986 年，《新闻联播》的收视率达到 35％左右，1988 年则高达 50％以上。90 年代初，面对东欧剧变、苏联解体等一系列国际重大事件，中央电视台迅速做出反应，报道了相关发展与结果，使其成为人们心中第一新闻媒体。《新闻联播》播出至今，已成为老百姓了解国内外大事的重要平台，一些中小学将每晚观看《新闻联播》当作"必修课"，从小培养参政意识以及对社会的洞悉。

1983 年，第一届央视《春节联欢晚会》播出，这是首次采用直播与电话连线形式的春节晚会，获得空前的成功。1987 年，《春节联欢晚会》的收视率由前一年的 48％猛增至 80％，为亿万观众带去节日的喜庆与欢乐。据侯坤回忆："吃饺子、放鞭炮、穿新衣、看春晚，这是儿时过春节，孩子们心里最重要的四件事。每年除夕我和家人一起准时守在黑白电视机旁，认认真真地看春晚……就连帮母亲包饺子的兴致似乎都没有了。"[2]无数风靡一时的流行歌曲在春晚上诞生，例如《冬天里的一把火》《常回家看看》等，"司马缸砸光""这一张旧船票能否登上你的客船"等春晚小品中的台词也成为经典流行语，其对社会

---

①　刘习良.中国电视史［M］.北京：中国广播电视出版社，2007：172—190.

②　侯坤.春晚情结［EB/OL］.（2015-02-12）［2016-05-13］.http://www.dahuawang.com/stwb/html/2015-02/12/content_600795.htm.

文化的影响力可见一斑。如今春晚依旧每年如期举办，依然广受关注与期待。看春晚不仅是一场视觉娱乐享受，更成为过年的一种新年俗，一种仪式性活动。[1] 少了春晚，仿佛少了一点年味，少了一份团圆感。

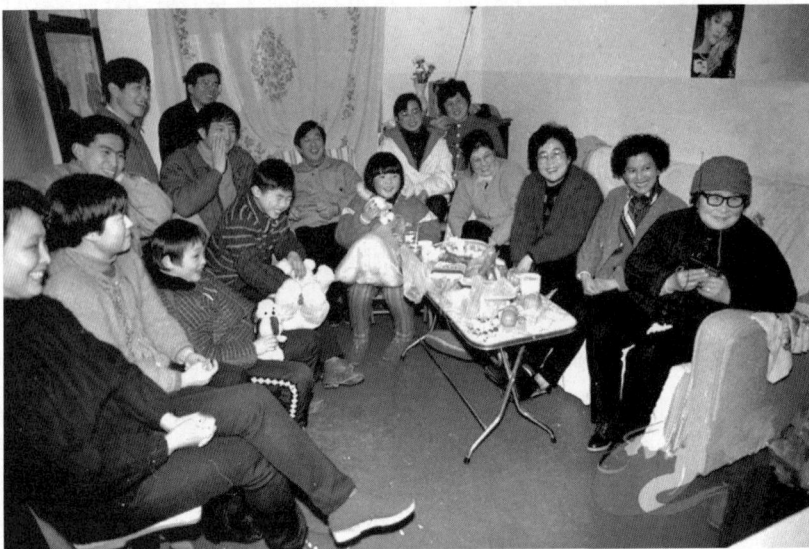

图 6-14 20 世纪 80 年代全家人一起看春晚

资料来源：http://mynews. longhoo. net/forum. php? mod ＝ viewthread&.tid ＝ 136390&.mobile＝1[2016-02-23]

80 年代中期以后，由于技术的进步以及借鉴与摸索出的经验，中国电视剧迎来第一个创作高潮，1985 年生产电视剧 1 997 部(集)，此后每年电视剧生产均以几百、上千部(集)的数量递增，1991 年达到了 5 000 部(集)。[2] 看电视剧成为老百姓生活中不可或缺的娱乐活动。由于电视在家庭中的重要位置，家庭成为电视剧的主要受众，家庭内容受到空前重视。1990 年，50 集大型室

① 赵红勋，赖黎捷.论电视媒介的仪式传播功能——以央视"春晚"为例[J].东南传播，2011(5):74－76.

② 刘习良.中国电视史[M].北京:中国广播电视出版社,2007:235.

内剧《渴望》①开播，一时万人空巷，造成"举国皆哀刘慧芳，举国皆骂王沪生，万众皆叹宋大成"的独特风景。《渴望》被称为中国电视剧发展的里程碑，从此中国电视剧迈进大众化、通俗化的新阶段。

另外，电视的服务意识增强，《为您服务》《生活之友》《电视桥》等栏目的创办，不仅提供生活便利窍门，丰富国人的娱乐生活，也使电视节目成为街头巷尾热议的话题，进一步提高电视在老百姓心中的地位。1980 年 7 月 7 日，中央电视台第一套节目首次在《新闻联播》中播送天气预报，很多人养成出门前留意天气预报的习惯，《新闻联播》结束后与天气预报开始前的时段被广告商们视作广告的黄金时期。

1983—1991 年是我国电视业的转型期，为满足观众日益增长的文化需求，电视屏幕变得丰富多彩，经济类节目、电视纪录片、教育类节目、文艺类节目、电视剧以及服务类节目都有长足的进步。截至 1991 年，全国开播的电视台达到 543 家，共有频道 554 套，全国电视人口覆盖率达到 80.7％，全国有电视机 2 亿台，中国电视成为"强势媒体"，电视广告也成为最强势的广告形式。1991 年，我国电视广告营业额超过 10 亿人民币大关，占据全国全年广告营业额的 28.5％，雄踞四大媒体榜首。②

电视以丰富的节目形式吸引观众，足不出户便可观看，较电影便捷。随着电视机的更新换代，看电视慢慢代替电影在消费者娱乐生活中的地位。在人们的闲暇时间里，看电视成为占时间最多的活动。③

3.1992—2005 年：强势的媒体，生活娱乐的必需品

90 年代，在世界多极化、经济全球化、文化多元化的影响下，中国电视业迅猛发展，电视成为国人获取信息最主要渠道。新闻报道、电视纪录片、体育

---

① 《渴望》1990 年 12 月在中央电视台播出，由鲁晓威、赵宝刚执导，张凯丽、李雪健、黄梅莹等人主演。该剧讲述年轻漂亮的女工刘慧芳面对两个追求者宋大成和王沪生之间迟疑不决的爱情故事。

② 陈培爱.改革开放 30 年我国电视商业广告回顾[J].中国广播电视学刊,2009(1):53—54.

③ 罗明.中国电视观众现状报告[M].北京:社会科学文献出版社,1998:4.

赛事直播、谈话类节目、社教节目都成为中国老百姓了解世界的窗口,电视剧、综艺节目则提供了丰富的娱乐生活,"电视已经成为中国城市家庭的必需品,不再具有层级标志的象征意义"①。在城市家庭中,电视机被摆在了客厅最显眼的位置。

由于经济改革的全面推行,社会竞争日益激烈和严酷,倍感压力的人们渴望在忙碌的生活中寻求放松与休闲。电视剧的戏剧化编排与超时空演绎,为老百姓提供亦真亦幻的视觉影像体验,"追剧"成为全家老少共同的娱乐活动。电视剧仿佛是生活戏剧化的投影,折射社会的种种变迁。由于自我意识的崛起,人们更希望看到贴近生活,关注普通人的电视剧。《编辑部的故事》②《我爱我家》③等反映当时老百姓生活图景的电视剧广受欢迎。美国情景剧《成长的烦恼》④的引进不仅为国人带来欢笑,其对美国家庭生活的描绘也冲击国人固有的家庭、教育观念,将美国"物质至上"的消费观念以及"消费水平反应社会地位"的价值认识潜移默化植入中国老百姓的心中。另外,如前文所述,韩剧与日剧也在中国热播,人们纷纷模仿剧中的穿着打扮,对日韩品牌大为青睐。电视剧深深影响国人的生活,电视剧歌曲、台词也为大众所津津乐道,利用电视剧明星做广告取得巨大成功。1994年,《北京人在纽约》⑤热映,引发千万海外游子对祖国的怀恋。孔府家酒把握这一机会,启用《北京人在纽约》的主演王姬拍摄了一则电视广告。

---

① 李培林.另一只看不见的手:社会结构转型[J].中国社会科学,1992(5):3—17.

② 《编辑部的故事》是1991年上映的电视连续剧,由赵宝刚、金炎执导,葛优等主演。该剧描述一个叫《人间指南》的杂志编辑部里,六个性格各异却都善解人意、乐于助人的编辑之间形形色色的人生故事。

③ 《我爱我家》是中国国际文化艺术中心出品的家庭情景喜剧,由英达执导,梁左编剧,宋丹丹、文兴宇、杨立新等主演。该剧讲述90年代北京一个六口之家以及他们的邻里、亲朋各色人等构成的社会横断面,展示了一幅改革大潮中的生活画卷。

④ 《成长的烦恼》是一部由美国ABC公司拍摄,艾伦·锡克、乔安娜·科恩斯、柯克·卡梅隆等主演的大型情景喜剧片,共7季166集,由上海电视台引进,主要讲述一个普通美国家庭的日常生活。

⑤ 《北京人在纽约》于1994年1月1日上映,是由郑晓龙、冯小刚执导,姜文和王姬主演的第一部境外拍摄剧。讲述一批北京人在纽约奋斗与挣扎的生存故事。

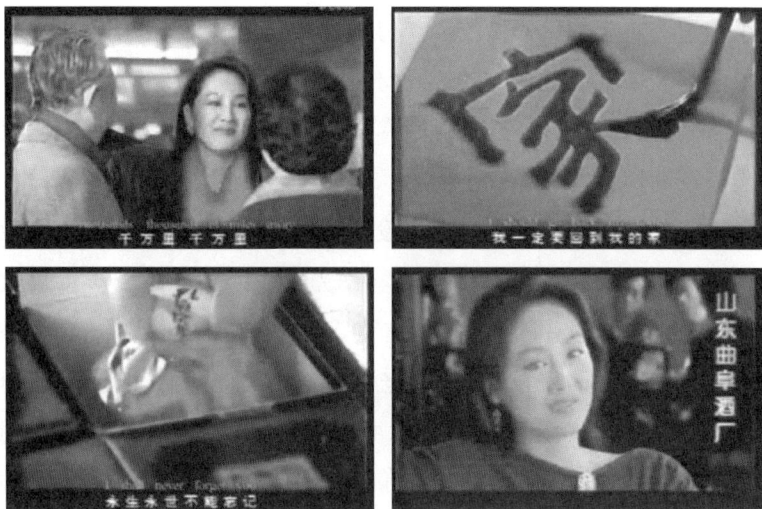

图 6-15 1994 年孔府家酒电视广告《回家篇》

资料来源：http://v.youku.com/v_show/id_XNjElMzkxOTY＝.html？from＝s1.8-1-1.2［2016-02-24］

孔府家酒将"家"作为品牌核心理念，从小家延伸为国家，广告词"孔府家酒，叫人想家"，将"家文化"与"酒文化"结合在一起。另外，电视广告片还配上观众耳熟能详的电视主题曲《千万次地问》，流行的旋律给人留下深刻印象。这则广告于 1994 年元旦在中央电视台一经播出便使孔府家酒广为人知，鲁酒一时风光无限，年销售额曾达到 9.5 亿元巅峰，有些经销商甚至为了提货排队等上七天。①

由于央视平台大、受众面广、权威性高，深受老百姓信任，各大民营企业挤破头想要在央视投放广告。1994 年 11 月 8 日，中央电视台举办第一届广告黄金段位 20 块 5 秒标板招标活动，"孔府宴酒"以超底价一倍的 3 009 万元夺得 1995 年的标王，"喝孔府宴酒，做天下文章"的广告语传遍大江南北。次年，

① 甜甜.中国经典广告逐个数：孔府家酒，叫人想家［EB/OL］.（2010-02-18）［2016-05-13］.http://www.yxad.com/Article/HTML/90095.shtml.

孔府宴酒实现销售收入9.18亿元。[①] 此后,山东秦池酒厂、爱多、步步高都夺得过标王。这些企业虽然依靠广告获得短期的销售神话,但这种投机取巧的做法并不适合长期企业规划。随着时间的推进,由于经营、管理不善等各方面原因,一个个"标王"神话破灭,老百姓逐步对广告的可靠性产生怀疑,"标王"成为充满争议的词汇。

2000年后,随着市场经济的逐渐发展,城镇居民家庭人均可支配收入提高,居民的消费水平有了明显的提高。2003年,我国电视观众总户数达到3.06亿户,电视观众总人口达到10.7亿人,平均电视机普及率达到85.88%,电视成为准入度最低的娱乐平台。[②] 老百姓们不再是有什么看什么,而选择制作精良、新鲜有趣的娱乐类节目。电视媒介由政府拨款向自负盈亏转换,逐步实现事业单位企业化管理,电视节目"制播分离"[③]成为必然趋势。加上媒体间的竞争加剧,电视节目的市场化经营以及电视产业与国际接轨,中国的电视节目为了迎合受众,出现娱乐化倾向。

综艺节目作为一种新兴的娱乐节目形式星火燎原,被国人接受并喜爱。1998年金鹰奖评选中,湖南卫视娱乐游戏节目《快乐大本营》第37期获得综艺类大奖,将电视节目的"娱乐性"提高到前所未有的高度。这类游戏娱乐节目满足了年轻受众休闲、获取时尚信息的需要以及窥探明星的生活状态的欲望,使人的"娱乐本性"回归。2004年,湖南卫视开始举办《超级女声》[④],引发选秀热潮,捧红了中国第一批平民偶像。数百万人参与短信投票,自发制作了一批偶像相关产品,粉丝经济兴起,带动文创产业的发展。粉丝利用自己制作

---

① 黄艳秋.中国当代商业广告史[M].郑州:河南大学出版社,2006:92.

② 佚名.央视市场研究隆重推出《全国卫星频道覆盖普查2003》[J].声屏世界·广告人,2003(10):78.

③ 制播分离即电视节目的制作和播出分离,电视剧和娱乐节目交由专门的制作公司制作或者联合制作。1999年,"制播分离"的概念正式被提出。

④ 《超级女声》是中国电视真人秀中早期成功的案例之一,当时多被称为"选秀","真人秀"的概念直到2010年《非诚勿扰》和《中国达人秀》两档节目播出才被国人接受。真人秀一般指以电视传媒为介质,通过举办某一类别的比赛活动,以从多名参赛者中选取最终获胜者为目的,同时有着丰富的奖品,可以获得广泛经济效益的电视节目。

的海报、团扇、标牌来为偶像加油助威,有的粉丝团甚至拥有统一的团服。

图 6-16　2005 年超级女声粉丝助威

资料来源:http://www.mgtv.com/news/performance/2005722220820.htm[2016-01-29]

与此同时,中国电视广告进入成熟期。2002—2007 年,电视广告营业额在广告总额中所占的比例一直稳定在 25% 左右。[①] 2005 年,国际日用品巨头宝洁公司以 3.8 亿元摘得标王称号,他们选择央视完全出于市场研读和判断,而不是对于央视广告效果的盲目信任。此后,宝洁连续三年蝉联央视标王,以其自身的经营发展为"标王"正名。

电视不仅仅是为大众提供信息、娱乐的工具,而与中国经济发展、社会转型、消费变迁共同成长,反映社会生活的方方面面,也影响国人的审美情趣、生活方式以及消费观念。改革开放以来,中国电视节目由单调到丰富、制作条件

---

① 陈培爱.改革开放 30 年我国电视商业广告回顾[J].中国广播电视学刊,2009(1):53—54.

由简陋到精良、节目功能由政治性宣传品逐步转变为商业性产品①，在中国家庭娱乐消费中扮演着越来越重要的角色。

4.2006 年至今：互联网时代的多屏互动

随着电脑、互联网的发展，看电视的群体逐步老年化，电视收视率节节下降②。单纯观看、被动接受信息已不能满足年轻人对于娱乐互动的需求。许多电视节目能够在网络上看到，而且可以随时随地快进与回放，还能与天涯海角的网友交流，视频网站逐渐成为年轻人观看电影、电视的主要平台。

2006 年被认为是中国网络视频发展的元年。在风险投资介入下，一大批以 YouTube③ 为蓝本的视频分享网站粉墨登场。④ 用户除了在视频网站上看视频外，还通过拍摄或剪辑亲手制作视频上传。2006 年，影视爱好者胡戈制作的视频短片《一个馒头引发的血案》在网上广为传播。通过将电影《无极》与中央电视台社会与法频道栏目《中国法治报道》的内容进行重新剪辑，配以幽默、滑稽的对白，"馒头"在网络上掀起"恶搞"⑤文化的旋风。起初，这种狂欢式的网络文化并不被社会主流文化所接受，引发社会舆论的极大争议。有人认为它侵犯著作权且低俗无聊⑥，有人认为它是大众娱乐的一部分，是青年亚

---

① 胡智锋.从"宣传品"、"作品"到"产品"——中国电视 50 年节目创新的三个发展阶段[C].中国影视文化主体性追求与现代性建构：中国高等院校影视学会中国影视高层论坛，2008：1－6.

② 张海潮，白芳芹，潘超：剧领天下——中外电视剧产业发展报告 2012—2013[M].北京：中国民主法治出版社，2013：5－6.

③ YouTube 于 2005 年在美国注册，目前是全球最大的视频网站。截至 2015 年 7 月，YouTube 已拥有超过 10 亿用户.

④ 黄俊杰.视频瓦解电视[J].新周刊，2013(6)：26－28.

⑤ 恶搞是通过戏仿、拼贴、夸张等手法对经典、权威等人或事物进行解构、重组、颠覆，以达到搞笑、滑稽等目的的文化现象.

⑥ 郭翔鹤，张源.胡戈：10 天拼贴"馒头血案"只为博一笑[EB/OL].(2006-01-19)[2016-05-13].http://news.163.com/06/0119/11/27QVSS9100011265.html.

文化①对主流社会的反叛。② 但更多的网友则对"馒头"评价极高,其下载量甚至超过原作品《无极》。人们争相模仿它的创作手法,一批制作恶搞视频的"网红"诞生。随着思想的进一步解放以及青年群体网络力量的壮大,恶搞渐渐被主流社会接受,成为网络广告表现形式。

如今,网络上海量的资源使得老百姓的选择愈发多样,大量未被引进的海外电视剧、综艺节目通过网络渠道流入中国,众人齐看同一电视节目成为过去,"美剧迷""韩剧迷""日剧迷""英剧迷"等小众群体越来越大众化。2013年,北京地区的开机率只有 40%,但电视上的综艺节目《爸爸去哪儿》《我是歌手》,电视剧《甄嬛传》《小爸爸》在网络平台上大火。2013 年韩剧《来自星星的你》在中国网络上热播,点击率超过 20 亿,改变老百姓对韩剧"唯美、冗长、狗血"的刻板印象,电视剧中的重要元素"炸鸡与啤酒"成为流行于年轻人中的时尚饮食消费。③

依据喜好选择内容,全家人一人一屏幕是家庭娱乐现状。手机、平板电脑等便携式设备的发展,使得用户可以利用碎片化时间、不受时间地点限制而随时随地观看视频。2010 年后,铺天盖地的千元智能机开始取代 PC 成为注意力中心,屏幕的转换改变人们看视频的习惯。2011 年年底,移动端视频消费开始发力,2013 年呈现井喷式的发展并于年中一举超越 PC 端,中国视频行业迈入移动端"小屏时代"。④ 不论是在公交、地铁上,还是在宿舍、办公室,到处都是低头看手机的人,"低头族"遍布大街小巷。乘坐地铁回家的白领,利用等地铁的几分钟也要争分夺秒拿出手机来看一集视频。

除了电视内容网上播放外,只在网络平台上播放的网络自制剧兴起,《盗墓笔记》《太子妃升职记》《万万没想到》等网络剧均获得上亿次的点击量。令

①　"亚文化"是通过风格化方式挑战正统或主流文化以便建立集体认同的附属性文化形态。

②　余建清.网络恶搞:狂欢与抵抗——基于《一个馒头引发的血案》的分析[A].中国传媒大学:中国传媒大学第一届全国新闻学与传播学博士生学术研讨会文集,2007:6.

③　李祝义."炸鸡和啤酒"的品牌力[J].中国品牌,2014(3):3.

④　邝新华.多屏战略与小屏时代[J].新周刊,2014(7):68—72.

图 6-17　2013 年第 6 期《新周刊》刊登北京地铁站的都市白领正在观看手机视频

人捧腹的情节、年轻化的形象语言、禁忌较少的内容，不仅使年轻人为之着迷，也吸引一批中老年观众。如今，随着国家打击盗版力度增加，视频网站纷纷推出付费观看业务，年轻化、学历较高的人群愿意付费观看视频，尤其是海外剧和国产剧，2015 年付费用户规模达到 2 884.1 万。[①]

　　为了适应受众向着网络平台的迁移，视频前的贴片广告、视频中的插播广告及视频内容中的植入广告等广告形式火热，反映出内容网站及广告主们面对消费者娱乐方式变迁而迅速作出反应。2013 年的网络搞笑剧《万万没想到》率先使用视频前的赞助广告，充满奇思妙想的趣味广告语为广大年轻观众所喜爱。

---

　　① 艾瑞咨询：2015 年中国在线视频用户付费市场研究报告［R/OL］.（2016-02-02）［2016-02-05］.http://www.199it.com/archives/437531.html.

图 6-18　2013 年网剧《万万没想到》中的片头赞助广告

资料来源：http://v.youku.com/v_show/id_XNTkyMTM0MzY4.html？from＝s1.8-1-1.1[2016-02-27]

小　结

曾经简陋拥挤的露天电影、霸据舞台的"八部样板戏"、黑白的方寸电视屏幕早已伴随着时代的飓风成为回忆。中国人的影像娱乐世界在改革开放后紧跟经济发展、政策开放、技术进步的脚步不断丰富完善，电影、电视更是成为老百姓娱乐生活中不可分割的一部分。

电影、电视为国人了解世界、走向世界打开了第一扇窗，在普及消费观念、引导消费变迁上功不可没。电视作为大众传播的重要一环，具有极高的商业价值，虽然近几年受到新媒体的巨大冲击，依然是目前最具传播力、权威性和影响力的广告媒介。回望历史，数不尽的经典电视广告创造了一个个销售奇迹，也缔造了中国一个个品牌传奇。

互联网的发展使观众由被动的接收者变为主动的内容生产者，大众文化在市场选择与批量生产中走向娱乐化，宣扬个性的小众亚文化也在网络世界中寻得一席之地。如今的电影、电视内容顺应其变，娱乐综艺逐步占据主流。智能手机等移动终端设备后来者居上，电影、电视内容实现跨媒介流动，多屏互动时代到来。广告行业把握时代脉络，电影广告整合营销、综艺节目冠名费水涨船高、网络视频广告兴起，都是广告适应影像娱乐消费变迁，迎合消费者需求的表现。

第二节　舞乐的盛宴

《乐记·乐象》曰："德者，性之端也；乐者，德之华也。"中国传统文化中，"礼""乐"为治理世间的两大法宝，音乐与舞蹈都与神圣、品德联系在一起，是博大精深、源远流长的艺术文化，也是中国人自古就热爱的休闲娱乐方式。改革开放与互联网的发展，赋予舞蹈、音乐以新生。随着经济发展与技术进步，原本是社会上层才能享有的高档、新潮的生活方式，成为全民娱乐项目。广告中流行音乐、舞蹈、明星元素的使用，都是中国社会思潮开放、消费充满活力的展现。

一、舞厅和舞蹈：不拘一格的风尚

舞蹈是人类最古老的艺术之一，有传递情感、展示个性、社会交往的作用。在中国，舞蹈作为娱乐方式由来已久，但真正成为消费还要追溯到民国时期舞厅的建立。

1924年左右，交际舞传入上海，大小舞厅建立，跳交际舞成为"小资""洋派"的象征。抗战时期，延安也曾兴起过一段交际舞热。[①]"文革"时，交际舞被打为走资派，范式僵硬、用于歌功颂德的"忠字舞"成为全国的统一舞蹈。

---

① 朱鸿召.延安交际舞[J].上海档案，2001(1)：63—68.

1967年毛主席最新最高指示发表，列车暂停，全体旅客在站台上跳起忠字舞以示庆祝。

图6-19　1967年某列车站乘客们跳起忠字舞

资料来源：http://www.takefoto.cn/viewnews-53780.html［2016-02-23］

　　1979年，元旦在上海"大世界"举行的"中外大学生联欢会"是改革开放后最早的一次舞会。这次联欢会原本并未安排跳舞，但复旦大学的学生自发组织在二楼平台上跳舞。事后曾受到有关部门的追查，但最后不了了之。① 此后，各个大学以及部分机关单位纷纷开始举办舞会。当时跳交谊舞是大学生间最为流行的休闲活动，学生们将跳交谊舞视为新潮时髦与思想解放，食堂、会议室、家里都成为他们开舞会的场所。

　　1979年的除夕夜，交谊舞出现在人民大会堂的春节联欢会上。在这个国家级别的大型舞会上，人们嗅到舞禁初开的味道。

　　接触过西方文化的时尚青年们开始聚集起来跳"摇摆舞"，摇摆舞是一种快节奏交谊舞，又叫两步摇滚，在国内也有很多的爱好者。摇摆舞自娱性很强，不用循规蹈矩，没有严格的动作规范，只需掌握其常用组合动作，即可自由

---

　　① 王晓华.百年演艺变迁［M］.南京：江苏美术出版社，2002：145.

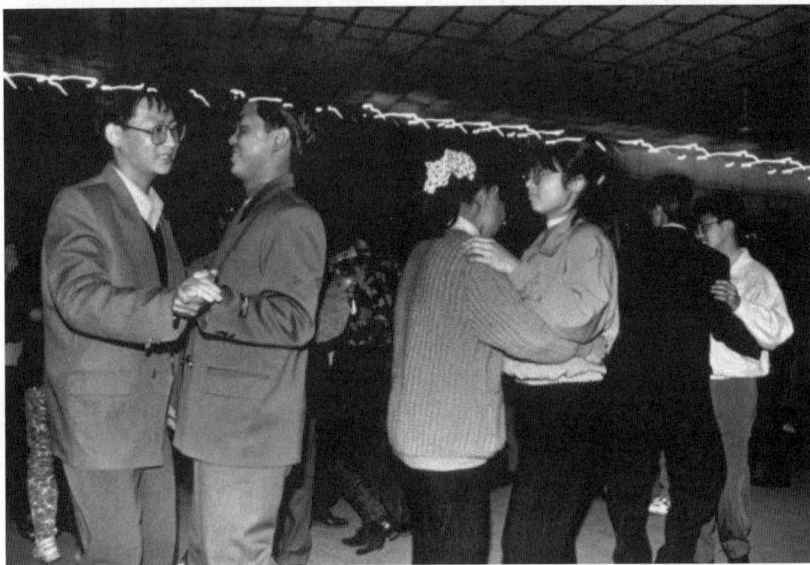

图 6-20　20 世纪 70 年代末学跳交谊舞的学生

资料来源：http://edu.takungpao.com/q/2014/0305/1375468_17.html［2016-02-24］

发挥。当时，根据公安部的调查，全国各大城市均出现在公园、广场、饭馆、街巷等公共场所青年男女自发聚集跳舞的现象，围观群众多时达万人。

由于那两年社会治安不好，人们对于社会风气的普遍担心，集中到交谊舞上，穿着时髦几乎成为流氓的代名词，跳交谊舞被指第三者插足。[①] 人民群众反应强烈，思想界乍暖还寒。1980 年 6 月，公安部和文化部联合下发《关于取缔营业性舞会和公共场所自发舞会的通知》，将跳交谊舞认定为"舞姿低级庸俗、伤风败俗"的娱乐节目。

但在南方地区，由于思想解放较早，与西方文化有更多的接触，男女老少皆将跳舞看作洋气的事，跳舞的热情依旧高涨。1980 年，最早成为经济特区

---

① 武斌，韩春燕.中国流行文化三十年(1978—2008)(图文珍藏本)[M].北京：九州出版社，2009：55.

图 6-21　1981 年在圆明园跳舞的年轻人

资料来源：http://www.takefoto.cn/viewnews-53780.html[2016-01-27]

的深圳市率先建立起现代舞厅,广州的共青团组织群众跳起狐步舞。①

　　1984 年后,在思想较为开明的官员的带领下,北京、天津等地也搞起舞厅试点,发动工会组织舞蹈教学,从上至下解禁舞蹈。1987 年 2 月,文化部、公安部、国家工商局联联合下发《关于改进舞会管理问题的通知》,明确肯定"举办营业性舞会是我国经济发展和人民物质文化生活水平日益提高的一种客观需求",此举让中国娱乐业彻底解冻。90 年代,舞厅在全国大范围建立,光上海就有 300 多家。

　　舞票三五元一个人,对当时的收入水平来说,并不便宜,但一天三场,每场

---

　　①　狐步舞蹈是结婚典礼上、宴会上和社交会上的流行舞蹈,起源于美国黑人舞蹈,由美国演员哈利·福克斯 1914 年设计。

图 6-22　1982 年广州珠江航船上由共青团举办的狐步舞会

资料来源：刘香成.毛以后的中国 1976—1983[M].北京：世界图书出版公司,2011:163.

图 6-23　20 世纪 90 年代浙江某舞厅舞票

资料来源：http://www.997788.com/pr/detail_287_19984556.html[2016-02-11]

都能来三四百人。[①] 当时流行"迪斯科"[②]，有强劲的节拍和动感，舞厅也被叫做"迪厅"，跳舞成了"蹦迪"。"蹦迪"是城市青年放松休闲、解放自我、社交互

---

①　吴珊.当年的"洋盘"，老舞厅快告别了[EB/OL].(2013-07-16)[2016-05-13].http://news.163.com/13/0716/04/93SL33TU00014Q4P.html.

②　迪斯科，即 Disco,20 世纪 60 年代初起源于法国。80 年代，自张国荣一曲《monica》风靡香港，迪斯科舞曲在中国流行。

动的重要方式。

图 6-24　1992 年在深圳迪厅跳舞的年轻人

资料来源：http：//tieba.baidu.com/p/3583086588［2016-02-15］

"迪斯科"除了年轻人钟爱，老年人也十分欢迎，被改编过的"老年迪斯科"成为老年健身项目。大街小巷各个公园广场都是老人们舞动的身影。

当交谊舞、迪斯科逐渐变为老年人"专属"健身舞蹈时，中国的青少年们早已转移视线。80 年代，美国电影《霹雳舞》①引进，年轻人接触到更为动感、更具挑战性的街舞。② 一时间，《霹雳舞》中的半指手套、皮夹克、锥形牛仔裤和三色帆布鞋风行一时，广场和各大公园的空地，到处都是练习街舞的青少年的身影。

---

　① 《霹雳舞》是 1984 年上映的美国电影，由 Joel Silberg 执导，Lucinda Dickey 等主演。影片讲述舞者 Breakin 跳出了与众不同的舞蹈，在很多青少年之间备受欢迎的故事。该片于 1987 年引进中国。

　② 街舞起源于美国，是基于不同的街头文化或音乐风格而产生的多个不同种类的舞蹈统称，最早的街舞舞种为 Locking，起源于 20 世纪 60 年代。霹雳舞是街舞的一种，基本舞蹈动作是贴近地面，以头、肩、背、膝为重心，迅速旋转、翻滚。

图 6-25　1996 年西安东门下老年迪斯科

资料来源：http://www.takefoto.cn/viewnews-54171.html［2016-02-16］

由于对外开放不断深化，中西方文化交流碰撞必然产生思想的激荡。以街舞为代表的嘻哈文化①悄悄渗透进年轻人的生活，涂鸦、直排轮、滑板、特技单车在中国街头流行开来。但这种充斥反叛与颓废的亚文化早期并不被大多数人所接纳，"B—Boy"们（即跳街舞的男孩）被贴上不良少年的标签。与交谊舞一样，跳街舞的年轻人经常被认为扰乱社会秩序份子而遭到呵斥与驱逐。

对主流文化体系中话语缺失的青少年来说，这种具有反叛精神的外来文化具有很大的吸引力，满足了他们求新求异、张扬自我、凸显个性的心理需求，也成为他们的减压工具。②

---

①　嘻哈文化，即 HipHop，发源于 20 世纪 60 年代的美国曼哈顿的布鲁克林区。由于 HipHop 本来的意义是贫穷的黑人用来宣泄对社会歧视不满的表达方式，因此原本的 HipHop 精神及大部分内容均不为政府或社会所接受。HipHop 于 20 世纪 80 年代传入日本、韩国，90 年代初期传入香港，慢慢成为潮流。

②　金新玉.街舞流行的动因、诱因和原因［J］.体育文化导刊，2007(12)：64—66.

图 6-26　1988 年北京民族文化宫广场停车场管理员呵斥跳舞的时尚青年

资料来源：http://p.wudao.com/20131114/76134.html［2016-02-16］

1997 年前后，一些喜爱街舞的青年在各地举办街舞培训班，在地方性报纸、广播、户外媒体上做广告招生。最初的目的并不是营利，而是希望吸纳志同道合的人，结成街舞团队，找到归宿。

青少年对街舞的热情引发商业广告对街舞元素的大量应用，Nike、李宁、汇源、第五季、喜之郎等品牌的广告中皆出现街舞造型。广告中，舞蹈成为年轻与活力的符号。2002 年，耐克邀请几位知名的 NBA 球星拍摄"风雷"系列电视广告，将街舞与篮球结合起来，"街球"风靡一时，激发全国青少年的街舞热情。

21 世纪后，有关舞厅的负面新闻越来越多，舞厅再次被贴上低俗、淫秽的标签，去舞厅的年轻人受到道德的质疑。此外，舞厅的设备未能及时更新换代，经营成本逐渐升高，老式舞厅在年轻人娱乐生活中的地位慢慢被酒吧、KTV、高级夜总会所替代。如今，舞厅成中老年人健身和替子女相亲的场所，不再是跳舞休闲之地。

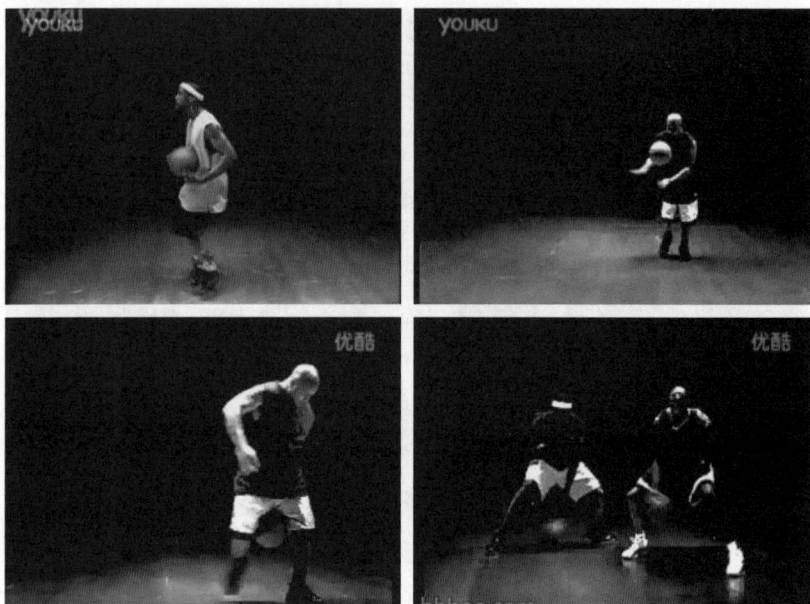

图 6-27 2002 年耐克"风雷"电视广告

资料来源：http://v.youku.com/v_show/id_XNDQxNDYyMTk2.html? from＝s1.8-1-1.2［2016-02-19］

1999 年，在宁波举行的首届全国体育大会上，体育舞蹈被列为正式参赛项目，从此舞蹈在中国成为体育项目而逐步走向竞技化。但由于体育舞蹈受运动场馆、音响、照明、服饰等基础条件影响，一套比赛服装甚至要花费普通工人差不多半年的工资，训练费用高昂，体育舞蹈成为名符其实的"贵族运动"。[①]

沃尔·特里在《美国的舞蹈》中曾说："电视的出现，使无线电无法传播的舞蹈有机会进入每个家庭"。电视传媒在增加舞蹈观众、扩大舞蹈影响力方面起到重要作用。[②] 2005 年，中国中央电视台举办第三届 CCTV 舞蹈大赛，中央三套进行了全程直播，中国古典舞、民间舞、芭蕾舞、当代舞等各类舞蹈精彩

---

① 陈立农.我国体育舞蹈发展现状与对策的研究［J］.广州体育学院学报，2001，21(1)：114－116.

② 杨建生.舞动银屏——试论电视舞蹈的电视化特征［J］.艺苑，2007(8)：29－30.

纷呈，受到广大喜爱舞蹈的电视观众的热烈追捧。其后各大卫视纷纷开播舞蹈综艺节目，如东方卫视的《舞林大会》《舞林争霸》，湖南卫视的《舞动奇迹》，浙江卫视的《中国好舞蹈》，以明星及舞蹈的力量吸引越来越多的人加入跳舞的行列，舞蹈愈发不拘一格，成为全民的狂欢。2012 年，一曲《江南 Style》红遍全世界，歌曲 MV 中的骑马舞更是成为新鲜的娱乐符号。中国各地举办骑马舞快闪①活动，舞蹈的娱乐性愈发凸显。

图 6-28　2012 年 10 月 6 日上海南京路步行街跳骑马舞快闪的年轻人

资料来源：http://www.takefoto.cn/viewnews-54171.html［2016-02-15］

另外，随着全民健身运动的兴起，各式各样的舞蹈进入各大城市的健身中心。来源于中东的肚皮舞，成为展现女性身姿与强身健体的"法宝"②。除了花钱进健身房外，大爷大妈们更喜欢简单易学、场地无限的广场舞。广场舞是

---

①　快闪是"快闪影片"或"快闪行动"的简称，是一种短暂的行为艺术。"快闪行动"初期是纯为搞笑或是膜拜纪念，当"快闪行动"被制作为专业的"快闪影片"后，在网络造成很大反响，在公益、商业等各个领域发挥了不少正面作用。

②　宋彩珍，朱晓红.从肚皮舞的演进历程看中国民族健身操价值的理性回归［J］.吉首大学学报（自然科学版），2008（5）：108－112.

舞蹈艺术中最庞大的系统,因多在广场聚集而得名,融自娱性与表演性为一体,以集体舞为主要表演形式,以娱乐身心为主要目的。广场舞在公共场所由群众自发组织,参与者多为中老年人,其中又以大妈居多。无论刮风下雨还是酷暑寒冬,中国的公园、广场上总是聚齐着热爱广场舞的人们,随着节奏扭动展现出他们年轻向上的生活态度。

图 6-29　2015 年北京陶然亭公园正在跳广场舞的人们

资料来源:http://news.163.com/photoview/00AP0001/89941.html ♯ p＝AP8CGBCF00
AP0001[2016-02-19]

舞蹈从艺术的殿堂进入寻常百姓家的生活,由神秘的宗教仪式走向世俗化,由道德的约束变为情感的宣泄,跳舞已经成为中国老百姓生活中不可或缺的一部分,更成为娱乐与健康的象征。

二、流行音乐与歌唱:浪花里的歌声

歌曲与广告一样,都是时代的缩影,反映社会文化的变迁。唱歌自古便是抒发感怀的重要方式,早在春秋战国时期,《诗经》《楚辞》都会配曲歌唱。

新中国成立初期，歌曲大多“高、亮、硬”[①]，由专人统一教授，人们通过唱歌来鼓舞斗志，边唱革命歌曲边做农活，唱歌并不是一种娱乐而更像是喊口号，直到“文革”结束，真正的音乐娱乐消费才慢慢复兴。

1979 年，“文革”刚一结束，一度被禁播的《洪湖水，浪打浪》《花儿为什么这样红》等抒情歌曲重新从高音喇叭中传出。1980 年，是拨乱反正的一年，也是百废待兴的一年。9 月 18 日，刚刚复刊的《北京晚报》在头版刊登了一则《本报举办〈新星音乐会〉》。

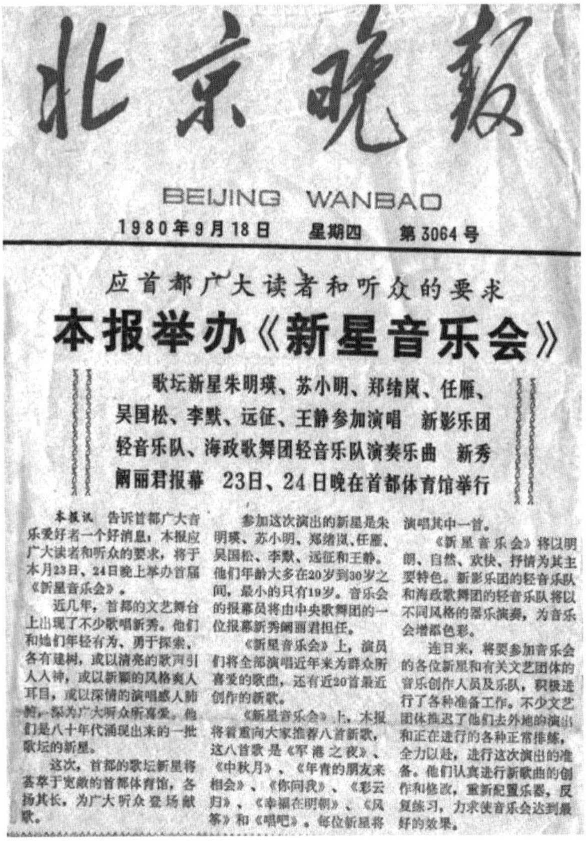

北京晚報

BEIJING WANBAO

1980年9月18日　星期四　第3064号

应首都广大读者和听众的要求

本报举办《新星音乐会》

歌坛新星朱明瑛、苏小明、郑绪岚、任雁、吴国松、李默、远征、王静参加演唱　新影乐团轻音乐队、海政歌舞团轻音乐队演奏乐曲　新秀阚丽君报幕　23日、24日晚在首都体育馆举行

本报讯　告诉首都广大音乐爱好者一个好消息，本报应广大读者和听众的要求，将于本月23日、24日晚上举办首届《新星音乐会》。

近几年，首都的文艺舞台上出现了不少歌唱新秀。他们和她们年轻有为、勇于探索、各有建树，或以清亮的歌声引人入神，或以新颖的风格爽人耳目，或以深情的演唱感人肺腑，深为广大听众所喜爱。他们是八十年代涌现出来的一批歌坛的新星。

这次，首都的歌坛新星将荟萃于宽敞的首都体育馆，各扬其长，为广大听众登场献歌。

参加这次演出的新星是朱明瑛、苏小明、郑绪岚、任雁、吴国松、李默、远征和王静。他们年龄大多在20岁到30岁之间，最小的只有19岁。音乐会的报幕员将由中央歌舞团的一位报幕新秀阚丽君担任。

《新星音乐会》上，演员们将全部演唱近年来为群众所喜爱的歌曲，还有近20首最近创作的新歌。

《新星音乐会》上，本报将着重向大家推荐八首新歌，这八首歌是《军港之夜》、《中秋月》、《年青的朋友来相会》、《你问我》、《彩云归》、《幸福在明朝》、《风筝》和《唱吧》。每位新星将演唱其中一首。

《新星音乐会》将以明朗、自然、欢快、抒情为其主要特色。新影乐团的轻音乐队和海政歌舞团的轻音乐队将以不同风格的器乐演奏，为音乐会增添色彩。

连日来，将要参加音乐会的各位新星和有关文艺团体的音乐创作人员及乐队，积极进行了各种准备工作。不少文艺团体推迟了他们去外地的演出和正在进行的各种正常排练，全力以赴，进行这次演出的准备。他们认真进行新歌曲的创作和修改，重新配置乐器，反复练习，力求使音乐会达到最好的效果。

图 6-30　1980 年 9 月 18 日《北京晚报》刊登新星音乐会广告

① 张嘉薇.改革开放三十年流行音乐发展与价值观变迁[D].北京交通大学，2010:9.

　　另外，当天的《北京晚报》还在第四版右下角刊登售票信息："19日上午9时起在首都体育馆、北海体育场、宣武区体育场、新街口南大街清华体育用品商店、王府井大街利生体育用品商店、海淀区体育场售票。"读者拿到第二天的报纸时，同样的位置上刊登着同样的广告，文字被替换成了一行黑体字："票已全部售完"①。"新星音乐会"的举办，宣告着中国流行音乐的诞生，也为中国人的音乐娱乐世界开荒拓土。

　　同一时期，通过无线电波，邓丽君、齐豫、凤飞飞、汪明荃等港台歌手的歌声也传入大陆人民的耳中，淡化意识形态的台湾校园歌曲流行起来。② 听惯了豪迈有余、温柔不足的革命歌曲的年轻人，一下子被邓丽君迷住，《甜蜜蜜》《何日君再来》《小城故事》成为80年代初期歌坛上最流行的旋律。《童年》《橄榄树》《外婆的澎湖湾》等清新质朴的校园歌曲也广为传唱。歌手成方圆怀抱吉他自弹自唱《童年》深入人心，引发全国范围内的"吉他热"。在校园中，随处可见抱着吉他自娱自乐的身影。

　　一些港台歌手开始在广州等地举办演唱会。那时的演唱会与如今的大众演唱会不同，多是应邀举办，票价高昂，受众并不是广大老百姓，而是官员和有钱的商人。1985年，汪明荃在中国大酒店举办音乐会，票价分为40元、45元、50元三种，这样的票价，对当时绝大多数的国人来说，可望而不可及。

　　电视台也会组织内地歌星开电视演唱会，但数量远不能满足老百姓对于流行音乐的需求。随着卡带的普及，听歌的主要方式发生转变。卡带全称卡式录音带，又称盒式录音带，是用于储存声音的磁带。卡带和收录机一样，早在70年代就已传入中国，但由于数量不多，并未在老百姓间流行。1979年1月，广州成立中国第一家盒式录音带出版单位——太平洋影音公司。同年5月，太平洋公司生产了第一批国产盒式录音带，取得巨大成功。80年代后，灌制流行音乐、古典音乐及电影原声的卡式录音带如雨后春笋

---

　　① 周健森.新星音乐会策划者追忆当年"新星"往事[EB/OL].(2010-09-20)[2016-06-13].http://ent.163.com/10/0920/11/6H16HO1500031H0O.html.

　　② 张嘉薇.改革开放三十年流行音乐发展与价值观变迁[D].北京交通大学,2010:11.

图 6-31 20 世纪 80 年代，北大校园中弹吉他的学生

资料来源：http://www.fjsen.com/h/2012-10/20/content_9634084_2.htm[2016-02-16]

图 6-32 1985 年 5 月 25 日《羊城晚报》刊登汪明荃演唱会广告

般涌现，1982 年录音带的发行量为 600 多万盒，1984 年增加到 4 000 多万盒，音像出版单位也于 1985 年年底发展到 72 家[①]，报纸上卡带内容介绍的广告随处可见。

---

① 吴言题.蓬勃发展的中国音像制品出版事业[J].人民音乐，1986(5):36—37.

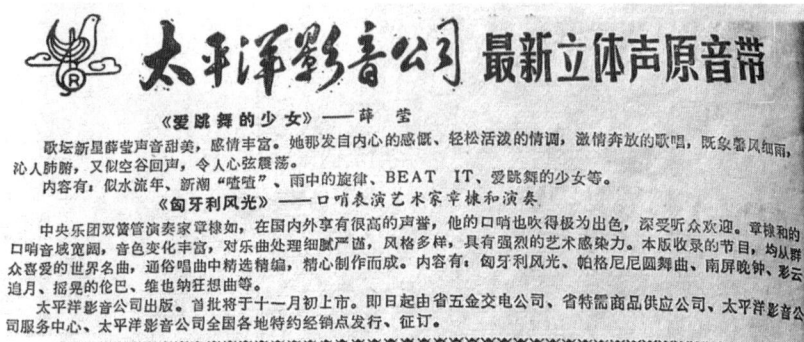

图 6-33 1985 年 10 月 28 日《羊城晚报》刊登太平洋影音公司广告

卡带的流行带动了收录机的贩售。1984 年，"燕舞，燕舞，一曲歌来一片情"的广告词在电视上一经播出，让所有人一下子记住"燕舞收录机"，造就当年燕舞几百万台的销量，老百姓纷纷争抢"燕舞"。"那个节奏和曲调的灵感来自我们每家每户的门铃，叮咚，叮咚，叮咚叮咚叮咚"，"燕舞小子"苗皓钧说到①。"载歌载舞的形式在之前的电视广告上没有出现过，这样的创意在当时的中国是独一无二的。"②

电视广告突破将报纸内容画面化的形式，有韵律的广告词、广告歌曲流行开来，广告成为潮流的风向标，模仿"燕舞小子"抱着收录机边播放音乐边在街上摇头晃脑地跳迪斯科一时成为年轻人的时尚。收录机由奢侈品成为家家户户的必备品，1988 年，在广西壮族自治区桂林市的一场歌唱比赛中，居民们纷纷拿出家里的收录机来录民歌。

---

① 80 年代，中国的广告代理制还没有建立，也没有专业的广告公司。产品要做广告，厂商就把通过各种途径制作的广告片送去中央电视台播出。央视在这个领域看到商机，准备组建自己的广告部和演员队伍。"燕舞小子"苗皓钧便在那时候报名参加了业余广告演员选拔，成为中国第一批广告演员。

② 宋诗婷.燕舞广告背后的故事[J/OL].新周刊，2013（400）[2016-05-03].http://www.neweekly.com.cn/newsview.php? id＝5285.

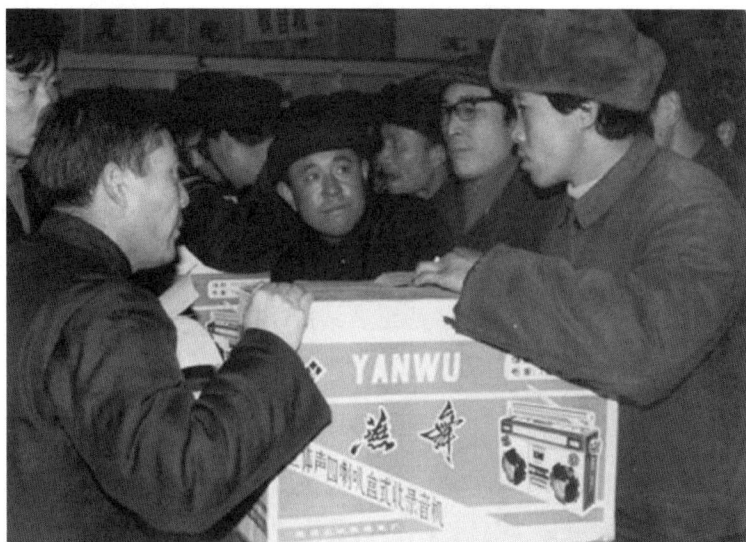

图 6-34　20 世纪 80 年代，老百姓争抢"燕舞"收录机

资料来源：http://news.163.com/14/0901/14/A52IA50F00014AED.html[2016-02-26]

图 6-35　1988 年广西居民正在用收录机录民歌

资料来源：http://picture.youth.cn/sjjj/201504/t20150410_6572326_16.htm[2016-02-25]

　　随着海外流行音乐音像制品在中国的流行，一些国外流行音乐歌手、演出团也来大陆演出。1985年，英国"威猛"乐队①访华，在北京工人体育馆举办演唱会，随后游览长城等景点。虽然要花费半个月的工资才能买到一张票，但很多中国人长途跋涉数天也要来北京观看。4月10日演唱会当天，拥有一万人座位的北京工人体育馆座无虚席。由于中国人第一次观看西式的演唱会，不懂与歌手互动，只是端端正正地坐在台下观看，场面略显冷淡。一些青年在观众席的通道上随着音乐节奏跳舞，甚至遭到警察的阻止。"威猛"乐队是第一个来华表演的西方乐队，他们将西方流行音乐带入中国，也开启面向大众的演唱会模式。

图 6-36　1985年"威猛"乐队游览长城

资料来源：http://www.cankaoxiaoxi.com/china/20150413/739223.shtml［2016-02-28］

---

　　① 威猛乐队即 Wham!，前身是1979年成立的 The Executive。威猛乐队的两位成员分别是乔治·迈克尔和安德鲁·维治利。首张专辑一经推出就火遍西方世界。1986年，由于成员之间产生矛盾而解散。

1988 年，Beyond 乐队①经广州、天津，一路辗转来到北京，于 10 月 15—16 日在北京首都体育馆开办了两场演唱会，成为第一组来大陆举办大型演唱会的港台明星。由于初涉大陆，Beyond 乐队害怕演唱会没人，于是在北京各处贴出演唱会海报，利用大陆观众熟知的张国荣、谭咏麟以及崔健做宣传。

图 6-37　1988 年 Beyond 乐队演唱会宣传海报

资料来源：http://ent.sina.com.cn/y/2006-06-30/10421141334.html［2016-02-11］

————————

① 　Beyond 是中国香港的摇滚乐队，成立于 1983 年，最初由黄家驹、叶世荣、邓炜谦、李荣潮四名成员组成，是华语乐坛最具代表性的乐队之一。

令他们没有想到的是，很少能够看到明星演唱会的大陆观众对这个新兴乐队充满好奇，门票销售一空，甚至有黄牛党因为不认识乐队成员黄家驹而向他推销黄牛票。15 号晚上，18 000 多座位全部坐满。①

随着中国社会改革开放的深入，流行音乐已经在社会文化生活中占据越来越大的比重，政治文化部门开始针对流行音乐的发展进行社会舆论的引导，最富代表性的是对台湾歌星邓丽君态度的转变，例如 1985 年 1 月 30 日，《北京青年报》记者对邓丽君进行电话采访，提出"来大陆开演唱会"②。

90 年代后，越来越多的港台明星涌入中国举办演唱会，据有关部门统计，1993 年，除广东、福建、海南三省外，经文化部审批，港台歌星来内地演出共 43 起，其中约有 10 起为纯商业演出，其余均为各种名义的义演或其他演出。③"追星"与流行音乐一起，在中华大地悄然盛放，小虎队、"四大天王"成为几代人的偶像。那时候追星比较内敛，以收集明星磁带、海报、贴纸为主，名人贴画由于价格便宜，可以随时与人展示、分享而深受小学、初中生的欢迎。那时还没有肖像权意识，一些内地商人印制港台影视歌星的照片进行贩售，拥有一本贴满明星贴画的笔记本是十分值得炫耀的事。

---

① beebee.珍贵照片 27 年前 Beyond 北京演唱会发生了什么？［EB/OL］.（2015-11-13）［2016-05-13］.http://ent.qq.com/a/20151130/028244.htm.

② 《北京青年报》记者挂电话到新加坡采访，邓丽君首次与北京通话希望有机会回大陆演唱［N］.羊城晚报,1985-02-22(1).

③ 张作民.港台歌星被拒之门外吗［J］.南方声屏报,1994(27):29.

图 6-38 20 世纪 90 年代名人贴画

资料来源：http://www.kongfz.cn/11819690/pic/［2016-02-26］

　　90 年代，轻便小巧的随身听①逐步取代收录机。当时随身听市场被索尼、爱华、乐声②三大日本品牌霸占，1994 年，市场占有率达到 90%。③ 随声听作为高档消费品进入许多城市大学生入学时的预算。据南京的张先生回忆，他在 1995 年考入大学后，购买爱华随身听和磁带花费了 200～300 元，占生活费的五分之一。④

----

　　① 随身听（Walkman）即指携带型袖珍播放机。1979 年，日本索尼公司生产了世界上第一台随身听，将之定名为"Walkman"，Walkman 一词从此成为便携式音乐播放器的代名词。随身听于 20 世纪 80 年代初期传入中国，一度作为高端电子产品贩售。

　　② 松下（Panasonic）早期名叫乐声（National），1986 年开始逐步更改为 Panasonic，2008 年 10 月 1 日起，统一为 Panasonic。

　　③ 文仁萍.高档随身听的选购与使用[J].家庭电子，1994(2)：6.

　　④ 张媛.不同年代大学生行李：90 年代随身听 00 年代苹果三件套[EB/OL].(2012-08-22)[2016-05-13].http://finance.ifeng.com/money/wealth/consume/20120822/6928327.shtml.

但随着电脑、网络的发展，传统卡带逐渐被市场所淘汰，随身听不再用于播放卡带，而是向数字化、智能化的方向发展。MP3、MP4、CD、手机、电脑等设备都作为播放音乐的终端，在线下载成为人们听音乐的主流方式，一些歌手通过网络途径为人们所熟知。2001 年，雪村创作的《东北人都是活雷锋》在网络上广为流传，被众多网友制作成 Flash，雪村被称为"中国网络音乐第一人"。[①] 此后，《猪之歌》《老鼠爱大米》《丁香花》等歌曲在网络中迅速走红。国内许多歌手都在网络上进行新曲推广，网易云音乐、QQ 音乐、虾米音乐等音乐播放器的发展使得这些音乐软件成为歌手们宣传专辑的新阵地。

21 世纪后，随着中国更加开放，流行歌曲不再局限于内地与港台。2000 年前后，大批韩国流行歌手在大陆举办各种规格的演唱会，在中国的青少年中掀起韩国音乐热、舞曲风音乐热以及韩国风格服饰热[②]。2000 年 7 月 14 日，韩国组合 NRG 在北京首都体育馆举办演唱会时，"几个喊得上气不接下气的中学生歌迷告诉记者，来看演出主要是来感受气氛的，他们唱的什么倒是无所谓……现场被他们当成了宣泄情感的场所，演唱无非是催化剂罢了"[③]。韩国的舞曲风格音乐满足了广大青少年对于动感、节奏、时尚的追求。如今演唱会越来越多，也越办越大，每年都有众多海外巨星在中国举办演唱会。看演唱会不再是社会上层的特权，成为老百姓娱乐消费的新选择。

"歌"与"唱"是不可分割的二元体，在流行音乐多元发展的同时，唱歌的方式也在逐步休闲化、科技化。

卡拉 OK 最早源于日本，其日文为"karaoke"，是日语中"无人乐队"的意思。80 年代初传入台湾，1988 年由台湾引入内地，迅速在广州、北京、上海等大城市发展起来。深圳的一些舞厅配备上卡拉 OK 设备变成歌舞厅，1992 年

---

① 谭克媛.先火网络，再热市场《东北人都是活雷锋》有人缘[N].中国文化报.2001-09-10(4).

② 王思琦.1978—2003 年间中国城市流行音乐发展和社会文化环境互动关系研究[D].福建师范大学,2005:274—275.

③ 曾家新.外来和尚会念经吗？[N].音乐周报.2000-07-21(4).

达到 340 家之多。[①] 一些有经济条件的家庭还购置家庭卡拉 OK 设备，成为亲朋集会的固定娱乐项目。

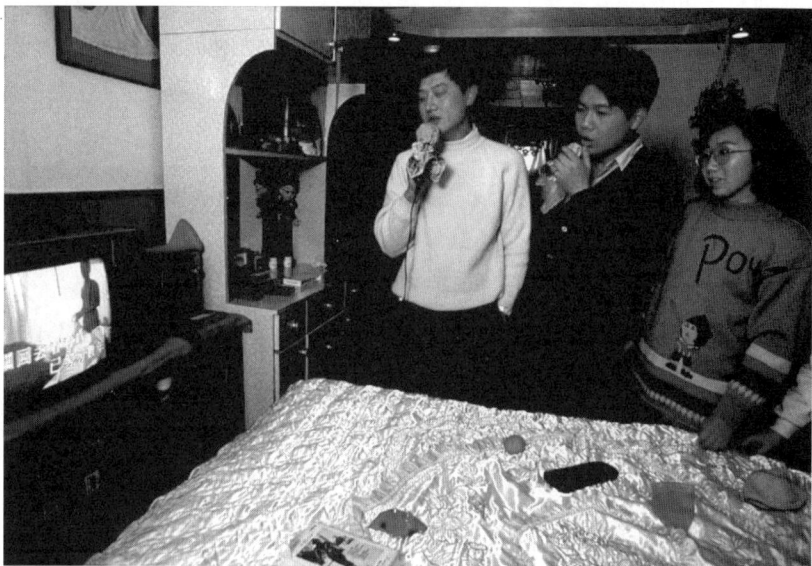

图 6-39　1993 年中国城市家庭卡拉 OK

资料来源：http://bbs.tiexue.net/post_10752703_1.html[2016-02-24]

最早的卡拉 OK 被置于舞厅或酒吧的大厅里，作为大型集会、聚会的表演娱乐项目。但由于中国传统文化锻造出中国人内敛、低调的个性，这种完全仿照日本的场地设计效果并不好。台湾商人将原有的包厢式小视听中心与之结合起来，经过改良后，出现以包厢为主的 KTV——（K）为卡拉 OK 的第一字，（TV）为 MTV（音乐电视）的后两字。早期的 KTV 主要用于商业聚会、洽谈，属于高价格、高享受的娱乐项目。随着经济发展，21 世纪后，量贩式 KTV 成为主流。量贩式 KTV 又称为"自助式 KTV"。"量贩"一词源于日本，即大量批发的超市。由此引出的量贩式经营，实际体现的就是透明、平价和健康的消

---

① 杨晓东.从深圳市歌舞厅艺术的发展趋向看被北京地区的歌舞厅[N].音乐周报.1992-09-18(4).

费方式，自助购物、自点自唱是其特点。量贩式 KTV 不设最低消费，计时收费，价格较商业 KTV 更为经济实惠，当下流行歌曲更新快，能够自娱自乐、毫无顾忌的宣泄情感，深受年轻人的喜爱。尤其是 2010 年后，团购开始流行，KTV 包时段价格更为便宜，各种主题 KTV 装修风格时尚有趣，KTV 成为时下年轻人休闲与聚会的必去之地。

图 6-40　21 世纪城市中各种主题 KTV 装修风格

资料来源：http://www.nipic.com/show/2/88/7057520kc1e3ed9a.html［2016-02-26］

小　结

音乐与舞蹈自古便是中国人热爱的重要休闲娱乐方式，不仅具有放松身心、强身健体的作用，更被赋予了传情达意、礼仪祭祀的功能。虽然，音乐舞蹈的内容形式伴随时代不断更迭，但其基本功能并未改变。

改革开放后，新兴的音乐舞蹈娱乐方式基本上都从国外传入，例如来自欧美的交际舞、街舞、舞厅，来自日本的卡拉 OK、随身听，来自世界各地的流行音乐等。这些新事物在好奇与质疑的声音中迅速席卷神州大地，不断丰富充实着老百姓的娱乐生活。从对广场上自由舞动的摩登男女侧目而视，到全民"骑马舞"；从对流行音乐"靡靡之音"的批判，到各国音乐汇聚一堂，显示出国人对于外国文化的接受度不断提高，思想的牢笼逐步被打破。

广告一方面扮演引领潮流的角色，传播与推广新兴的娱乐方式；另一方面又作为社会的镜像反映潮流，将时尚、青春的音乐舞蹈元素融入广告内容中，赋予其自身更为多元的创作灵感。

第三节　游戏的狂欢

以前，游戏是在院子里跳绳，踢毽子，下象棋，在公园里荡秋千，捉迷藏。如今，游戏是在家里打电动，在网吧玩联机，在游乐园坐过山车、摩天轮。

社会大环境的发展和娱乐消费观念的转变推动着游戏的进化，游戏不再是儿童的专利，越来越多的成年人加入游戏大军，游戏成为真正的全民娱乐。游戏广告也从益智欢乐、新鲜刺激为主要诉求转变为体验与休闲。

一、电子游戏：虚拟与现实的交锋

提到游戏，大多人会与电子游戏关联起来。伽马数据公布的《2015年中国游戏产业报告》显示，中国游戏用户达到5.34亿人，游戏市场（包括客户端游戏、网页游戏、社交游戏、移动游戏、单机游戏、电视游戏等）的实际销售收入达1 407亿元，同比增长22.9％。[①] 中国电子游戏市场的飞速发展，是游戏迅速升级换代、游戏用户持续增长的表现，游戏消费蔚为大观。

1.家用游戏机与街机

1983年7月15日，日本任天堂公司发售第一台八位卡带式家用游戏机Family Computer（一般简称为Famicom或FC），因其外壳颜色而被称作"红白机"，从此开启电子游戏时代。80年代是家用游戏机的黄金时期，"红白机"

---

① 中国音数协游戏工委，伽马数据，国际数据中心（IDC）.2015年中国游戏产业报告[R/OL].（2015-12-15）[2016-05-13].http://games.qq.com/a/20151215/022285.htm.

风靡世界各地。大陆人第一次接触到的"红白机"并不是任天堂，而是"小霸王"①。1991 年开始，"小霸王"在央视上投放大量广告，不仅打响品牌知名度，也让中国人玩到经过移植嫁接的《超级玛丽》《魂斗罗》《坦克大战》《勇者斗恶龙》等经典游戏。在没有电脑、手机的时期，电子游戏拥有其他娱乐方式难以比拟的诱惑力，不仅仅是儿童，许多大人也为此废寝忘食。

90 年代，游戏机不断更新换代，画面更加精美，操作也更为流畅。由于消费水平的局限，这种几千块钱的"土豪机"未能走进普通家庭，但却催生出另一种产业——街机厅。② 中国的街机在 80 年代于香港流行开来，逐步从沿海城市传到内地。那时候没电脑，没网络，甚至没电视，家用游戏机也未普及，其游戏质量更不能和街机相比，于是街机游戏受到钟爱，造就了街机的辉煌。几台大电视，几台土星游戏机③，设在路边或是大市场里，几乎只需要通过口耳相传，一家新开张的街机厅就能吸引大量玩家。《拳皇》《合金弹头》《三国志》等经典大型游戏接连出品，"街机厅"成为学生们下课的新去处。一元四五个游戏币，"死"一次就要重新投币，对于当时的青少年来说是一笔不小的开销，因此只有家庭条件较好的学生才玩得起，街机厅经常出现一人打游戏众人围观的场面。打游戏不仅仅是一种放松，也是小伙伴之间炫耀与树立威信的工具。

游戏成本高昂，青少年为了玩游戏而犯罪的新闻常常出现，且游戏中暴力内容较多，使家长们心生恐惧，"玩物丧志"是当时对游戏的主流文化评价。道德观念和技术瓶颈使得内地公司都不敢涉足这个行业。

---

① 小霸王公司成立于 1987 年。1991 年 6 月，小霸王投入 40 万在中央电视台播出第一则广告，即"拥有一台小霸王，打出一个万元户"的有奖销售活动，将小霸王品牌与致富结合在一起，很快打响知名度。1991—1999 年，小霸王一直在全国学习机市场拥有第一名的占有率，累计销量 2 000 万台。

② 街机（Arcadegame）是置于公共娱乐场所的经营性专用游戏机。也称为大型电玩，起源于美国的酒吧。世界上第一台街机诞生于 1971 年美国的电脑实验室中。中国流行的街机游戏大部分来自于日本。

③ 1994 年日本世嘉推出土星游戏机，售价 44 800 日元，第一天销量突破 17 万台，与索尼同年推出的 Play Station 展开竞争，几乎瓜分世界大型游戏机市场。

以游戏机起家的小霸王，于 1993 年转向研发电脑学习机。1994 年第二代电脑学习机花重金请国际武打明星成龙来拍广告。"望子成龙小霸王"的广告语，符合来广大家长"望子成龙"的心里诉求，顺应了国家对于推广家用电脑、学习电脑的号召①，小霸王学习机一炮打响。

a. 成龙练功夫场景

b. 成龙与他所扮演的小成龙一起用小霸王

c. 小霸王学习机产品展示

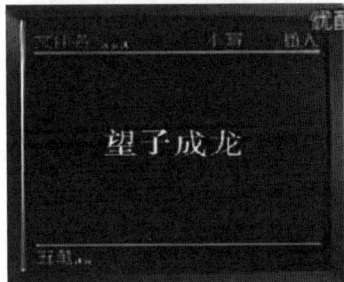

d. "望子成龙"广告语

图 6-41　1994 年小霸王学习机电视广告《望子成龙篇》

资料来源：http://v.youku.com/v_show/id_XMjk2MzE5ODE2.html? from＝s1.8-1-1.2[2016-02-02]

小霸王电脑学习机以帮孩子学电脑为卖点，虽号称"电脑"，但使用的仍是FC8 位系统，与真正的家用电脑相去甚远，只是在游戏机的基础上加上键盘，仅能练习打字。学习机最终没能成为学习工具，背着父母偷偷插卡打游戏，成

---

① 1984 年邓小平在视察上海时提出，"计算机的普及要从娃娃做起"。同年，计算机课程首次进入上海高中课堂。翌年，成为高中阶段的必修课。1986 年 3 月，国家高新技术发展计划即"863"计划启动，自此国家开始大力推动计算机等高新技术发展。

为无数 80 后的共同记忆，"学习机"带有那个时代独特的文化烙印。

2.网络游戏

2000 年的"44 号禁令"①使中国电视游戏市场从此一蹶不振，原本遍布大街小巷的街机厅进入发展的冰河期。此时青少年们已经转移阵地，因为他们发现自己一个人玩游戏远不如和小伙伴们一起玩来得有趣，网络游戏流行开来。

最早的网络游戏并不是互联网游戏，而是电脑屋中的局域网联网游戏。一些有远见的街机厅老板在 90 年代家用电脑刚刚面世的时候，就搬走笨重的街机，换以一台台崭新的电脑，街机厅改头换面，成为电脑屋。

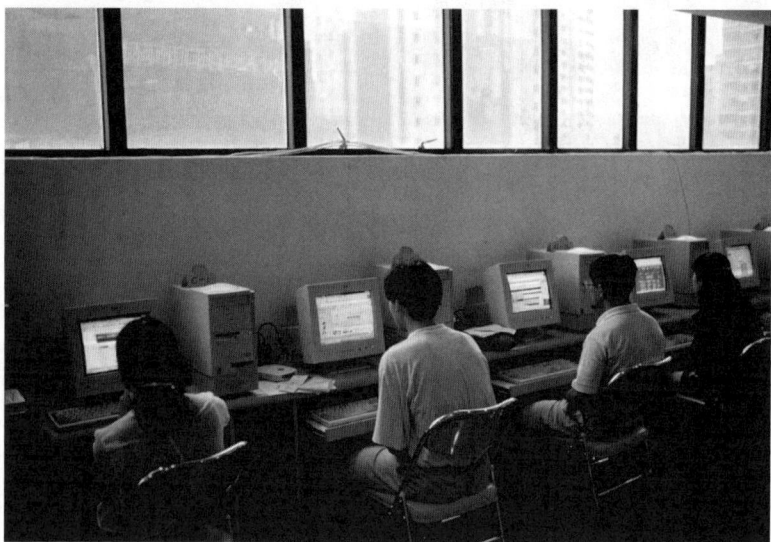

图 6-42　1998 年北京公众电脑屋

资料来源：http://news.hainan.net/photo/wentiyule/xiaotu/2016/02/06/2838075
_1.shtml[2016-02-06]

---

① 2000 年 6 月，国务院办公厅转发文化部等七部门发布《关于开展电子游戏经营场所专项治理的意见》(简称 44 号文件)，规定"自本意见发布之日起，面向国内的电子游戏设备及其零、附件生产、销售即行停止。任何企业、个人不得再从事面向国内的电子游戏设备及其零、附件的生产、销售活动。"从此，游戏机在中国禁止销售。2014 年 1 月，这一禁令解除。

那个年代,公众电脑屋的一般收费是 5 元一小时。互联网刚刚出现,只有一小部分高端人群才能扛得住 5 元一小时的收费标准,在电脑屋专门开设的上网专机上尝尝鲜。直到 1998 年上机费开始平民化,才慢慢有更多的人走进电脑屋,学着使用 ICQ、BBS,电脑屋这一名词也逐步被"网吧"所取代。那时候流行的电脑游戏是《仙剑奇侠传》和《红色警戒》。其中《红色警戒》可以用局域网联机,让大家第一次体会到与他人一起联网玩游戏的乐趣。

2000 年后,中国网游进入正式发展期。2001 年,陈天桥与他带领的盛大团队将一款名为《热血传奇》(以下简称《传奇》)的韩国网游推向传奇,曾创下 50 万人同时在线的记录,被称为当时世界上规模最大的网络游戏。[①] 这一年,中国网游销售收入也实现爆炸式增长,年增长 732.7%。[②]

《传奇》是中国大部分 80 后玩的首款网络游戏,承载着他们的青春。2002 年是《传奇》最火的时候,为了买两本 35 元的游戏攻略,玩家们可以省吃俭用好几天。2003 年非典时期,各种公共场所严防死守,几乎所有学校都严禁学生去网吧。但是,学生们为了玩《传奇》,冒着生命危险跑去网吧,急中生智的和网吧老板对起了暗号。先敲门三长两短,然后网管会问"什么人"? 对方需回答"我是来玩传奇的"[③]。游戏同人小说、同人漫画、Cosplay 以及制作各种文创产品在玩家之间兴起,足见玩家对于游戏的喜爱。

---

① 尚慧.中国网络游戏产业发展现状研究[D].河南大学,2009:16.

② 尚慧.中国网络游戏产业发展现状研究[D].河南大学,2009:23.

③ 网易图集."见证"游戏的 5000 个日夜[EB/OL].(2015-03-10)[2016-05-13].http://news.163.com/photoview/591M0001/86092.html#p=AKE2QBBJ591M0001.

图 6-43　2003 年非典时期武汉的网吧

资料来源：http://news.163.com/photoview/591M0001/86092.html♯p＝AKE2Q
FMS591M0001[2016-02-06]

2003 年 7 月,科技部宣布将网络游戏列入 863 计划,国家体育总局也于
2003 年将电子竞技正式列为体育项目。在国家政策支持下,网游市场得到迅
速发展。2003—2008 年,游戏产业年平均增长率达到 66.1％,网游用户人数
也由 2003 年的 426.15 万人增长到 2008 年的 18 700 万人。[①] 网络游戏用户
总体呈现低年龄、低收入和低学历的特点,其中 18～25 岁的无收入学生群体

---

① 尚慧.中国网络游戏产业发展现状研究[D].河南大学,2009:22.

是网络游戏的最大用户群①，他们中大多数每月在游戏中花费 30～60 元。②
也有些人为了买练级、出极品装备甚至花费几千、上万，"人民币玩家"一词应
运而生。

国人之所以在游戏中高额投入，除了一些有经济能力的成年人投入游戏
中，更重要的是游戏公司的成功运营，开发出令人沉迷的游戏文化，将现实世
界投射到游戏中。

德国哲学家伽达默尔曾说过："游戏的世界构成了一个独立的、超凡脱俗
的世界，一旦进入这个世界，就会忘却世俗的烦恼，享受一种了无挂碍的生
活。"网络游戏构造的虚拟社会与现实世界截然不同，匿名性提供了自由的交
流方式，使玩家能够放下现实中制度、舆论、道德、身份的束缚，在游戏的世界
寻宝、历险，体验不同的人生。③ 网络游戏在不断模仿着现实世界，公会系统、
结婚系统、拜师系统、道具服装系统、节庆礼物系统等花样百出，吸引着广大玩
家留意其中逐步完善的社会体系与社会交往难以割舍，甚至有人将线上关系
延伸到线下，网游从娱乐方式变成社会交往。

一些玩家难以区分现实世界和虚拟世界，或有意识地利用网游逃避现实
生活的压力，进而出现一系列社会问题，青少年因为网络游戏荒废学业甚至犯
罪、自杀的新闻屡屡见报。网络沉迷问题逐步进入人们的视野，由此引发一场
空前的社会大讨论，人们一度谈游戏色变，有教育专家甚至将沉迷于网络游戏
看作病症。④

2003 年 6 月 26 日，国家新闻出版总署明确要求所有互联网游戏出版物

① 中国互联网络信息中心.2008 中国网络游戏用户调研分析报告[R/OL].(2009-03-19)[2009-05-22]. http://www. cnnic. net. cn/hlwfzyj/hlwfzzx/wlyx/200905/t20090522_27165.html.

② 韦艳,迟彬.网络游戏市场消费现状分析[J].山西经济管理干部学院学报,2004,12(4):17—20.

③ 邵立明,魏殿林.网络游戏发展动因探析[J].消费导刊,2007(8):256—256.

④ 王易.沉迷网络游戏是种"病"[J].发明与创新(学生版),2006(6):46—47.

在游戏开始前，必须在画面的显著位置全文登载《健康游戏忠告》①。2004 年
4 月，国家广电总局发布《关于禁止播出电脑网络游戏类节目的通知》，至此，
网络游戏与电视广告基本绝缘。

尽管如此，以互联网为依托的网络游戏并未因此放弃广告与营销，它们将
广告放到线上，与其他线下营销活动结合起来。例如 2005 年在中国上线的
《魔兽世界》，为了进一步吸引年轻玩家，与可口可乐强强联合，邀请刚刚走红
的偶像组合 SHE 拍摄一系列视频广告，在可口可乐"要爽由自己、冰火暴风
城"《魔兽魔兽》万人游戏嘉年华上首播，首开跨行业网络合作营销。

图 6-44   2005 年《魔兽世界》与可口可乐、SHE 合作视频广告

资料来源：http://games.qq.com/a/20111101/000041.htm[2016-02-19]

2005 年 10 月 20 日，按照新闻出版总署制定的《网络游戏防沉迷系统标
准》（试行），盛大、九城、金山等七家网络游戏公司在《传奇》《魔兽世界》等最受

————————

①   《健康游戏忠告》内容如下：抵制不良游戏，拒绝盗版游戏。注意自我保护，谨防受
骗上当。适度游戏益脑，沉迷游戏伤身。合理安排时间，享受健康生活。

欢迎的 11 款网络游戏中试运行网络防沉迷系统,将玩家每天玩游戏的时间限制在三小时以内。① 虽然这一举措有利于预防青少年沉迷于网络游戏,但引起了许多成年玩家的不满,认为这一举措侵犯了玩游戏的合法利益,各大论坛都充斥痛斥防沉迷系统的帖子。2007 年,防沉迷系统在进行调整后正式实行,从针对全体玩家变为针对未成年人,进行实名验证。

随着时间推移,人们逐步正视网络游戏,学会借助游戏在现实与虚拟中成长。2009 年,网络中一篇帖子写到:"新时代中国白领十大标准:偷得了成熟蔬菜,当得了开心市长,杀得了愤怒小鸟,做得出开心美餐,查得出三国奸臣,放得了拳皇必杀,斗得过绿色僵尸,打得了组队 DOTA,敲得动达人太鼓,玩得起魔兽争霸。"②每条标准都对应了一款当时热门的网络游戏。其中,"偷菜"是 2009 年席卷全国的一款社交游戏,最火爆的时候,每天有 3 000 万人同时在玩,不仅包括学生和白领,更有公司高管、退休老人加入其列。"PK""秒杀"等游戏词汇也在生活中被广泛运用,网络游戏文化成为互联网文化的重要组成部分。越来越多的游戏被改编为电影、电视剧,其中 2004 年播出的《仙剑奇侠传》是我国第一部由游戏改编的电视剧,播出地区的平均收视率高达 11.3%。③

关于游戏广告在电视上的禁令逐步失效,各大网游广告纷纷打擦边球,依靠明星代言与真人拍摄登上卫视平台。例如 2010 年周杰伦代言《梦幻西游》、2012 年安以轩代言《天龙八部 2》等,同期拍摄的游戏广告皆在卫视平台播出。2014 年 11 月 21 日,游戏《御龙在天》广告在央视六套黄金时段播出,广告中首次使用全游戏画面高调展现。网游广告的播出,代表着网游正逐步被主流社会所接受,成为最普遍的全民娱乐方式。

---

① 方敏."防沉迷系统"能否"防沉迷"[N].解放日报,2005-10-21(12).

② 李舫.成长,在虚拟和现实之间[N].人民日报,2011-04-22(17).

③ 王觊,沙振权.游戏衍生品使用意愿影响因素实证研究[J].科研管理,2010,31(3):183-192.

图 6-45　2014 年游戏《御龙在天》央视黄金时段广告

资料来源：http://wangyou.pcgames.com.cn/459/4596923.html[2016-03-02]

如今，网络游戏已不再仅仅是青少年的娱乐，越来越多的网游百家争鸣、大作齐飞，给玩家以丰富多彩的选择，市场上再没能出现一款像《传奇》《魔兽》一样具有统治力的游戏，也不会再出现在网吧里一呼百应的游戏盛况。

3.手机游戏

90 年代，手机游戏伴随着手机的推广而诞生，最早的手机游戏都是手机公司开发的，作为手机的内置功能，以增加卖点。1997 年，诺基亚推出第一款内置游戏手机 6110，黑白屏上搭载的《贪吃蛇》《俄罗斯方块》，可以说是手机游戏的鼻祖。

但直到智能机、触屏产生，手机游戏才摆脱键盘的束缚，成为独立的创新行业。2012 年是中国手游的爆发期，许多手游创业者掘到第一桶金。腾讯、网易、盛大等端游巨鳄在手游市场发现商机，纷纷投资收购小型手游公司，或代理国外手游。2014 年，中国手游市场日渐成熟。手游用户数量达到 2.13

亿,在移动网民中的渗透率达 53.6%,市场规模达 276 亿元。[①]

手游市场群雄争霸,手游广告也妙招百出针对广大单身玩家,《刀塔传奇》[②]在光棍节打出"33 级告别单身"的广告,通过"送话费"来吸引消费者。

图 6-46　2014 年手游《刀塔传奇》光棍节广告

资料来源:http://www.962.net/wz/103981.html[2016-03-02]

手游的兴盛与消费者娱乐习惯的改变密切相关。首先,智能触控手机普及,原本在电脑上进行的娱乐活动逐步转移到更为便捷的手机端。其次,移动网络的提速、流量资费的降低、手机硬件配置的提高使手游实现联网互动,一些大型手游甚至可以和端游媲美。此外,《天天酷跑》《节奏大师》这样现象级手游,借助 QQ、微信等社交软件的强大用户群,使游戏玩家可以在社交平台上分享成绩,与朋友互动,获得海量的使用量,培养消费者玩手游的习惯。手游的发展和推广,与消费者娱乐消费行为的变迁相辅相成。

---

① DataEye.2014 年手游行业发展数据报告[R/OL].(2015-03-18)[2016-05-13].http://www.199it.com/archives/333341.html.

② 《刀塔传奇》是由莉莉丝研发、龙图游戏发行的动作卡牌手游,于 2014 年 2 月 25 日正式登陆 App Store,同年 5 月 21 日登顶 App Store 畅销榜,是 2014 年最火的手机游戏。

二、主题乐园：人工构造的梦幻空间

游园是古老的集体活动，北宋时期，由于社会稳定、商业繁荣、园林兴建，而大为兴盛。[①] 从"祭丰登""吟诗赋"到"观百戏""赏莺花"，小朋友可以嬉戏，大人们也可以休憩、交友。古时的游园会以观赏为主，游乐设施简单古朴，参与性较低，与现代意义上的游乐园相去甚远。但历史总是相似的，现代主题游乐园的兴起离不开社会的稳定与人民生活水平的改善。

主题乐园[②]源于西方，1955 年 7 月 17 日，世界第一家真正意义上的主题乐园"迪斯尼乐园"在美国洛杉矶落成，西方的主题乐园从机械游乐园向着现代主题公园过渡。这一时期，中国的工业经济刚刚起步，国家尚无余力投资游乐园建设，老百姓更无暇玩乐。

改革开放后，虽然国内还没有大型游乐园，但公园中的滑梯、秋千已经令人兴奋不已。承德一公园中，不论是小朋友还是青年人，都排队玩起滑梯。

主题乐园是旅游发展到一定阶段的产物。伴随着收入水平的提高、休闲时间的增多以及国家拨款支持[③]，中国旅游发展起步，主题乐园也开始筹备建设。1982 年，广东中山兴建我国首家大众游乐园"长江乐园"，突破"游山、玩水、看庙"的旅游模板，在全国引发建设游乐园的热潮。过山车、摩天轮等、旋转飞机等国外大型机械设施被引进，让从未体验过这些游乐项目的中国人叹为观止，有些人不惜花大价钱来体验，游乐园的年游客量大约在 100 万～200 万人次。这一时期，游乐园广告以新鲜刺激为主要诉求，重在推销项目，追求短期利益。游乐园的经营者关注的是吸引更多的游客，而不是打造自身品牌来获取市场忠诚度。

---

① 常卫锋.北宋东京园林景观与游园活动研究［D］.河南大学，2006：69.

② 主题乐园，又称主题公园、主题游乐场，在休闲产业中指有特定游憩主题的、可供人们游乐、休闲、享受的特定空间范围的园区。主题公园相较于普通公园更具有主题性，集购物、巡游、表演于一身。

③ 从 1979 年到 1986 年国务院召开四次全国旅游工作会议，一系列的政策也随之出台，包括确定每年给旅游五亿元的投资。

图 6-47　20 世纪 80 年代河北承德公园排队玩滑梯的游人

资料来源：www.mrjhz.com/news/163969.html[2016-02-08]

图 6-48　1985 年 5 月 7 日《羊城晚报》刊登珍珠乐园广告

80年代末，以文学名著为主题的公园出现，例如1987年北京大观园、1989年河北正定西游记宫，这些公园将影视剧中的情节画面静态展现，创造性地运用当时比较先进的声光电技术，一时间游人如织，获得巨大成功。但这些影视主题公园缺乏互动性，主题单一且易于模仿，未深入挖掘文化内涵，人们对于游乐园的新鲜感逐步丧失。加上入园门票高且园内大部分项目还需单独收费，热闹非凡的游乐园很快门可罗雀，游乐园的经营陷入困境。人们更喜欢去价格便宜的城市公园中玩比较传统的项目，如荡秋千、划船、滑冰。

图6-49 1985年在广州某公园划船的一家人

资料来源：阎雷.昨天的中国[M].北京：北京联合出版公司,2015:318−319.

1989年深圳"锦绣中华"①的成功开业，标志着中国真正意义上的主题乐园诞生，自此中国大型主题游乐园飞速发展。据有关部门不完全统计，我国主

---

① "锦绣中华"是中旅集团参照荷兰小人国的创意，采用微缩景观的方式，选取我国有典型代表性的名胜山水、古迹民俗进行高度提炼和再创造，形成80个微缩景点。其丰厚的文化底蕴，精心设计和科学有效的经营管理使它一推出就获得巨大的成功，开业一年多就收回一亿元的投资。

题公园总体数量是以每三年一个台阶的速度呈梯级增长态势：1989 年有 30 多个，1993 年初增至 600 多个，1996 年底发展到 1 730 多个。[①] 游乐园的主题日益多样化，欢乐互动体验、名胜微缩景观、历史场景再现、科技幻想等包罗万象的游乐主题迎合当时人们对传统文化的热衷和对西方文化的好奇，满足人们积蓄已久的娱乐休闲新需求。

深圳欢乐谷　　　　　　　　　　　　　　　　　深圳世界之窗

杭州宋城　　　　　　　　　　　　　　　　　常州恐龙乐园

图 6-50　20 世纪 90 年代兴建的各式主题乐园

资料来源：http://www.nipic.com/show/12805807.html［2016-02-27］

1995 年开始实行双休日制度，个人可支配时间延长，生活水平显著提高，利用双休日花费 2～10 元的票价去一次游乐园并非难事。由于游乐园中新鲜有趣的主题项目对小朋友有很大的吸引力，于是主题公园将宣传重心放在小朋友身上，广告表现多以生动活泼的卡通形象来吸引小朋友。在忙碌的工作

---

① 张芳.中国主题公园发展历程研究［D］.广西大学，2006：25.

之余,抽出周末陪孩子去游乐园成为家长们的新任务。

图 6-51　1996 年广州某游乐园门票

资料来源:http://www.997788.com/pr/detail_134_19377147.html[2016-02-27]

2000 年后,随着经济的持续发展,居民对于休闲娱乐的需求空前强劲。在旅游交通条件改善,政府、民营和海外资本多种投资介入的推动下,各种大型主题乐园相继建立。到 2002 年,全国共建成 2 500 座大小不等的主题公园,但其中只有 10%能够赢利。真正脱颖而出的主题乐园大多由于找准市场定位,例如锦绣中华针对海外游客,世界之窗立足于国人了解世界著名景观的需求,欢乐谷则主要针对年轻人。北京欢乐谷在开园前夕面向学生推出特惠票,在北京的一些大学校园中发售,以吸引大学生群体,2006 年开园第一个月,游玩人数就突破 20 万人次。[①] 此时游乐园的消费主力军不再是中年夫妻家庭,学生、时尚白领等年轻群体成为广告的重点诉求对象,时尚、休闲、刺激、有趣、国际范成为游乐园广告的宣传的关键词。

2005 年 9 月 12 日,香港迪斯尼乐园正式开放,首日便吸引 1.6 万名来自世界各地的游客。香港迪斯尼进入中国,除了带来鲜活的卡通人物,成为青少

---

①　九儿.北京游乐园寿终不正寝——京城游乐园市场硝烟弥漫[J].北京纪事,2010(7):24—26.

年寻求欢乐的梦幻王国外，也大幅度拉动香港就业率及旅游业的发展[1]，更为内地的主题公园带来先进的经营与营销思路，如影视、食品玩具等相关产业链的开发，与媒体、电视节目合作。

图 6-52　2011 年在香港迪斯尼游玩的游客

资料来源：http://soundofhope.org/node/66635[2016-01-29]

主题乐园从以前注重体验游乐设备与特殊试听效果，发展到更加注重主题性与文化性，个性愈发鲜明，着手自身品牌的打造与推广。如华侨城"欢乐谷"品牌复制到 6 个城市，华强"方特"品牌扩张到 8 个城市，被誉为"中国好莱坞"的横店影视城则拥有 12 个影视基地。主题乐园以城市为依托，大力开发文化产业、创意产业、媒体产业、房地产和旅游业，逐渐形成文化集群，推动城市化进程与基础设施建设，使城市居民即使不进这些主题乐园，也或多或少受其影响。主题乐园为了增强品牌忠诚度，更加关注与粉丝的互动[2]，大力举办

---

①　刘韬.迪斯尼拉动香港经济[N].人民日报，2005-07-28(3).

②　赵正.主题乐园 3.0"粉丝经济"怎么玩[N].中国经营报，2014-12-08(C03).

充满趣味与体验性的文化活动。以欢乐谷为例，针对年轻与充满活力的目标受众，各地的欢乐谷举办"彩色跑"①、街舞大赛、万圣节"僵尸跑"、Cosplay 大赛等活动。

2013年上海欢乐谷"惊声尖叫"万圣节活动

2014年成都欢乐谷"彩色跑"

2014年北京欢乐谷街舞比赛

2016年北京欢乐谷Cosplay比赛

图 6-53　各地欢乐谷举办的文化活动

资料来源:http://acg.178.com/zt/jinmianju2012/[2016-02-22]

截至 2013 年，171 家国家 5A 级旅游景区中，主题公园占 25％。主题公园成为成熟的旅游产品，集旅游、餐饮、购物、休闲、科教、体验于一体。主题公园的占地面积、投资规模、品牌推广也逐步扩张，普遍投资高达 10 亿～100 亿人民币，游客接待量在 200 万～500 万人次。② 如今，中国大大小小的主题乐园数不胜数，各种主题乐园星罗密布，去当地的主题乐园成为中国人旅游途中的重要一站。

---

①　"彩色跑"(The Color Run)，2011 年发源于美国，另称"地球上最快乐的 5 公里赛跑"，参加者身着白色 T 恤，跑步过程中经过不同的彩色站，会被从头到脚抛撒彩色粉末。
②　钟士恩，张捷，李莉，钟静.中国主题公园发展的回顾、评价与展望[J].旅游学刊，2015(8):115-126.

小　结

电子游戏伴随着互联网的普及而风靡，但由于虚拟空间与现实社会的偏差，其传播与发展一直萦绕着负面新闻与诸多非议，无数家长、专家一度视其为洪水猛兽，谈游戏色变。随着社会发展与思想进步，国人逐步正视电子游戏对于休闲娱乐的积极作用，更加注重游戏体验。越来越多具有消费能力的成年人加入游戏大军，加上游戏运营商的多样化营销手段及国家政策的开放与扶持，中国游戏产业迅速发展壮大。电子游戏广告也顺应着人们对游戏需求的变化：从最早披着"学习"的外衣来推广游戏机、针对儿童和儿童家长的心理来打广告，到面向年轻群体、推崇游戏生活方式，广告的诉求与主体形象随着消费群体的变迁而发生明显转变。

与电子游戏不同，现实世界的"游戏"——主题乐园则由于真实可感的新鲜刺激而从一开始便饱受国人青睐。但大部分早期主题乐园由于经营规划不当、门票价格过高等原因，昙花一现。如今，中国的主题乐园更加注重个性化的品牌打造以及人性化的全方位体验服务，综合运用多种营销形式为主题乐园的推广助力，随着人民生活水平提高，对休闲娱乐的需求空前旺盛，主题乐园成为娱乐观光不可或缺的部分。

第七章　美丽围城：从涂抹护肤到极致完美

　　"云想衣裳花想容"，当禁欲主义不再被歌颂，美丽终于找到被追逐的理由。随着姓"资"、姓"社"谜团的揭开，思想解放、市场放活，冰封的经济开始消融。然而万物有度，弹指一挥几十年，中国人在追求美丽的长路上浮沉数度，如置身围城，渴望破茧成蝶，却又陷入作茧自缚的怪圈。作为时代镜像的广告记录着改革开放后国人寻美的心路历程，美丽本无终点，时尚永无极限。如置身围城，渴望破茧成蝶，却又陷入作茧自缚的怪圈。作为时代镜像的广告记录着改革开放后国人的寻美足迹。

第一节　寻美记：改革开放后的美丽事业

　　从呱呱坠地的婴童到耄耋老者，从多情细腻的女子到飒爽英姿的壮汉，对美的追求始终如一。经济匮乏或充盈，技术简朴或精密，只影响着国人寻美脚步迈出的幅度，但方向始终坚定向前。以广告为镜，回溯这段印记，近四十年的寻美历程愈发清晰，寻美之路反映了国人生活的变化，更记录着中国社会的变迁。1978—1987 年，以上海家化为首的国货市场让往日"擦脸油"的历史一去不复返；1988—1997 年，洋货入驻使新兴的护肤理念漂洋过海来到亚细亚；1988—2005 年，明星名模将国人对化妆品的期望值捧至巅峰；2006 年至今，美容业历经万象褪去浮华，逐步驶上有序轨道。每一次寻美历程的更迭，都反映着时代变迁中，国人对于美的孜孜以求，对自我关爱的步步提升。

一、1978—1987年：国货为王

1.擦脸油的"进化论"

爱美之心人皆有之，改革开放初期国人梳妆台上擦脸油的"进化"是一部美的史诗，串联起一个个与美有关的故事。

图7-1 20世纪60—80年代国人梳妆台上流行的化妆品

资料来源：http://baby.163.com/13/1210/09/9FNN6VTA00364MNT.html[2016-03-11]

改革开放初期，人们的生活普遍贫困，普通人经济能力有限，仅只满足于吃饱穿暖，那时候化妆品基本上绝迹，擦脸油是国人对化妆品的最初记忆。经济吃紧的年代，蛤蜊油是寒冬里防皱防裂的不二法宝，一般以蛤蜊壳的大小来

区分重量并确定价格，通常分为大中小三种，小的最便宜只要几分钱一个。蛤蜊油并不是从蛤蜊中提取的油脂，只是以蛤蜊壳为容器，里面是膏脂。20 世纪六七十年代外包装原材料紧张，所以把海边富余的蛤蜊壳拿来充当化妆品的简易包装。洗净后的蛤蜊壳光洁别致，用蜡封口后再贴上标，俨然工艺品，这份贫困年代里的匠心如今看来仍值得赞叹。中国城市里的孩子有不少是通过蛤蜊油认识贝壳的，小姑娘们把蛤蜊油装进口袋里带到学校，课间拿出来比谁的蛤蜊壳大，谁的花纹漂亮，小小的蛤蜊壳里装着国人对于美最朴素的向往。蛤蜊油用完后，壳是不舍得扔掉的，孩子们将蛤蜊壳按原状合上，把大头放在水泥地上磨出两个圆孔，含在嘴里就可以吹出声音，大街上常常可以看到口含蛤蜊壳"乐器"吹得起劲的小孩。

1969 年，上海家用化学品厂（简称上海家化①）的成立扭转了中国化妆品市场的单一格局。上海家化的前身是成立于 1898 年的香港广生行，1949 年国家施行公私合营，广生行、明星公司和其他化妆品、化学公社合并为上海明星家用化学品制造厂，"文革"期间改名为上海家用化学品厂。自此上海家化开始了以"友谊""雅霜"雪花膏称雄中国化妆品市场的历史，擦在手上像雪花一样消失不见的雪花膏取代早期的蛤蜊油，承载了一代少女关于美的幻想。60 后的杨女士记得，当年五六万人的乡镇就只有一个地方卖雪花膏，供销社里卖化妆品的女人很神气，她好像是镇上最"时髦"的女人②。精打细算的女人会留着用完的"雅霜"瓶子，然后到代销店去买一角、两角的雪花膏装进去继续用，那时供销社百货柜上都会摆放一个 1～1.5 公斤的大瓶装雪花膏对外散称出售，营业员先称空瓶的重量，然后用一根竹条从大瓶里挖了雪花膏装入小瓶再按两称重后结账。和雅霜齐名的还有"百雀羚"。百雀羚创立于 1931 年，是国内屈

---

① 1958 年广生行、明星家用化学品制造厂、东方化学工业社、中国协记化妆品厂合并为上海明星家用化学品制造厂，"文革"期间改名"上海家用化学品厂"。1992 年改制为"上海家化联合公司"。1996 年上海家化有限公司成立，2001 年与上实日化控股有限公司联合成立上海家化联合股份有限公司，简称上海家化。

② Yang.红花雪花膏曾是我的嫁妆之一［EB/OL］.（2009-08-28）［2016-05-08］.http://finance.qq.com/a/20090828/00 7437.htm.

指可数的历史悠久的化妆品厂商,曾被多次评选为"上海著名商标",荣获"中国驰名商标"等称号。早期的百雀羚是铁盒装,扁扁的深蓝铁皮圆盒上面绘满各种五彩的鸟,里面是银白铝箔盖着的白色膏体,不用凑近就可以闻到浓厚的甜香。

随着经济的发展,国人对美的需求进一步提高,当护肤品完成从"擦脸油"到"雪花膏"再到"香脂"的转变后,新的消费需求再次被激发。1985 年,国内日化工厂第一个洗面奶系列安安粉刺洗面奶、柠檬增白洗面奶等产品问世。1985 年,大宝一创立就以"高质量、低价位、服务大众"为经营宗旨,"大宝天天见""要想皮肤好、早晚用大宝"广告语出现在电视上、公交车、火车上传遍中国,老少皆宜的"大宝"迅速被国人接受。随后"大宝"推出的速消眼角皱纹蜜、老年斑霜、眼袋霜等产品,把对肌肤的养护扩展到更细的层面。

图 7-2　20 世纪 80 年代大宝车体广告

资料来源:http://fans.yxlady.com/thread-37231-1-1.html[2016-03-21]

这一时期虽然国货占主导地位，但仍有一些洋品牌看准中国改革开放的时机，率先打入中国化妆品市场。1981年德国威娜与天津第一日用化学厂合资，成为第一家进入中国的西方美发企业，1983年推出的威娜宝首次把"香波""护发素"等养发、护发新概念带入中国。威娜宝的电视广告中，既有少女的如云美发被风吹得飘然起舞的镜头，又有胖老头、中年妇女、小孩头发上堆满泡沫随风起舞的镜头，还有英俊小伙子腾飞踢足球的画面，极富吸引力的广告片赢得消费者的喜爱。[①] 80年代的女星张蔷曾提到，当年理发馆做头发很贵，尤其是烫发，还要烫发票，她为了模仿芭芭拉·史翠珊在电影里的造型，就把筷子弄折，用洗相纸裹住头发，涂上威娜宝香波烫了个爆炸头。[②]

1981年，日本资生堂进入中国，当时唯一合法销售渠道是华侨和上层人士经常光顾的外汇商店。外汇商店是国家为了吸引外汇而设置的，当时海外侨胞向国内亲友汇过来的都是外币，国内的亲友收到后只能从银行取到人民币，国家同时按比例给些侨汇券，如同凭粮票去粮站买粮食一样，凭着侨汇券就可以到侨汇商店买到所需的商品。侨汇商店里的商品花色齐全，有一些是市场上见不到的，物以稀为贵，花大价钱托人买来的洋品牌让早期爱美的国人赚足了面子。

2.理发馆的"时尚风"

信息匮乏的年代，影视剧是大众生活的第三只眼。改革开放浪潮袭来，国人求新求变之心随着外国电影的进入萌动起来。1979年，日本电影《追捕》塑造了高仓健的硬汉形象，也让长发披肩的真由美成为少男心目中的梦中情人。1983年日本电视剧《排球女将》[③]在央视首播，剧中球技精湛清纯可人的小鹿

---

① 谢少安.对外贸易心理学[M].武汉:武汉工业大学出版社,1990:250.

② 韩松落,张蔷.一个真正享受过80年代的歌手[EB/OL].(2014-01-28)[2016-05-08].http://ent.sina.com.cn/zl/bagua/blog/2014-01-28/11361065/1152440821/44b0d9f50101qvwl.shtml.

③ 《排球女将》是根据石森章太郎著名漫画改编的日本偶像连续剧,该剧由寺山惠美子执导,荒木由美子、南条丰等主演,1979年在日本朝日电视台播出,1983被中央电视台年引进。讲述一群女中学生为参加1980年莫斯科奥运会排球比赛而努力打拼的故事。

纯子牵动着观众的心，爱屋及乌的女性追捧起剧中人物的发型，从年轻的少女到幼儿园的小孩都模仿小鹿纯子，把额角两侧的头发扎起小辫来，大街上的"纯子头"成为风景。[①] 1984 年，《血凝》[②]再次转动美丽的风向标，影片中幸子一头清丽的短发让习惯长头发、大辫子的女青年眼前一亮，去理发店理一个"幸子头"成为那个年代的时髦打扮。

美丽从来不是一蹴而就的，多变的发型是潮流的缩影，爱美的人不辞辛劳地追赶着时尚。20 世纪 80 年代，小理发店的烫发总能引来许多渴望变美的少女钦羡的目光。

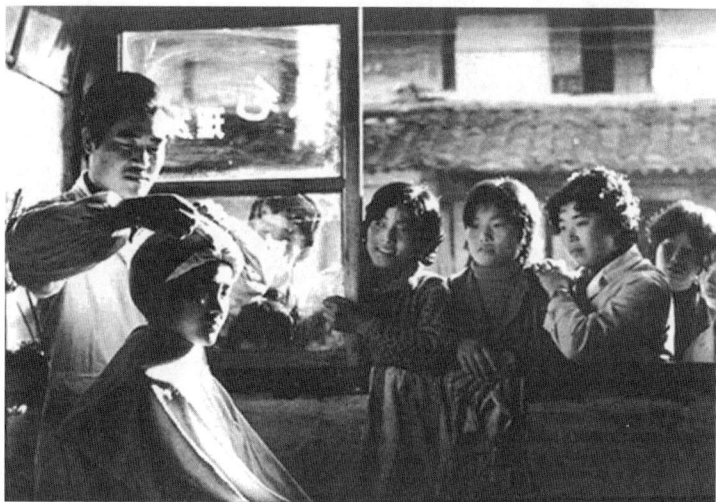

图 7-3　1984 年理发馆的烫发引来围观女性钦羡的目光

资料来源：http://www.kelamayi.com.cn/fzdl/2013-11/11/content_1115414.htm [2016-03-29]

---

① 彼得.小鹿纯子头尽显甜美淑女气质[EB/OL].(2013-12-29)[2016-05-08].http://www.051jk.com/qiaomen/show/180737.html.

② 《血凝》是日本东京广播公司于 1975 年播出的日本电视连续剧，由濑川昌治、国原俊明、降旗康男执导，山口百惠和三浦友和主演，1984 年引入中国。该剧讲述大岛幸子在研究室受到生化辐射患上血癌需要不断换血，由于血型特殊引出其身世之谜，上演了一幕感人肺腑的故事。

大牌美发厅的门口总是排着长长的队,里面的人顶着发卷一坐就是几个小时。长发可以烫成长波浪,短发可以搞个《小街》[①]里的"张瑜头",中发可以烫成爆炸式的蘑菇头[②],理发馆的墙上贴满时兴发型的宣传画。

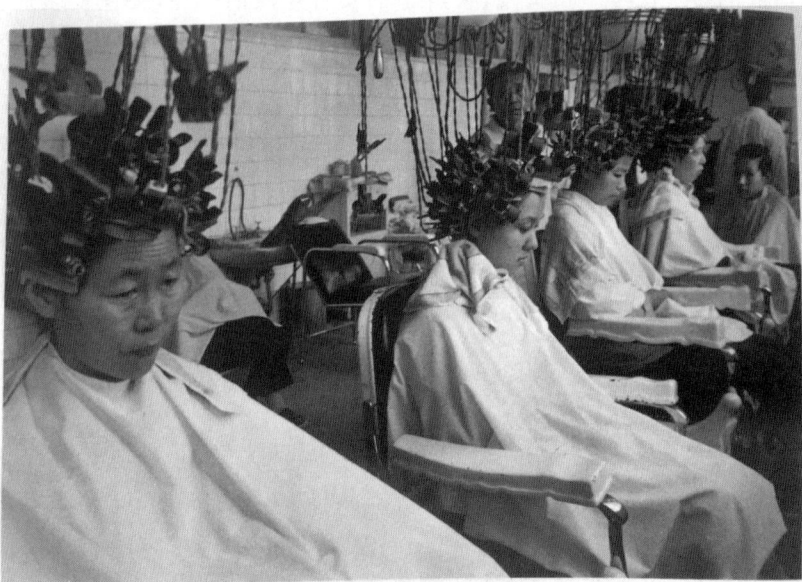

图7-4 1981年北京某发廊正在烫发的女性

资料来源:刘香成.毛以后的中国1976—1983[M].北京:世界图书出版公司,2011:159.

但风气初开的中国,对男性发型的要求并不像女性那么宽松,1980年《羊城晚报》评论专栏,越秀山下,刊出的文章《橱窗摆奇景不男不女》和净言专栏刊出的文章《男青年不宜留长发》就对当时男性前短后长的发型提出批评。

---

① 《小街》由杨延晋执导,张瑜、郭凯敏、杨延晋等主演,1981年由上海电影制片厂出品。影片讲述两个青年人在"文革"中的一段难忘而又苦涩的经历,体现普通人对于幸福美好生活的追求,从"文革"对人性毁灭的角度去反映和批判这场史无前例的浩劫。

② 阿精.三十年时尚变迁清纯年代一去不返.[EB/OL].(2016-04-11)[2016-05-08].http://www.neweekly.com.cn/newsview.php? id=5292.

图 7-5　20 世纪 80 年代理发馆流行发型样式

资料来源：http://www.neweekly.com.cn/newsview.php? id＝5292[2016-03-11]

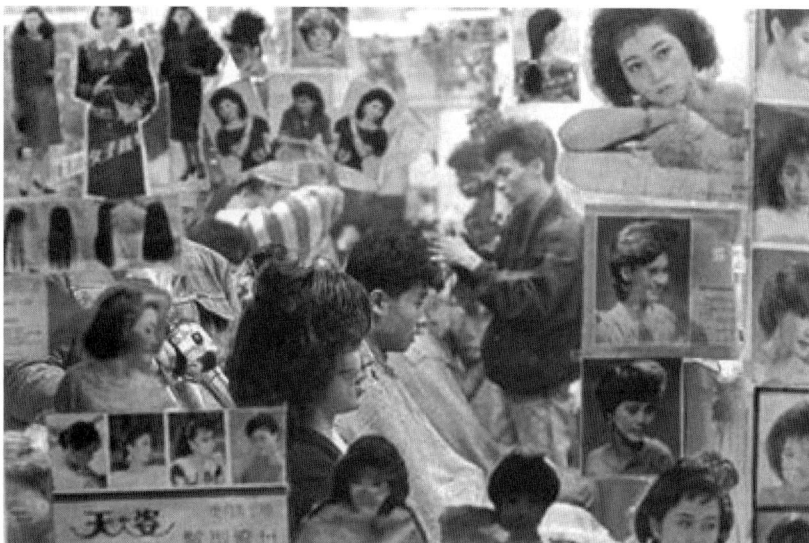

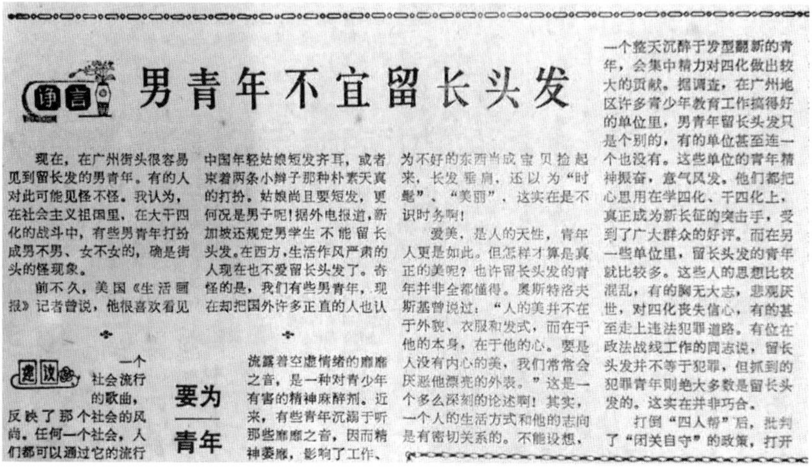

诤言

男青年不宜留长头发

现在，在广州街头很容易见到留长发的男青年。有的人对此可能见怪不怪。我认为，在社会主义祖国里，在大干四化的战斗中，有些男青年打扮成男不男、女不女的，确是街头的怪现象。

前不久，美国《生活画报》记者曾说，他很喜欢看见中国年轻姑娘短发齐耳，或者束着两条小辫子那种朴素天真的打扮。姑娘尚且要短发，更何况是男子呢！据外电报道，新加坡还规定男学生不能留长头发。在西方，生活作风严肃的人现在也不爱留长头发了。奇怪的是，我们有些男青年，现在却把国外许多正直的人也认为不好的东西当成宝贝捡起来，长发垂肩，还以为“时髦”、“美丽”，这实在是不识时务啊！

爱美，是人的天性，青年人更是如此。但怎样才算是真正的美呢？也许留长头发的青年并非全都懂得。奥斯特洛夫斯基曾说过：“人的美并不在于外貌、衣服和发式，而在于他的本身，在于他的心。要是人没有内心的美，我们常常会厌恶他漂亮的外表。”这是一个多么深刻的论述啊！其实，一个人的生活方式和他的志向是有密切关系的。不能设想，一个整天沉醉于发型翻新的青年，会集中精力对四化做出较大的贡献。据调查，在广州地区许多青少年教育工作搞得好的单位里，男青年留长头发只是个别的，有的单位甚至连一个也没有。这些单位的青年精神振奋，意气风发。他们都把心思用在学四化、干四化上，真正成为新长征的突击手，受到了广大群众的好评。而在另一些单位里，留长头发的青年就比较多。这些人的思想比较混乱，有的胸无大志，悲观厌世，对四化丧失信心，有的甚至走上违法犯罪道路。有位在政法战线工作的同志说，留长头发并不等于犯罪，但抓到的犯罪青年则绝大多数是留长头发的。这实在并非巧合。

打倒“四人帮”后，批判了“闭关自守”的政策，打开

建议

要为青年

一个社会流行的歌曲，反映了那个社会的风尚。任何一个社会，人们都可以通过它的流行

流露着空虚情绪的靡靡之音，是一种对青少年有害的精神麻醉剂。近来，有些青年沉溺于听那些靡靡之音，因而精神萎靡，影响了工作、

图 7-6　1980 年 6 月 18 日《羊城晚报》刊登关于男士发型的新闻评论

随着消费水平的提高，理发店经营的业务范围也越来越多样化。据北京东城区档案局 1978 年 9 月 4 日“东服(78)服务字第 7 号”《关于四联、二联、鼎新理发馆调整恢复价格的请示》中记载：“四联理发馆自从去年停业翻建以来，

现已接近竣工……为了满足特殊顾客需要，女部恢复修指甲、摘眉等业务。"

图7-7　1978年北京四联理发馆

资料来源：http://cul.qq.com/a/20151006/023855.htm[2016-03-09]

1984年年底，四联理发馆重新装修，更名为四联美发厅。这一年，店里请来日本著名美容师手把手教店员洁面、按摩等美容技术。1985年，店里进口了两台多功能面部清洗机（美容机），做一次美容15～20元，相当于普通工人月工资的一半，但美发厅外依然迅速排起长队。[①]

20世纪80年代，国人对化妆的概念是把脸涂白和碳素笔描眉，粗劣的化妆技巧随处可见。

---

① 席跃华.中华美容大典[M].广州：广东人民出版社.2009：12.

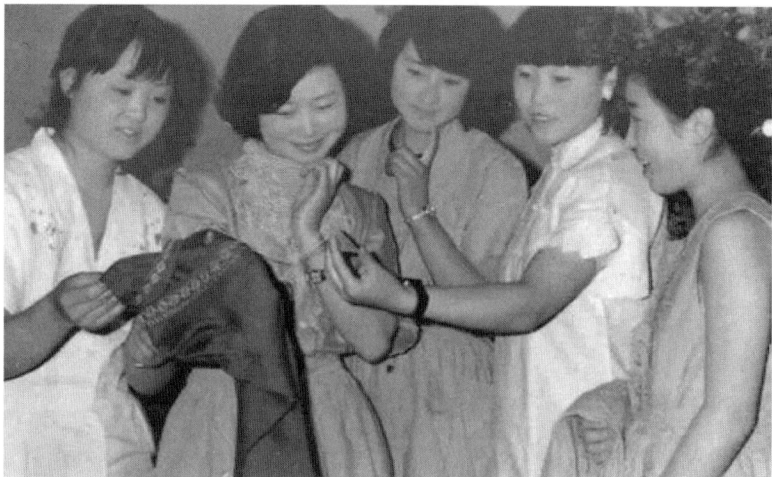

图 7-8 80 年代女性化妆技术欠佳,脸部和身上肤色形成反差

资料来源:http://www.kaixin001.com/repaste/35388808_974258814.html[2016-03-15]

这一时期美容行业的领军人物是两位女性——蔡燕萍①和郑明明②。

蔡燕萍被称为"中国的阿信",1972 年她借资 3 000 元在台湾开设了一家只有一张座椅的美容院;1975 年建造化妆品厂,但由于资金不足事业面临危机;次年她又贷款 24 万,东山再起,直到 1982 年美容事业才开始有声有色,她创办的"自然美"成为中国第一家上市的美容公司。

郑明明被誉为"美容教母",她开创纹绣历史③的先河,创办中国第一家美容学校——蒙妮坦美发美容职业教育学校④。谈起创办培训学校的初衷,她

① 蔡燕萍,台湾彰化人,美国杜威大学商学荣誉博士,自然美生物科技有限公司董事会主席。1972 年在台湾创立自然美容术,创办自然美品牌。1992 年,投入 420 万美元开设上海自然美化妆品有限公司,将自然美的理念带到大陆市场。2005 年获"中国十大美容最具影响力人物"称号。

② 郑明明,1946 年出生印尼,化妆品牌"郑明明"创始人,国际专业美容师协会主席,世界十大知名美容女士、国际美容教母。其创办的"蒙妮坦"美容学院开中国美容教育的先河。

③ 郑明明把针绑在筷子上,利用"纹身术"的原理蘸取色料刺入皮肤着色,形成永久成型、持久上色的眉型,因而被纹绣界公认为纹绣业最大贡献者。

④ 徐新军,广丰.美容化妆品:中国"三十而立"——中国美容化妆品改革开放三十年[J].中国化妆品:行业,2008(12):10.

回忆起 1984 年的一件往事,当年她在北京给一个女生化好了妆,女孩为了保持美丽竟然三天不洗脸,甚至连口红也不敢擦。20 世纪 80 年代,郑明明在北京华联商厦示范化妆技巧,整个商厦被围得水泄不通。郑明明深谙中国人对美的渴望,立志将美的事业带到中国。

图 7-9　20 世纪 80 年代郑明明在北京华联商厦示范化妆技巧

资料来源:http://news.163.com/special/hongkong15years/[2016-03-14]

二、1988—1997 年:洋品牌的投石路

1.洋品牌入侵,国货渐隐

北京市百货大楼的员工李师傅记得,20 世纪 90 年代末,一楼化妆品柜台已经开始售卖国外品牌,例如玉兰油、美宝莲,刚引入兰蔻的时候,大家还不知道该怎么叫,就按照其商标称之为"小树叶"①。

---

　　① 李丽,王芳,杨阳.北京百货大楼化妆品品牌演变史[EB/OL].(2015-11-07)[2016-05-08].http://www.zhongguosyzs.com/xinxi/9817.html.

图 7-10　20 世纪 90 年代北京商场化妆品柜台

资料来源：http://news.365jilin.com/changchun/20110505/188880.html［2016-03-17］

　　1988 年，美国宝洁①进入中国，与上海肥皂厂合资设厂。宝洁按照其一贯的理性诉求，以独特销售主张②策略推出海飞丝去头屑洗发水。1992 年，宝洁在北京举行中国洗发水入户大派发活动，通过走街串巷式的广告宣传，引发中国老百姓关注。这种让人们在购买商品之前先行试用的体验式营销形式，对守旧的中国人来说无疑是一招妙棋。

　　此后国际知名品牌争相进入中国市场。1990 年，联合利华将旁氏落户上海；1992 年，路易威登、阿玛尼、香奈儿、古奇等国际顶级时尚品牌涌入中国；1993 年，倩碧成为雅诗兰黛旗下第一个进入中国的护肤品牌，在上海设立第一个销售柜台；1997 年，欧莱雅公司在上海设立中国总代表处，负责在中国经

---

　　①　宝洁（Procter & Gamble）创建于 1837 年，是全球最大的日用消费品公司之一。1988 年，宝洁在广州成立中国的第一家合资企业—广州宝洁有限公司，开始其中国业务发展的历程。

　　②　独特销售主张（Unique Selling Proposition）：1961 年，美国学者罗瑟·瑞夫斯提出 USP 理论。该理论的三大原则是：（1）每则广告都必须向消费者陈述一个主张；（2）该主张必须具有独特性，是竞争者所不能或不会提出的；（3）该主张一定要能够促进销售。

销欧莱雅公司各类产品。

这些洋品牌的出现，丰富了中国的化妆品市场，也为爱美的中国人带来全新的美容知识，带来"护肤观"。1997 年来到中国的可伶可俐（Clean & Clear），在中国青少女中首先提出"清洁—调理—滋润"的护肤三步骤概念，帮助青少女树立正确的"护肤观"。

洋品牌大举进入中国，为民族工业带来挑战。国人对民族工业忧虑的同时，运用民族情感，打民族牌成为许多企业的市场战略。有的结合企业自身的民族工业特色进行宣传，有的以民族情感赢取关注，重庆奥尼是一家中外合资企业，但是进入中国市场之初却以国货为诉求点。

图 7-11 1995 年重庆奥尼皂角洗发浸膏广告

资料来源：黄升民等.中国广告 20 年[CD].北京：武警音像出版社，2001.品牌之路.19′25″

广告片"长城永不倒，国货当自强"未帮助重庆奥尼成功抢占中国市场。海润国际广告有限公司总经理刘燕铭回忆起这段广告曾总结说："当时消费者觉得洋货总比国货好，看了广告，反而不买了。"

2.韩流、哈日风来袭

1993 年,韩国电视剧《嫉妒》①在中央电视台播出,这是韩剧第一次登陆内地荧屏;1997 年,电视剧《爱情是什么》②在央视的热播带动韩国娱乐文化涌入中国并逐渐形成韩流。1994 年,哈日风潮从台湾吹到大陆,大街上开始流行玩滑板,穿 HipHop 的衣裳,扎花里胡哨的头巾,穿松糕鞋和有短流苏的裙子,顶一头纤维烫发。

随着韩流、哈日风的兴起,90 年代卷发成为上海街头的时尚装扮,理发店因此新增烫发业务。由于掌握烫发技术的理发师较少,一个店的接待量有限,顾客在理发店门口排队等待烫发的情况时有发生。

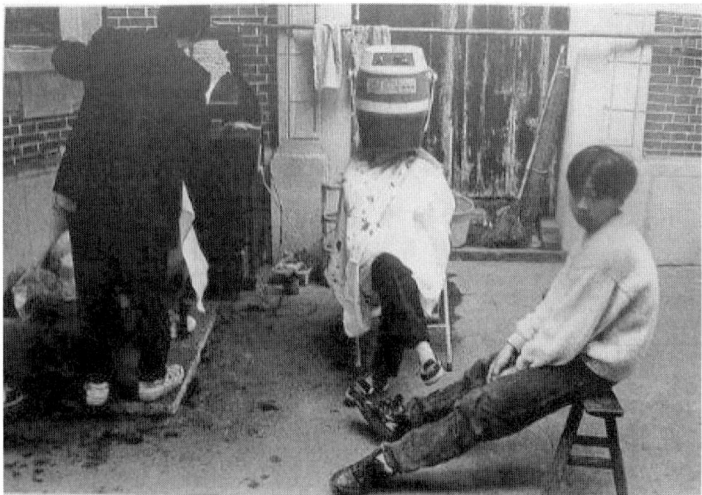

图 7-12　1993 年上海街头流行的烫发

资料来源:http://bbs.tiexue.net/post2_5693177_1.html[2016-03-01]

----

① 《嫉妒》由李承烈执导,崔真实、崔秀宗、李应京主演,是 1993 年中国引进的首部韩剧。故事讲述一对年轻人因重重的顾虑和误解让原本单纯的爱情波澜迭起,经过漫长的煎熬才领悟爱情的真谛。

② 《爱情是什么》由普哲执导,李顺载、金惠子、尹汝贞等主演,于 1997 年引进中国,是经典的韩国家庭剧,中国韩潮源头。该剧讲述一个传统保守的旧式家庭与一个现代民主的新式家庭联姻引发的故事。

这一时期，化妆品公司适时抓住消费者心理，启用炙手可热的明星代言，为产品销售创下良好业绩。如佳丽宝启用日本当红明星木村拓哉代言，1995年日本男星木村拓哉在佳丽宝口红中的"用你的唇去攻占他的心"成为当年最热门广告语，佳宝丽用于宣传的广告招贴画也在一夜间被疯狂的木村迷们撕光拿回家珍藏。

图 7-13　1996 年佳宝丽口红广告

资料来源：http://baike.baidu.com/view/8269.htm[2016-03-22]

3.美容机构增多

电视剧、电影中不可方物的大明星们刺激着国人的感官，化妆品已经无法满足消费者渴望即刻变美的需求。于是 80 年代中后期一些简单的医疗美容手段，如"三纹"（纹眉、纹眼线、纹唇）开始被运用到美容行业中。

1996 年，法国思妍丽进驻中国，在北京开设首家专业美容中心，相继在上海、广州、深圳等 20 个大城市开设 60 多家专业美容中心。1997 年，克丽缇娜进入中国，此后数年相继在全国各地开设包括加盟店在内的数百家美容院。1997年年底，中国各种档次的美容机构已逾百万家，其中从业人员达 500 多万人。仅

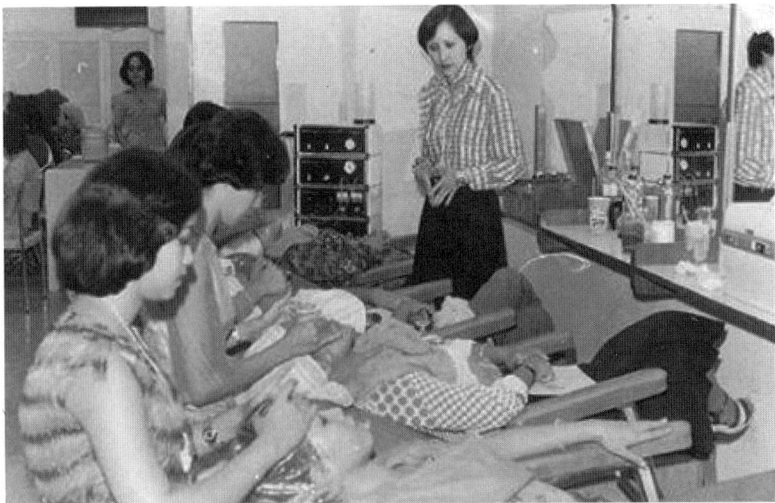

图 7-14　20 世纪 80 年代北京美容培训班

资料来源：http://bbs.dlmonita.com/forum.php？mod＝viewthread&tid＝10658［2016-03-09］

北京市国营、集体、个体户就达 4 000 多户,就业人数 2 万多人。这一时期,广州是美容化妆品品牌和专业美容机构最多的城市,全球知名化妆品企业雅芳、安利、宝洁、欧莱雅等全球五百强中的知名化妆品企业有三分之一在此落户。①

三、1998—2005 年：新潮涌动

1.名人代言蔚然成风

中国消费市场刚刚起步,国人的消费心理尚不成熟,众多商家乐此不疲地大把花钱请明星做广告,用明星的魅力与名人的权威诱导消费决断能力较弱的消费者,促成购买。据统计,中央电视台每晚播出 120 条左右广告,广告中的人物属于一流明星的,1991 年约占 1％,1992 年为 1.6％,1993 年为 3％,呈

---

① 徐新军,广丰.美容化妆品:中国"三十而立"——中国美容化妆品改革开放三十年[J].中国化妆品:行业,2008(12):14.

逐年递增的态势。[①]

　　1988年，霞飞曾邀请著名影星潘虹代言："为什么魅力永存，青春常在？因为我用的是霞飞。"画面中的潘虹娇俏柔媚，国人从她身上看到想要的美，心理上不由地移情于物，一时间霞飞销量大增。请明星做广告的方式最早要追溯到力士广告。力士最早在印刷广告中使用影视明星的照片，此后各种化妆品厂商纷纷效仿，使名人广告真正发挥效用。

　　在中国内地、港澳台地区，力士自90年代初使用的明星，从香港的刘嘉玲到台湾的刘若英，再到内地的陈冲，其他的如胡慧中、杨采妮、袁咏仪、钟楚红、张曼玉、王祖贤，力士几乎一直使用明星代言策略。1992年的力士广告片中，刘嘉玲沐浴后一袭晚礼服出现在宴会上，风姿绰约的她艳惊四座，用粤语在电视机前讲出"爱美的我当然要用力士"。

a：刘嘉玲一身宫廷装目送男子离去

b：刘嘉玲使用力士沐浴露

c：刘嘉玲晚会装惊艳全场

d：力士沐浴露

图7-15　1992年力士沐浴露电视广告刘嘉玲篇

资料来源：http://www.tudou.com/programs/view/-oi7pBv6bmk/［2016-03-26］

---

　　① 谢荣华，李缅晔.服装＆化妆品广告［M］.广州：广东经济出版社.2002：109.

1993 年,力士的柔美洗发水邀请张曼玉代言,舞会上张曼玉青丝飘扬,广告语"让你的头发起来跳舞"让爱美的年轻人心动不已。

a: 张曼玉身着长裙从楼梯走下来　　　　　　　b: 张曼玉用力士洗发水

c: 张曼玉的头发随音乐舞动　　　　　　　　　d: 力士柔美洗发水

图 7-16　1993 年力士洗发水电视广告张曼玉篇

资料来源:http://video.baomihua.com/url44721876/24058251[2016-03-26]

同样邀请明星代言的,还有玉兰油,玉兰油在中国启用过的女星有许多,引领了一个时代的审美。

化妆品素来是明星争奇斗艳的竞技场,看电视是 90 年代末国人茶余饭后的时髦消遣,一部热播剧常常造成万人空巷的效果,明星广告的出现满足国人的追星心理,名人的强大号召力促使大批企业斥巨资启用当红明星代言,如2002 年因《牵手》《大宅门》《中国式爱情》被大家熟知的蒋雯丽曾为采诗保湿特润霜代言,广告语"比爱情更滋润"一语双关;2003 年,因台湾偶像剧《流星花园》走红的明星组合 F4 在绿漂洗发露的广告片之《派对篇》中劲歌热舞,大声喊着口号"柔顺头发柔顺心";拉芳洗发露的《陈德容篇》《黄奕篇》;蒂花之秀的《刘若英篇》《田震篇》;大宝 SOD 蜜的《王艳篇》等都是知名的名人广告。

图 7-17 "玉兰油中国 15 年"电视广告代言人集锦

资料来源：http://tieba.baidu.com/p/1259900614? pn=2[2016-03-09]

除了启用名人外，艺人们脍炙人口的代表歌曲也出现在广告中。采诗痘立消 2002 年的广告片改编台湾青春偶像阿雅的《挫冰歌》，"青春痘，擦擦擦，变漂亮，变英俊，谈恋爱，好幸福"，脍炙人口的歌词加上阿雅活力的演绎使整支广告轻松活泼，引起青春期长痘少男少女的共鸣。2003 年蒂花之秀珍珠精华洗发露的广告中，田震的《明白》《执著》不加改编，整首用在广告片中，"总在梦里见到你，给我无限的快意""每个黄昏心跳的等候，是我无限的温柔"，熟悉的旋律让国人在观看广告的过程中更添愉悦，广告记忆度也大大增加。同年，柏丽丝去屑洗发露也使用同种手法，请当红小生谢霆锋代言，以《因为爱所以爱》作为背景音乐来增强品牌记忆度。

2.瘦身丰胸备受推崇

外来文化的进入使国人的审美观发生潜移默化的改变。从古人对女性的描述，"隐约兰胸，菽发初匀""当胸小染，两点魂销，休夸菽发"，可见小胸并非女性身材上的缺陷，古人甚至以小胸为美。此外，在身材上，"瘦"也并非是女性美丽的象征，唐代以丰腴肥硕为美。

改革开放后，西方女性丰满的胸部、窈窕的身形通过广告片传递给中国观众，挺拔的胸型和纤瘦的身姿逐渐被看作"性感"和"魅力"的标志。审美观的变迁让国人重新审视自己的身材，小胸和赘肉成为爱美人士的心头大患，弥补身形的缺陷成为国人的渴盼。需求是第一生产力，2000年以后一股丰胸瘦身的热潮传入中国，报纸上丰胸、瘦身的广告频频刊出，如2000年许晴代言的丰波美乳霜直截了当点明了产品的功效"真的丰满了"；2000年丰胸产品香菊乳安在《羊城晚报》大篇幅打出隐晦标语"创造一个'峰'采照人'丰'情万种的你"。

图 7-18　2000 年 6 月 16 日《羊城晚报》刊登香菊乳安丰胸广告

美生肥客用极富创意的海报"满足你的腰求"提醒消费者注意身材。

图 7-19　2000 年 6 月 20 日《羊城晚报》刊登美生肥客瘦身广告

　　广告中身材凹凸有致的模特刺激着读者的感官，中国女性也逐渐接受胸大为美、以瘦为美的理念，不惜在丰胸瘦身上花大手笔投入。"身体发肤，受之父母"，天然去雕饰本来就是一种美，变窈窕、变丰满的风尚与自然之美相悖，与中国根深蒂固的传统审美相左，本该被鞭笞的行为但却在新时期找到春天。潮流只是消费的助攻器，思想的转变才是消费的内因，广告作为时代的镜像，反映潮流也记录着国人思想的变迁。不是广告塑造了大长腿、小蛮腰、深乳沟的审美时代，而是国人重构对美的理解在广告中得到镜像的体现。瘦身、丰胸产品广告频繁刊出的背后，折射出的正是国人思想观念的突破。90 年代中后期,国人衣着上开始以"露"为美,超短裙、吊带装、露脐装等新式服装开始走俏,也是思想观念的变化引发审美的重大转折。"食色,性也",禁欲主义的解除让性别之美开始被公平对待,袒胸露乳不再被认为有伤风化,凹凸有致的身材描摹出的火辣曲线才是女性独有的魅力,年华何须蹉跎？美丽本该在最好的年纪尽情绽放。

3.男士护肤从无到有

中国传统观念认为男人应该不修边幅,方显粗犷本色,所以中国男性化妆品消费常年是一块空白。[①] 随着思想的解放和社会观念的进化,男性与女性一样都需要保养与美容的观点开始在男性护肤广告中被反复提及,"男性也需要护肤"的概念在国人心目中普及开来。

2001 年资生堂先后推出俊仕、吾诺,上海家化重振旗下的男士化妆品品牌高夫,三者成为争夺中国中高档男用化妆品市场的三匹黑马。除了走家庭化路线的大宝外,其他原本走女性化妆品路线的品牌(如东洋之花、立志美丽、采诗等)也在男士护肤领域步步紧跟。

90 年代末,漫画《灌篮高手》中帅气的流川枫、不羁的樱木花道曾点燃一代少年的热血青春,2005 年,吾诺乘着这股动漫风,邀请井上雄彦为其创作了漫画风格的广告,鼓励男性在快节奏的生活中自我把控生活,广告片中俊朗帅气的漫画人物迅速吸引年轻人的目光,"Draw Your Style"的广告语迅速流传开来。

俊仕、采诗、高夫等则是最初就选用当红男明星,如俊仕的《郑伊健篇》、采诗的《马俊伟篇》、高夫的《古天乐篇》,通过俊美男星表现出化妆品在男性生活中的重要性。2003 采诗男士洁面乳《马俊伟篇》鲜明地提出"干净的男人,女人更爱"的广告语。

---

① 易丹丽.男人也爱"俏"——男用化妆品广告分析[J].广告大观(综合版),2004(4):76—77.

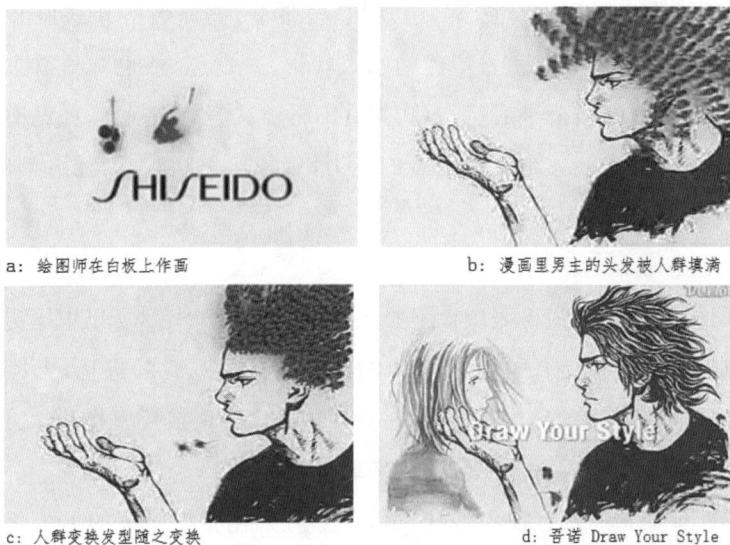

a：绘图师在白板上作画

b：漫画里男主的头发被人群填满

c：人群变换发型随之变换

d：吾诺 Draw Your Style

图 7-20　2005 年吾诺（UNO）广告漫画篇

资料来源：http://www.iqiyi.com/ad/20130703/93173680952bfd65.html[2016-03-30]

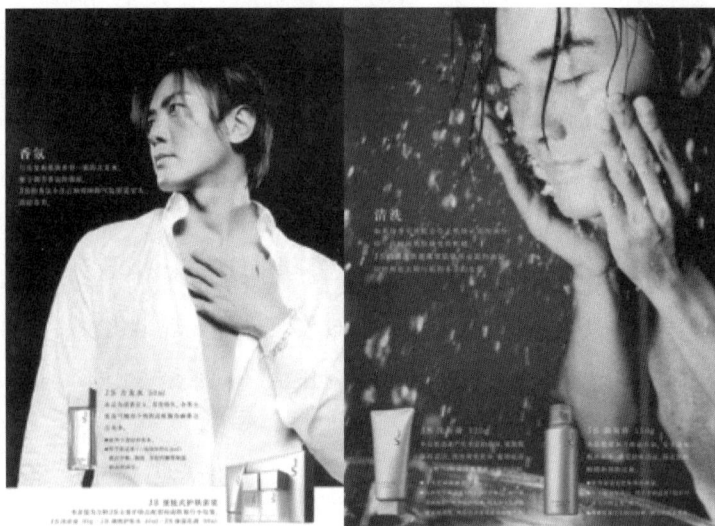

图 7-21　2001 年俊仕（JS）男士化妆品广告

资料来源：http://www.china.com.cn/info/txt/2007-03/15/content_7965028_2.htm[2016-03-16]

四、2006 年至今：美丽乱象

1.美容业的滑铁卢

央视主持人敬一丹曾抛出疑问，"一个新兴行业的形成，往往有许多可琢磨的东西，是一种什么样的力量促使美容行业蓬勃发展，在短短 20 多年里遍布了中国的大小乡镇"？[①] 中国的美容业在短短几十年间突飞猛进，明星扎堆的美容广告给消费者营造的"美丽神话"不断翻新，消费者在广告片中宣传的美白、紧致、瘦身、丰胸的幻境中沉醉，但 2006 年突发的美容行业危机给国人敲响了一记警钟，美容"陷阱"、美容"神"针内幕、波丽宝丰胸陷阱等事件的频发使这一时期"谈美色变"，美容业的信誉度降到谷底。[②]

2006 年 1 月，中央电视台的《每周质量报告——干细胞瘦身陷阱》拉开强势媒体对美容行业曝光的序幕，这是美容化妆品行业至此首次被国家最有影响力的电视媒体曝光批评，行业规范、重新整合等议题成为行业人士最为关心的话题。2006 年 9 月 14 日，日本 SK-II 品牌入境化妆品被查出违禁成分，随后暂停在大陆的业务，跨国品牌的神话旋即破灭。

2.驶上轨道的列车

2006 年 12 月 31 日，国家卫生部就第一次《化妆品标签标识管理规范》进行意见征求。该《规范》对化妆品标识做了更为细致的规定，夸张虚假的说法都被不许现在化妆品标签上。[③] 2013 年 12 月 16 日，国家食品药品监督管理总局发布《关于调整化妆品注册备案管理有关事宜的通告》，规定国产非特殊用途化妆品生产企业应当在产品上市前，按照《国产非特殊用途化妆品备案要求》对产品信息进行网上备案。此外，《通告》还将美白化妆品纳入祛斑类化妆

---

① CCTV 新闻频道 2003.7.13 声音：美容市场缺什么.主持人：敬一丹.嘉宾：张晓梅（全国政协委员、《中国美容时尚报》社长兼总编辑）.彭庆星（中华医学会医学美学与美容学分会主任委员）.

② 房子，钱素兰，粟红强等.财智论坛中国美容人才市场破冰之路[J].医学美学美容：财智，2009(6)：18—20.

③ 同②.

品管理,并表示食品药品监管部门不再受理国产或进口美白产品的非特殊用途化妆品备案申请,生产企业应按照《美白化妆品管理要求》进行产品注册申请①。危机事件爆发后,中国人在化妆品消费的消费上更为理性,美丽不可能一蹴而就,国外美容产品并非都是灵丹妙药,随着化妆品广告市场的有效整顿,美容行业逐步驶上匀速发展的轨道。

3.中国货的嘉年华

改革开放以来,随着洋品牌涌入中国市场,原先市场占有率靠前的中国本土品牌纷纷遭遇被收购的命运:丁家宜被全球第五大化妆品公司科蒂集团收购、大宝被强生收购、小护士和羽西被欧莱雅收购、丝宝被德国拜尔斯道夫收购,一时间,中国日化市场基本被宝洁、联合利华、欧莱雅、强生等欧美巨头垄断。然而风云变幻,国产品牌以"农村包围城市"的战略稳住根基,一点一点夺回被占领的市场,而高大上的外资品牌开始水土不服。正如国外媒体指出:中国越来越像更正常的发展中市场,虽然仍有很大的发展潜力,但并不能保证每一个进入中国市场的外国产品都能获利。

国际品牌卡尼尔、露华浓、媛碧知相继退出中国市场,中国本土品牌百雀羚、佰草集、自然堂等老牌化妆品重新出现在国人梳妆台上。2015年,百雀羚独家冠名中国好声音,佰草集冠名中国第一档户外生存明星夫妻真人秀《出发吧！爱情》,自然堂冠名湖南卫视第二季《花儿与少年》,本土品牌紧跟潮流,与当代国人的时尚生活贴得更近。

小 结

改革开放以来,国人的梳妆台上逐渐热闹起来,以蛤蜊油为主导的"擦脸油"年代一去不复返,上海家化、上海百雀羚、北京大宝等国货品牌逐渐统领中国市场。随着韩流和哈日风的兴起,国外的消费理念和生活方式冲击着国人

---

① 中国报告大厅.2014我国美容行业政策法规分析.[EB/OL].(2014-10-20)[2016-05-08].http://www.chinabgao.com/k/meirong/13389.html.

朴素的消费观，从初期穿着打扮上的模仿，到后期对韩、日明星的崇拜，都透露着外国思潮对国人审美的巨大冲击，国外品牌大举进军中国市场。光鲜亮丽的影视明星成为美的最佳代言，男性化妆品市场的空缺也逐渐被填满。但是美容行业营造的"美丽神话"随着卫生安全问题的频发被无情打破，国家相关政策的出台重整了化妆品行业规范，国人的寻美之路开始不再盲从，寻美的脚步也越发理性。

第二节　化妆品：瓶瓶罐罐里的美梦

青春，是改革开放浪潮下成长起来的一代人对美的理解，"韶光易逝，容颜易改"。市场经济下，手头尚且宽裕的国人开始找寻留住二八芳华的方法。透明的、黄的、红的、黑的、紫的溶液装满瓶瓶罐罐，变成玻璃瓶里的爽肤水、滴管里的精华液、锦盒里的腮红、塑料管里的睫毛膏，缤纷颜色被集纳到国人的梳妆台，和着晨光重新妆点疲倦的脸，形形色色的化妆品在每一次开启闭合间成全了国人对于美的所有构想。

一、从"洗把脸"到"护肤季"

不皲不裂曾经是国人对化妆品的最初的期待，寒风中冻得发红的脸颊和冷水中冻裂的双手是 70 年代的生活写照，生理上的需求和经济上的窘迫造就了理性消费的年代，供销社里的雪花膏是国人对化妆品的最初印象，据老一辈回忆，那个时候几乎不知道什么叫化妆品，结婚的时候一角八分钱一盒的红花牌雪花膏曾是嫁妆之一。[①]

物资的极度匮乏随着改革开放的到来得到缓解，本土化妆品产业的发展和洋品牌的进入后，国人梳妆台上的瓶瓶罐罐多了起来。广告从业者朱瑾回忆自己 1998 年第一次去香港化妆品店的奇遇：二三十平方米的店堂里，数千

---

① 　Yang.红花雪花膏曾是我的嫁妆之一[EB/OL].(2009-08-28)[2016-05-08].ht-tp://finance.qq.com/a/20090828/007437.htm.

种化妆品根本挑不过来，热心的导购员会为你指点，让你知道要根据不同季节、肤质来挑选化妆品，也知道了除了面霜、护手霜外，还有眼霜、润唇膏、面膜等细分功能的产品。[①]

当时护肤的概念还未在大陆兴起，广告在这一时期充当"启蒙教师"的角色。可伶可俐通过广告宣传片和在学校派发祛痘产品试用装的形式，在学生的大脑中植入"洗面奶"的概念[②]。与之相似，倩碧也通过广告片向观众介绍护肤"三部曲"：清洁—清理皮层—滋润。从最初的"洗把脸"到现在的爽肤水、乳液、精华、面霜、眼霜等产品齐上阵，中国人通过广告习得的化妆品知识不断增加，花在脸上的时间和金钱也越来越多。

图 7-22　20 世纪 90 年代倩碧三部曲广告

资料来源：http://brand.yoka.com/cosmetics/clinique/commentreply9197098.htm[2016-04-01]

北京百货大楼员工对如今商场的化妆品布局甚为熟悉，"去逛百货商场，一般左手是迪奥，右手就是兰蔻，香奈儿的专柜总在最显眼的位置"[③]。名模

①　任翀.谈谈入世十年的中国化妆品市场变化［N/OL］.解放日报，(2011-12-09)
［2016-05-08］.http://www.138job.com/shtml/Article/18112/64818.shtml.

②　Ruizi.初化妆被以为整容［EB/OL］.(2009-08-28)［2016-05-08］.http://finance.qq.com/a/20090828/006739.htm.

③　李丽，王芳，杨阳.北京百货大楼化妆品品牌演变史.［EB/OL］.(2015-11-07)［2016-05-08］.http://www.zhongguosyzs.com/xinxi/9817.html.

影星广告和高档展位的双管策略让化妆品高中低档的标签在人们心目中越发明晰,在商品同质化日益显著的今天,广告赋予化妆品仪式感,瓶瓶罐罐里装着的已经不只是产品,更是身份和品位。

二、从"不敢擦"到"化妆热"

"懒起画蛾眉,弄妆梳洗迟"女人爱美的天性自古有之,但随着男权主义的盛行,深闺少女被要求大门不出二门不迈潜心女红,恪守妇德的价值观里容不下浓妆艳抹的脂粉气。

随着经济发展思想解放,化妆不再被扣上资本主义的帽子,国人的变美之路再添坦途。但化妆在 80 年代的中国还是个新鲜词,去哪儿买化妆品,买哪些化妆品,怎么用化妆品,难倒一颗颗爱美的心。90 年代初,雅芳、安利来到中国,作为化妆品行业的佼佼者,它们不仅带来产品,还通过直销的方式将化妆品的使用方法和步骤手把手地教给顾客。同一时期,从美国归来的靳羽西[1]以她标志性的烈焰红唇和童花头给中国女性带来最具象的时尚启蒙。作为世界著名电视节目主持人、制作人的靳羽西常年需要化妆,也有机会使用世界各地的各种化妆品,但她还是常常为找不到适合亚洲人肤色的化妆品而烦恼。1992 年,靳羽西创立靳羽西化妆品公司,实现帮助亚洲女性建立起对美的自信的梦想。"我想为亚洲女性配制、生产和提供符合她们特别需要的世界上最好的美容护肤品。这些产品将为她们的特点度身定制。我们在销售产品的同时还会指导女性如何使用这些产品,我们的目标是突出那些只有亚洲女性才具有的特质,让亚洲女性发觉她们是多么的美丽!"[2]靳羽西撰写了无数篇中英文的文章,其中包括三本中文著作——《世界各地》《羽西亚洲妇女美容指南》《魅力何来》。她撰写的《亚洲妇女美容指南》成为第一本教中

[1]　靳羽西,美籍华人,羽西化妆品公司副总裁,世界著名电视节目主持人、制作人,化妆品王国皇后,畅销书作家。1992 年,创立靳羽西化妆品公司,1996 年与法国 COTY 公司在上海合作建立化妆品生产厂。

[2]　钱剑鸣.她的人生因爱而美丽——记著名电视节目主持人、企业家、联合国儿童大使靳羽西[J].新华商,2008(2):32-37.

国妇女化妆的美容书。

图 7-23　靳羽西的美容著作《亚洲妇女美容指南》

资料来源：http://book.kongfz.com/200364/462497713/？ ref＝baidu[2016-03-22]

　　现今百货商场各大美妆品牌的专柜都设有导购员现场教学，顾客可以轻松掌握简单的化妆技巧。随着互联网的普及，美宝莲、雅诗兰黛、兰蔻等美妆品牌相继在各自官网推出在线化妆教学视频，消费者可以坐在家中跟着屏幕里的一流化妆师学习化妆技法，美妆界没有丑女人只有懒女人，不会化妆再也不是借口。

　　明星妆容向来是潮流的风向标，天后王菲《唱游》中大毛刷横扫鼻梁，在两颊上抹出粉红地带，酷似过度享受日光浴而留下的晒伤痕迹的"晒伤妆"一度被粉丝模仿。近年来，在热播剧中植入化妆品广告成为美妆界的新趋势。韩剧《想你》中尹恩惠忧郁性感的咬唇妆，《太阳的后裔》里宋慧乔吹弹可破的肌肤一度引发国人热议，"想你色"唇膏、"宋慧乔同款"气垫 BB 等字样不时出现在化妆品广告语中，用明星同款化妆品打造热播剧同款妆容成为国人对美的全新解读。

小　结

改革开放后，化妆品行业复兴，广告在这一时期对国人的消费观产生深刻影响。国外的化妆品企业最先通过广告将正确的护肤步骤传递给中国消费者，潜移默化地改变着国人洗完脸只抹雪花膏的习惯。乳液、爽肤水、日霜、晚霜等产品也在这个时候进入大众视野，日渐细分的市场让国人的梳妆台热闹起来。

"化妆"作为一种新的生活理念，也在这一时期被大众接受。国人从最初的不会化妆，到后来通过化妆品专柜面对面的现场教学，再到通过化妆品官网教学视频，或电视广告片等熟练的掌握化妆技巧，广告在其中扮演着重要启蒙者的角色。

第三节　整容：刀影里的精致重塑

当涂涂抹抹已经不能满足国人对美的标准，一个大胆的想法跳脱而出："整"。与其重复繁琐的补妆步骤，时刻担心脱妆素颜，不如直接换个外形，让美丽来得更彻底。但是"整"并非魔术游戏，国人在"整"的路上也走得小心翼翼，从"微整"到"大整"，从国内到国外，这条寻美之路崎岖艰难，但有光亮就有脚步紧紧追随，寻美的决心让这条路从不缺乏冒险家。

一、从"补缺陷"到"变完美"

随着改革开放的到来，整容业在中国人的身边悄然兴起。20 世纪 80 年代，医院的美容科或美容中心承担者整形的工作，前来就诊的人大多是因为皮肤感染、烧伤、畸形等生理病症需要治疗，那时还没有老百姓单单为了变漂亮舍得在健康的身体上"动刀子"。

80 年代末，郑明明在飞往新加坡的旅途中她偶遇眉间纹着蜈蚣的男子，由此产生纹眉的灵感。她先后赴马来西亚、日本学习纹身技艺，经过几番苦功终于在纹身的基础上自创纹眉技艺,成为纹绣历史的奠基人。[①] 郑明明把三纹(纹眉、纹眼线、纹唇)带到大陆,一次成型永不褪色的承诺让不少爱美的姑娘动心,她们默默在心里算了笔账,纹眉之后不仅变美了,还可以省下眉笔、眼线、口红的钱。90 年代初,纹眉、纹唇、纹眼线的广告纸贴满大街小巷,爱赶时髦的人都借着这股浪潮去尝鲜。但由于色料生厂商有问题,用于纹眉的黑色染料 2000 年后使国人皮肤上出现大面积脱色,"蓝眉毛"现象让人心痛。

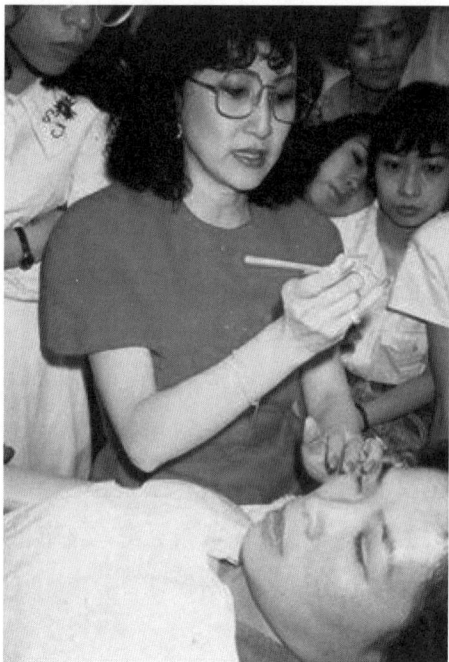

图 7-24　20 世纪 90 年代郑明明在蒙妮坦学院教学生纹眉

资料来源:http://www.dlmonita.com/news/? id－383[2016-03-27]

整形有风险,爱美之心却如同泄闸的洪流放易收难。继纹绣之后,割双眼

---

① 　邱桂奇.美丽女人 美丽事业——郑明明事业家庭两相重[J].华人世界,2007(8):76－77.

皮、隆胸、抽脂再次成为国人的热切渴盼,但当时的医疗水平还不能跟上国民持续增长的对美的渴望,80 年代,北京唯一一名进行"眼部整容"的私人整容医生是傅弄玉(音),她一次只开一个眼睛,整容者仍可以骑自行车回家。

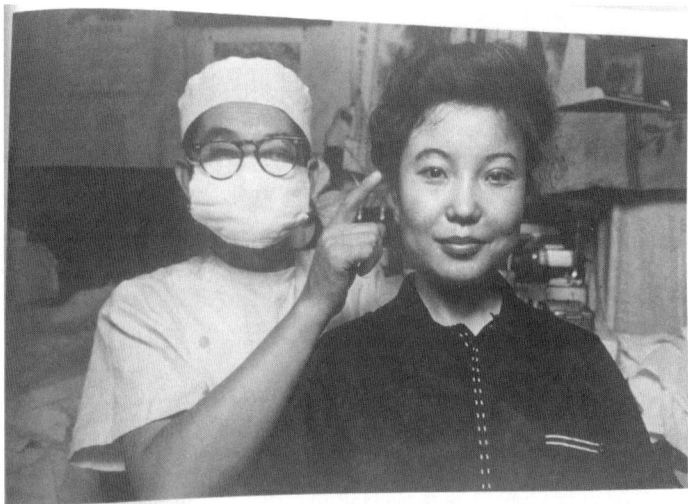

图 7-25　1980 年傅弄玉(音)医生和刚做完双眼皮手术的女士

资料来源:刘香成.毛以后的中国 1976—1983[M].北京:世界图书出版公司,2011:160-161.

随着整容行业越来越火爆,医疗整容队伍也在不断壮大,整容广告频繁进入国人视野。整形广告中五官精致、胸部丰满、身材窈窕的美女时刻提醒爱美的女性,她们和海报上楚楚动人的模特只差一个整形的距离。广告中频频出现的"整形权威""不住院、无痛、无痕"打消了国人对整形风险的顾虑,"打造明星脸"的宣传语更是让渴望变美的国人心头一热。此外,整形广告中还大量采用对比照,即手术前与手术后照片的对比,通常一丑一美,直接召唤人们将自己带入其中,不做左边的丑小鸭,要变成右边开心美丽的白天鹅[1]。有的整形广告,把美的标准量化,集美整形的广告中,女模特的胸部与臀部被两把量尺缠绕,量尺的刻度与数据明晰可见,并代替衣服用以遮挡身体,辅以文字"标准

---

[1]　柯倩婷.整形广告、美貌理念与身体文化[J].妇女研究论丛,2015(1):71-77.

美女的度量衡"[①]。广告中美容市场的科学技术层出不穷,夸大式的宣传隐藏着巨大玄机,从"羊胎素"到"干细胞"再到"金丝美容",消费者损失的是金钱,美容行业失掉的是诚信。

二、从"追剧"到赴韩整容

由于早期中国整形市场良莠不齐,国人对国内美容整形的信任度一再降低。谈起整容,中国人脑海中蹦出的第一个词是"韩国"。

2000 年开始,韩剧风靡中国,随着《蓝色生死恋》《星梦奇缘》《浪漫满屋》等剧的热播,剧中俊美娇俏的男女主人公牢牢抓住国人的眼球,大眼睛、高鼻梁、瓜子脸的韩国明星个个都经得起推敲。韩国人也毫不避讳自己的整容传统,据统计韩国,20—30 岁未婚女性中曾接受过整容手术的人占 15%,认为身体某部位不完美,想通过整容手术进行调整的人更达 70%。[②] 整容也不单是女人的专利,很多男性为了使自己看起来更具魅力,也加入整容大军。

如果说韩国电视剧和新闻媒体的报道让中国人了解并向往韩国的整容技术,那么广告就是俘获国人赴韩整形的最后一环。在首尔,不管走到哪儿,都有广告劝告人们通过手术改变体态、容貌。在时尚高端的江南区,每一堵墙上都贴着广告,指引人们走向诊所或医院。

火车上、道路旁,广告告诉你可以"让容颜获得新生""改换脸型""再塑胸脯""延缓衰老""美目传情""体态诱人"……于是中国出现一批"远征整容队"。据韩国媒体报道数据,每年赴韩整容的中国人超 5 万,为韩国带来上亿美元收入。韩国保健福祉部称,赴韩整形中国游客 2009—2013 年激增 20.6 倍。[③]

---

① 佚名.集美"美女标准度量衡挑战秦始皇"活动启动[N].大河报,2011-08-18(A13).

② 蔡柯欣.健康时报驻韩国特约记者.韩国人不打扮不出门.健康时报.2005.11.3[N/OL].http://www.people.com.cn/GB/paper503/16083/1421713.html.

③ 周钰绒.中国游客赴韩整形 4 年增 20.6 倍,韩医院收入激增[EB/OL].(2015-03-17)[2016-05-08].http://www.chinanews.com/hr/2015/03-17/7134571.shtml.

图 7-26　2011 年韩国地铁内整形广告

资料来源：http://zhangzhoue.com/Health/4/13188.html[2016-03-27]

小　结

整容最先运用在医疗机构的感染、烧伤等病症中，随着科学的发展和国人审美的需要，逐渐运用到生活中。从早期的纹眉、纹唇、纹眼线，到割双眼皮，再到隆胸、隆鼻、抽脂，广告在其中扮演着重要的角色。极富冲击力的对比照，夸大的宣传标语都在冲击着国人的眼球，时刻提醒着渴望变美的人们"整容在即，刻不容缓"。

随着中国整容医疗问题的频发，国内整容行业的发展势头并不强劲。韩国凭借韩剧和韩国明星在中国率先刮起韩流，韩国明星整形的成功案例配合新闻媒体的大肆报道，再加上街头巷尾的轰炸式广告宣传，使韩国整形技术深得人心，国人赴韩整容大军空前壮观。虽然韩国整容问题近年来引发社会热议，但韩国整形广告带来的整容热潮短期内不会褪去。

第四节 健身：卡路里大作战

随着经济的发展和眼界的开阔，"线条"成了对美的全新定义。紧实的肌肉、硬朗的轮廓、柔美的曲线是现代人的审美观，由内而外的精气神胜过矫柔过正的五官。健身的潮流开始在都市白领中普及开来，在健身房挥汗如雨成为一种全新时尚。随着科技的发展，小巧便捷的家庭健身仪器解放了爱美人士的健身时间，随时随地健身成为可能。走了近四十年的寻美之路，开始日渐回归自然健康。

一、百变健身房

健身房文化起源于美国，在一流名校的学生中表现得尤为明显，以至于 20 世纪不少海归回国后会因为中国缺乏休闲健身的场所而感到不适应。[①] "在美国，每 4 万人拥有 1 家健身房，有 4 000 万人在跑步机上流汗，在香港每 25 000 人拥有 1 家健身房，每天有近 30 万人活跃在健身房里。"[②] 80 年代，中国的健身房还处于"铁器"时代，这一时期的健身房大多被安排在学校的体育室，房间里放着几只杠铃，略有破皮的拳击袋被高高吊起，再加一台臂力训练器，就算是"设备齐全"了。

据江苏南京健身私人教练王宁回忆，直到 90 年代健身行业仍旧非常落后，健身房少，训练方法不科学，器械也非常落后。"我记得我们刚练的时候，哑铃都是自己焊上去的，躺的凳子都是木头凳子，环境也非常差，夏天蚊虫很多"[③]。

改革开放后，随着生活水平的提高和全民健身意识的增强，紧实的肌肉和

---

① 张暮辉.东张西望：一个 80 后的美日文化观察[M].合肥：安徽人民出版社.2013：93.

② 高宣扬.流行文化社会学[M].北京：中国人民大学出版社，2006：278.

③ 王宁.中国的阿诺德·施瓦辛格[EB/OL].(2016-03-23)[2016-05-08].http://tieba.baidu.com/p/4312485570.

340

图 7-27 20 世纪 80 年代中国健身房

资料来源:http://china.huanqiu.com/hot/2012-06/2795561.html[2016-03-30]

玲珑的曲线逐渐成为美的代名词,越来越多的国人把健身房视为健康和塑身的最佳场所。20 世纪末,健身房在中国内陆逐渐"火"起来,北京、上海、广州、深圳等城市的健身房如雨后春笋般纷纷涌现。健身房的会籍顾问称,"差不多每天都会来一些新会员,到健身房里健身的人越来越多了,原因之一是雾霾天气在一定程度上影响了人们进行室外锻炼,在空气质量不好的情况下,很多人不得不改为室内;另一个原因就是健身房里项目比较全,减脂、塑型、健身,几十种课程、上百个器械,几乎能满足所有人的健身需求"[①]。

随着健身房文化的流行,"请人吃饭,不如请人流汗"成为新时代的消费趋势。鳞次栉比的健身房纷纷抓住这股消费热潮,在软、硬件上下工夫,打造出一批不同风格品味的健身房。

---

① 吴迪.挑个健身房,里面有门道[N/OL].天津日报,(2016-03-23)[2016-05-08].ht-tp://news.hexun.com/2016-03-23/182912813.html.

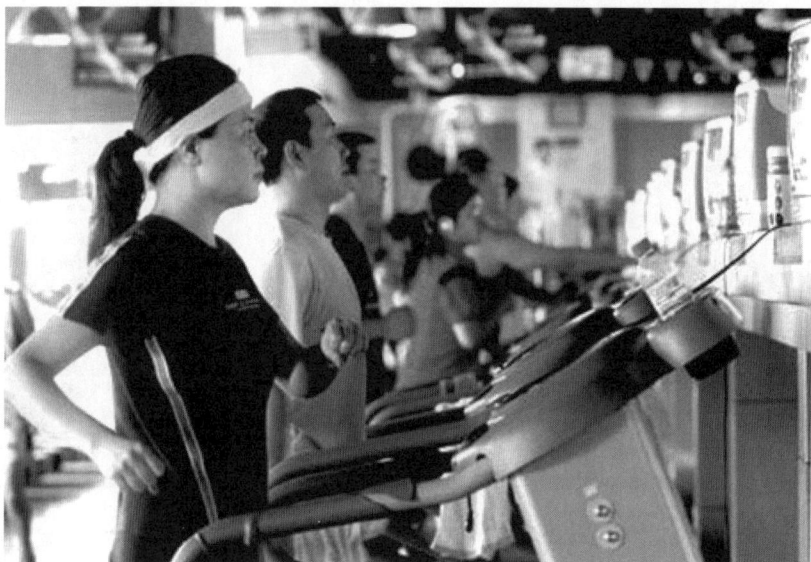

图 7-28   2014 年北京某健身房跑步机上挥汗如雨的人们

资料来源：http://www.showchina.org/zgjbqkxl/zgzl/shzl/06/200803/t157299.htm
［2016-03-30］

中国本土的知名健身房，如青鸟健身、一兆韦德，重在环境建设。青鸟健身是中国首家五星级俱乐部；一兆韦德以占地 40 000 平米，挑高 15 米，附带几百观众坐席的游泳池牢牢抓住一批注重健身环境并有多样化健身需求的消费者。加州健身、阿波罗这类美式健身房则在专业器材的配备上大手笔收入并聘请专业教练开设纯英文健身课程，试图将美式力量型健身原汁原味移植到中国。此外，高级酒店也开始留意到客人对豪华健身设施的渴求，逐渐将健身房引入酒店装修的标准配置，增设室内拳击台、室外攀岩墙以满足不同人群的健身需求，有的酒店还会在跑步机上额外架一台电视，休闲健身两不误。[①]

健身房的宣传画中大多启用身材健硕的男性或线条俊美的女性，健身房的明星教练更是鲜活的形象代言人，身处健身房文化中，国人时刻被提醒身体

———————————

①   JIMMY IM.家新开业酒店的顶级健身房，一起动起来［EB/OL］.（2015-03-04）
［2016-05-08］.http://www.thepaper.cn/newsDetail_forward_1305573.

形象也是社会生存竞争的参与者。

图 7-29 2016 年一兆韦德健身房免费体验活动

资料来源：http://www.1012china.com/Invite_Friend.aspx[2016-03-30]

"形象资本的多寡对个人自信、自尊、自我认同的形成以及生活机遇都有明显的影响"①，健身房文化的兴起不仅反映体育活动形式和空间的变化，还折射出人们生活方式、价值结构和价值观念的变化，健身房已然成为身份的标志。曾经会员费超过千元的健身房被奉为各个城市的高端，如今万元级健身品牌正成为新的高端代表，年卡费在千元以上的健身房在国内已达 3 000 余家，其中北京、上海、广州三大城市会费千元以上的健身房均超过百家，付费健身正成为新时期中产及富裕群体的代表型消费项目②。根据市场研究公司CRT 对中国付费健身的数据调研，中国付费健身群拥有汽车的比例高达56.7%。单以汽车产品进行衡量，健身房高收入者密集度是机场的 2 倍，是写字楼的 5 倍，中国 1/5 的中产群体已经选择将健身作为生活中重要的休闲内容。

传统观念中，手无缚鸡之力的女性并不是健身房的热衷者，但近年来随着

① 王宁.消费与认同——对消费社会学的一个分析框架的探索[J].社会学研究,2001(1):12.

② 王晓勇.高端企业择向健身广告[J].声屏世界：广告人,2008(12):201.

健身房运动项目的多样化，健身的休闲性逐渐增强，女性也成为健身房的常客。《中国大都市流行生活观察报告 2009—2012》[①]的调查显示，修身和养性是都市女性消费的两个重要方面。美的追求促使女性修身，正能量的积攒促使女性养性。抓住美和正能量的刚性需求，就抓住女性消费的庞大市场。健身房的活动过程自始至终是造美和审美的过程，女性在其中塑造自身的美丽，也享受周围同伴的美。

二、居家健身潮

缺乏锻炼会让人呈现不同程度的"亚健康"状态。如今，除了追求精致生活的时尚白领、成功人士愈发关注自身的内在健康状态之外，健身潮流也开始走进中国人家庭，这使得健身更加隐私化、情感化和常态化。

随着经济的发展和消费水平的提高，消费中的隐私愈发被重视。公共健身房地大人多，四处是镜子，身材上的缺陷在众人面前暴露无遗，最好的器械往往很难轮上。此外，去公共健身房不仅费时间，还得体验在公众场合的孤独，只能和没有情感的机器交流。居家健身的出现让健身更加"情感化"[②]，运动不再是枯燥乏味的"人机大战"，国人可以带着 iPod，边运动边收听音乐或者诗歌朗诵，避免开车去健身房，更衣，最后抢占一个爬梯机草草地练习的运动模式，居家健身使身体得到锻炼，也让精神更加愉悦。家庭健身房的出现还有效解决了虚荣心和外貌的问题。在家练腹肌不会有人盯着你看，女性也可以避开陌生男性的挑逗。

不受时空限制的居家健身仪器的出现，让居家健身更加常态化。家用仰卧起坐器、跑步机曾经是家庭健身的标配，但是这两种器械体积过大，对住宅空间有一定的要求。家庭瑜伽垫、瑜伽球的出现，让国人在家中也可以修身塑形。

---

① 星尚流行观察中心.中国大都市流行生活观察报告（2009—2012）[M].上海：学林出版社，2013：24.

② 西尔弗斯坦，瑟瑞.女人为什么购买[M].上海：东方出版社，2010：37.

图 7-30　2010 年在家中练习瑜伽的都市女性

资料来源：http://club.china.com/data/thread/1011/2712/29/46/9_1.html[2016-03-30]

近年来电视购物中推荐的踏板机、扭扭乐因体积小，运动性高，趣味性强而在居家健身器材中热销。电视购物中，双腿修长的女性站在小型踏板机上面露微笑，欢快的背景音乐让观众对健身的舒适性和有效性产生无限期待。

小　结

经济的发展带来生活水平的提高和眼界的开阔，国人心目中对于美丽的阐释发生着微妙的改变。以往的涂涂抹抹和开刀整形都只注重对外部容貌的修善，忽略内在肌理的调养，出现不同程度的"亚健康"状态，以健身、调理、养生为目的的需求被唤起，国人在追逐美丽的路上更添理性。以白领为主体的健身房文化让人们在美容塑性之余，享受身份认同的快感，居家健身潮的兴起则是经济飞速发展的当下健身观念普及、隐私观念提高的产物。

第八章　行旅天下：从观景到寻心

"海纳百川,有容乃大;壁立千仞,无欲则刚"。大自然早就把万物奥秘融入山水之间,所以仁者乐山,智者乐水。读万卷书,不如行万里路,他乡即故乡。改革开放后,旅游业从外汇手段到经济手段,再到文化手段,几经变迁;中国人从周边游到出境游,再到自助游,眼界大开。旅游为国人打开通往外面世界的窗户,广告功不可没。

1978—1988 年,单一薄弱的旅游格局束缚住国人远行的脚步,报刊上的旅游文章成为望梅止渴的良方;1989—1998 年,旅游风气渐开,大好河山让国人流连忘返;1999—2009 年,各色主题旅游纷至沓来,旅游的意义悄然发生着改变;2010 年至今,是网络电商的嘉年华,新兴的旅游网站迎合了国人快节奏的生活方式,也带来全新的旅游体验。随着时代的发展,国人在旅游中逐渐完成从观光客到探索者角色的转变,自由行、亲子游、购物游等旅游宣传口号的提出既彰显现代旅游消费观,也折射国人对旅游的多样解读。一个人总要走陌生的路,听陌生的歌,看陌生的风景,无论是北风仓皇途经的芦苇荡,还是倾泻万里的黄河长江,都是异乡路上的宝藏,每一次远行都是对心灵的涤荡。

第一节　从观光客到探索者

摊开世界的版图,地大物博、山河辽阔,置身其中如同茫茫宇宙中的小小星辰。改革开放以前,世界对于国人而言只是一个抽象的存在,迈出国门看世界似乎是一个遥不可及的梦。国门初开,饮食、服饰、家电等新奇事物的日渐涌入,让国人真切感受到来自外来世界的诱惑和魅力不可阻挡。当政策和经济不再成为国人迈步的阻碍,当他乡山水不再成为猎奇的渴求,旅行的意义悄然发生着变化,远方对于国人的意义不仅是风景,更是繁华都市里被淡忘的初心。

一、1978—1988 年:迈不开的步子

改革开放初期,旅游业是重要的创汇产业,国家发展旅游业的目的就是尽快补充外汇短缺,在接待设施和交通条件极为有限的情况下,以丰富的旅游资源和神秘的东方文化作为由头,以赚取紧缺的外汇为目标,形成入境旅游"一花独放"的局面。1978 年全国的"入境旅游"达 180 万人次,外汇收入 2.62 亿美元。[①]

80 年代,蓝眼睛、高鼻梁、白皮肤的外国人着实让国人觉得新鲜,来华旅游的外国人常常被国人盯着左瞧右看,故宫里不时上演着"你站在桥上看风景,看风景的人在楼上看你"的桥段,当年来故宫游览的外国人比故宫里的文物更牢地抓住国人的眼球。

图 8-1　1980 年国人游览故宫不看国宝而在看外国人

资料来源:http://roll.sohu.com/20111103/n326783904.shtml[2016-04-11]

---

① 朱玉槐.试论国内旅游发展的必然趋势[J].西北大学学报:哲学社会科学版,1985
(3):86—90.

　　但刚兴起的旅游业并不成气候，住宿、交通等配套设施都跟不上。几乎所有的招待所都不带卫生间，洗澡间也大多设在厕所隔壁，每天只供应两小时热水，餐厅实行八小时工作制，过时不候。即便这样，也无法保证房源充足，有时候外宾坐飞机来了还得先拉去景区游览，等房间腾出来再回宾馆休息。最大的矛盾是机票和火车票少，外国、侨胞旅行团因为买不到机票而被打乱行程，滞留、改线的情况常发生。中国民航从 1979 年 4 月 1 日起，在国内对外开放的城市中相继开辟 8 条新航线，每周安排 545 个航班，在外宾最集中的北京和上海，班机由原来的每周 15 班增加到 24 班。[1] 即便如此，民航还是无法满足旅游班机需求。桂林是当时最热门的景区，要求去桂林游览的外宾越来越多。改革开放初期，美国旅行团的回程班机延误，眼见签证即将到期却走不了，外国游客心急如焚，挥舞拳头抗议，导游急中生智直接把电话打到分管旅游工作的陈慕华副总理办公室，陈慕华连夜向空军司令张廷发求助，临时调军用飞机救急才平息风波。[2]

　　改革开放前，国家对国内旅游采取"不宣传、不提倡、不鼓励"的"三不"政策[3]，旅游市场格局单一而薄弱，国内旅游尚不成气候。七八十年代，对缺钱少闲的国人来说，报纸是一扇通往外面世界的窗户，通过《羊城晚报》的"一周影窗""祖国大地""世界风光"等专栏，读者认识了甲天下的桂林山水、地貌独特的瑶琳仙境、巨像成群的南非等风景胜地。

　　报纸上的旅游资讯是国人向外探视的窗户，但望梅止渴并非长策，国人心底被束缚的旅游渴望不断滋长，这一时期远嫁的人把回家省亲当作蜜月旅行；恋爱中的男女把《庐山恋》的取景地当作爱情圣地，心向往之。

①　中国报告文学学会.2009 中国报告文学年选[M].广州：花城出版社,2010:229.

②　许进.我国旅游社业透视[J].沿海经贸,2002(9):48—49.

③　邸敏学,赵满华,薛蓝明.中国特色社会主义经济回顾与展望[M].太原：山西经济出版社,2009:239.

图 8-2　1980 年 8 月 8 日《羊城晚报》刊登"一周影窗"专栏

图 8-3　1980 年 11 月 29 日《羊城晚报》搭车介绍从化温泉

因公出差是早期国人踏上的名正言顺的异乡旅途，出差的人顾不上舟车劳顿，出差前几天以最快的速度把活干完，余下的时间用作旅游。80 年代，景点门票普遍在 1 元以下：中南海门票为 2 角，雍和宫门票为 5 角，秦始皇陵兵马俑门票为 2 角 5 分，华清池、水泊梁山和颐和园的门票都为 3 角。[①] 那个年代单位一天的出差补助仅 6 角，很多人为了能去景点，只舍得买几个 5 分钱的馒头充饥，省吃俭用也要去景点游览。[②]

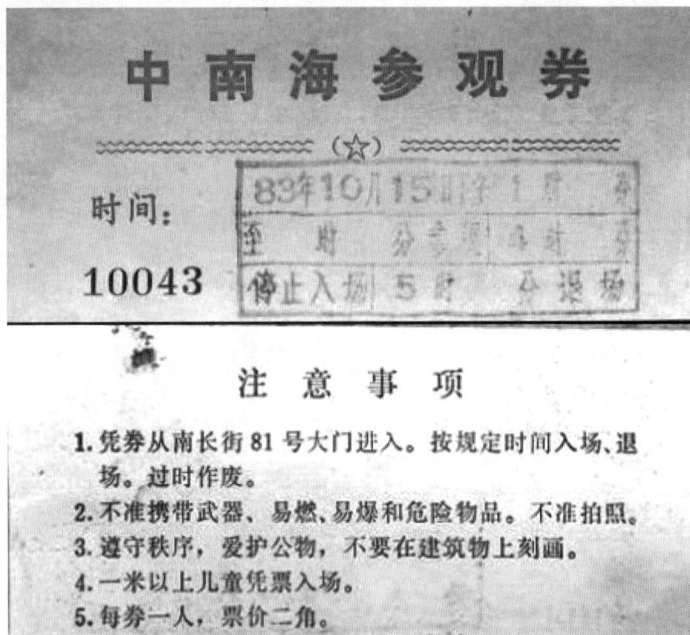

中 南 海 参 观 券

（☆）

时间：

10043

注 意 事 项

1. 凭券从南长街 81 号大门进入。按规定时间入场、退场。过时作废。
2. 不准携带武器、易燃、易爆和危险物品。不准拍照。
3. 遵守秩序，爱护公物，不要在建筑物上刻画。
4. 一米以上儿童凭票入场。
5. 每券一人，票价二角。

图 8-4　1983 年北京中南海参观券

资料来源：http://bbs.artron.net/forum.php? mod = viewthread&tid = 1635063 &highlight＝[2016-04-03]

门票问题解决了，住宿问题又接踵而至。当时国内没有旅行社，外地人到北京出差需要凭出差证明先到北京前门火车站东边的进京住宿介绍处报道，经这里介绍分配去往国营旅社或小浴池。房源紧张时，甚至连理发馆也成了

[①] 老杨.晒晒八十年代北京旅游门票及其他[EB/OL].(2009-09-17)[2016-05-09].http://blog.sina.com.cn/s/blog_4a14e5e00100f2yh.html.

[②] 胡海宾.长春一老人收藏 80 年代的旅游景点门票当时都在一元以下[EB/OL].(2012-06-20)[2016-05-08].http://www.cet.com.cn/lypd/yw/545227.shtml.

住宿场所,所谓的"住宿"也就是晚上 8 点后到理发馆的椅子上躺一躺。① 尽管手续繁琐,条件艰苦,但国人对旅游的向往却不减分毫。

这一时期,没有婚旅和公事的普通人也小心翼翼地搜寻外出旅游的途径。1979 年早春二月,上海福州路突然出现一条"人龙",队伍从福州路一直排到云南路,起因是上海旅行社的小窗口上贴了张小红纸"苏州一日游报名处"。排在前头的人都是头一天晚上就赶来的,愣是在窗口等了通宵。报上名的人回家后还不敢多吱声,只是私下对亲朋好友说"散散心"。②

报纸新闻中的旅游信息和专栏里的各地见闻是这一时期最朴素的旅游广告,激发了国人对异乡风情的无限向往。这一时期,旅游广告尚未火力全开,但蓬勃的旅游热情却一点即燃,所以上海旅行社的"小红纸"广告能产生如此轰动的效果。直到 1981 年,国务院发布的《关于加强旅游工作的决定》指出"搞好国内旅游,可以回笼货币,增加就业",旅游才开始进入寻常百姓家。随着旅游大门的敞开,国内旅行社如雨后春笋般冒出来。1985 年,国内旅行社仅 250 余家,到第二年就翻了一倍多,达 550 家,其中集体性质的旅行社最多。国内旅游的发展也推动了中、低档旅游饭店的发展,部门办的、集体办的还有私人合伙挂集体牌子办的旅馆也开始多了起来。③ 敏锐的商家抓住旅游商机,在旅游景点发布广告,1981 年,北京发布第一个户外广告牌"金鱼牌彩色铅笔",与故宫的风景相映成趣。

---

① 编纂委员会.遵义市汇川区板桥镇志.成都春晓印务有限公司,2012(8):212.
② 王宏甲,刘健.休息的革命[M].北京:中国旅游出版社,2009:97—99.
③ 同②.

图 8-5　1981 年北京第一个户外广告牌"金鱼牌彩色铅笔"

资料来源：刘香成.中国梦［M］.北京：世界图书出版公司,2013:48.

二、1989—1998 年:喂不饱的眼睛

国内旅游政策逐步放宽后,旅游景区的宣传也逐渐跟上来。张家界原本是国营林场,20 世纪 70 年代末 80 年代初才慢慢被人所知。想吸引游客得先扩大旅游效应,张家界先后在香港、澳门、台湾、美国等地举办风光展览,拍摄风光纪录片在全国各地巡回播放。1993 年 2 月 28 日,联合国教科文组织在北京向张家界颁发"世界遗产证书",[①]张家界景区以此为契机设立 300 万元在 28 个大中城市发售 50 万张"幸运之旅特种游览票",原本不为人知的闭塞山区缘此迅速被国人熟识,一时游人如织。

---

①　唐大柏.是谁将张家界推向世界［J］.新闻天地月刊,2002(9):28.

图 8-6　1993 年湖南武陵源"幸运之旅"特种门票

资料来源:http://www.997788.com/14671/whole_134_162700.html[2016-04-17]

　　真正意义的大规模旅游广告促销活动始于 1992 年,这一年被定义为"中国友好观光年","游中国,交朋友"的宣传口号响彻大江南北。国家旅游局、中国民航局和中央电视台联合主办友好观光年开幕文艺晚会《走进东方的梦》。毛阿敏、那英、韩磊、葛优、侯耀华、大山等 300 余名演员参加晚会演出。友好观光年从元旦持续到除夕,在全国各地安排了传统春节庙会、端午节龙舟竞渡、中秋赏月等百项观光活动。① 此后,每一年都被冠以旅游主题,如 1993 年的"中国山水风光游"、1994 年的"中国文物古迹游"等。②

　　宣传片和电影成为这一时期旅游广告的两大利器。1984 年拍摄的电影《西藏,西藏》真实展示了世界屋脊的迷人风光和淳朴的民风民情。《五彩缤纷的云南》《西安》《中国古代艺术博物馆——山西》等旅游影片激发了国内外游人旅游的兴趣。③ 国家旅游局还通过拍摄《唯中国独有》这类风光民俗片,向国际市场隆重推出中国旅游特色的整体形象。

---

　　① 　王宏甲,刘健.休息的革命[M].北京:中国旅游出版社,2009:132—133.
　　② 　佚名.明年将是中国旅游年[J].对外大传播,1996(7):52—54.
　　③ 　王宏甲,刘健.休息的革命[M].北京:中国旅游出版社,2009:93.

1993 年，中国全年入境旅游者达 4 000 万人次，比 1992 年增长 4.9%；有组织的接待海外旅游者 700 万人次，增长 10.7%，其中外国旅游者 4 590 万人次，增长 12.3%；旅游创汇达 46 亿美元，增长 16.5%。国内旅游人数达 3.5 亿人次，增长 6.1%，回笼货币达 320 亿元，增长 28%。[①]

除却国家和景区不遗余力的宣传，大街上招揽旅游生意的小公共也是旅游景点的活招牌。

图 8-7　1989 年北京前门大街招揽旅游生意的小公共

资料来源：http://www.360doc.com/content/14/0510/23/4169785_376532473.shtml[2016-04-21]

但更佳的景区宣传还数游客拍摄的纪念照。90 年代，市场经济刚刚施行，居民的财富积累量有限，政策上的放宽无法抵消经济上的拮据，旅游仍旧只是少部分人的消遣。对难得出门的人来说，出门旅游都讲究照几张人像，再写上几个字，证明"到此一游"，天安门广场前就常常围聚等待拍照留念的游客。

---

① 张永康.国际旅游与涉外商业[J].上海商业，1995(1)：84—86.

图 8-8　20 世纪 80 年代末国人在天安门前排队拍照留念

资料来源：http://blog.sina.com.cn/s/blog_66ae49ef0102e2sf.html［2016-04-22］

　　照相机还未普及，出游的人会提前借好海鸥相机，旅游回来后再找家照相馆冲洗出来，也有等不及的游客在景区就急着把照片冲洗出来。

图 8-9　20 世纪 90 年代北海公园里游客提着未干的胶卷急于扩印

资料来源：http://www.shm.com.cn/tabloid/2005-03/09/content_710212.htm［2016-04-12］

90 年代，亲朋好友到家里做客，拿出一本插满旅游照片的相册，聊聊自己最近的一次出游是件很有面子的事，听的人满眼羡慕，心里开始盘算着攒够钱也去一次。深圳锦绣中华抓住早期中国游客渴望一次性饱览祖国大好河山的心理，大胆打出"一步迈进历史，一天游遍中华"的口号。锦绣中华将中国所有名胜古迹和自然山水微缩于一处，所有景点均按照它在中国版图上的位置布置，将微缩景点与实景按比例缩放，游客在锦绣中华游览时，就像行走在巨大的中国地图上。1989 年，锦绣中华的成功开业，让毫无旅游资源的深圳小渔村一跃成为全国极具吸引力的旅游城市，也成为我国第一个真正意义上的大型主题公园。1990 年，锦绣中华的纯利润达到 5 600 万元，接待游客超 300 万人次，当年就收回全部投资。[①]

境外游也悄然兴起。1995 年的双休制让中国人的空闲时间多了起来，"爱是正大无私的奉献"是 20 世纪 90 年代中国观众耳熟能详的旋律，开播于 1990 年的《正大综艺》是中央电视台最早的旅游节目，节目围绕"看"做文章，观众通过镜头跟随外景主持人一起领略异国他乡的风土人情。鲜活的画面大大震撼了早期国人，应接不暇的美景让国人萌生走出国门看看的念头。1997 年，《中国公民自费出国旅游管理暂行办法》的颁布标志着我国公民出境旅游进入崭新的规范发展轨道。1984 年以前，我国出境旅游基本上是外事活动为主，年出境人数一般在 200 万人次以下。1989 年，中国出境旅游人数为 300 万左右，1998 年出境旅游人数飙升至 843 万人次，[②]增长了近 64.4％。

---

① 李海瑞，王兴斌.深圳三景区成功的奥秘——"锦绣中华""中国民俗村"和"世界之窗"的考察报告[J].旅游学刊，1995(5)：30—34.

② 纳兰容若.中国公民历年出境旅游人数一览(1993—2011)[EB/OL].(2012-01-27) [2016-05-08].http://xxw3441.blog.163.com/blog/static/75383624201202793202569/.

图 8-10　1991 年杨澜与赵忠祥主持央视著名旅游节目《正大综艺》

资料来源：http://news.e23.cn/content/2012-10-29/2012A2900248.html[2016-04-21]

　　这一时期，旅游变成中国人的合理需求，景区有意识的自我宣传和国家有政策的推广带动我国旅游业的发展。随着旅游电视节目的播出，中国老百姓的旅游需求再次被激发，旅游真切地进入柴米油盐中，逐渐被列进国人的记账单。《中国统计年鉴》显示，1998 年我国城镇居民国内旅游总花费达 1 515.1亿元，人均花费为 607 元，国内旅游消费占人均可支配收入的 40.1％。[①]

　　随着国内旅游的兴起，旅游景区内原住民的生活发生翻天覆地的变化。昆山旅游尚未发展时，古镇依旧是个"苦镇"。著名作家吴冠中来此写生，赞叹"黄山集中国山川之美，周庄集中国水乡之美"，画中的水乡在美国纽约展出引发轰动[②]，一时间到周庄旅游的人数激增，当地村民纷纷将自家的屋舍改造成旅馆、饭店、酒吧等，外出打工的青年人也重新返乡自主创业，宁静的村庄开始

---

①　中华人民共和国国家统计局.中国统计年鉴[M].北京：中国统计出版社,2014：158.

②　王宏甲,刘健.休息的革命[M].北京：中国旅游出版.2009：129.

变得昼夜喧哗，人流熙攘。

三、1999—2009 年：缤纷主题游

随着 1999 年黄金周的实行，旅游业收入囊中的"金子"越来越多。这一时期旅游产品的种类不断丰富，《三国演义》《水浒传》的热播，掀起一阵拍摄基地旅游的热潮。此外会展旅游、节事旅游、邮轮游艇旅游、乡村旅游、工业旅游、科技旅游、红色旅游、生态旅游等概念的提出也让国人的旅途平添趣味。

图 8-11　1994 年建成的无锡三国城

资料来源：http://t.dianping.com/deal/travel/13634801[2016-04-30]

2002 年，《旅游卫视》开播。该频道是经广电总局批准的中国境内唯一以旅游休闲为主要内容的专业化卫星电视频道，专业的旅游资讯内容，得天独厚的旅游资源优势，使旅游卫视形成独具特色的节目风格和旅游专业电视频道的品牌特色[①]。《旅游卫视》二十四小时不间断的播出模式，保证了一手旅游资讯的及时送达，热门旅游节目结束后，节目组会还会附上旅行社的联系方式，以便感兴趣的游客出游。

---

① 舒蔓.身未动心已远——解读旅游卫视现象[J].影视制作，2005(7):19—21.

跟团出游是这一时期居民出游的主要形式。旅行社会在商业中心或者居民区设立咨询点，旅行社门店内也会集纳不同景区的旅游宣传单，根据旅游的天数、旅游目的地等条件制定出不同的旅游线路，如"上海一日游""黄山休闲三日游""港澳台双飞四日游"等。游客只需要选择心仪的旅游项目一次性交完费用，门票、住宿、交通等问题统统交给旅行社搞定。

图 8-12　2005 年春秋旅行社旅游行程宣传单

资料来源：http://www.nipic.com/zhuanti/1429520.html[2016-04-30]

景区也抓紧利用通路进行宣传。旅客从大巴车窗望出去能看见高速公路两侧"黄山景区南 11KM"的道路指示牌。

深圳在高速公路涵洞上金碧辉煌的"东部华侨城欢迎您"宣传语，牢牢抓住国人的眼球，促进了地方旅游发展。

图 8-13　2007 年黄山景区道路信息指示牌

资料来源：http://www.17u.net/wd/xianlu/3306869[2016-04-26]

图 8-14　2008 年深圳华侨城高速布景

资料来源：http://blog.sina.com.cn/s/blog_71269d720100pp7q.html[2016-05-01]

候机、候车厅的旅客在免费取阅处领取印有秀美风景的景区宣传单打发候机的时间，飞机、火车上的乘客在座位上翻阅印有旅游风光的列车杂志。走出火车站的旅客在出站口途径巨屏的景区宣传画，人走景移，如在画中。

图 8-15　2008 年中国航空《旅游指南》杂志

资料来源：http://www.cnlist.org/product-info/1593096.html[2016-05-01]

《中国统计年鉴》显示，1999 年我国城镇居民国内旅游总消费为 1 748.2 亿元；到 2009 年我国城镇居民旅游总消费已达 7 233.8 亿元，增长 75.8%。①

这一时期，出境旅游人数也开始增加。2009 年，我国公民出境人数达到

① 中华人民共和国国家统计局.中国统计年鉴[M].北京：中国统计出版社，2014：527.

4 765.63万人次。① 我国公民出境旅游人均支出也呈上升趋势，1995—2000 年间，中国出境旅游者人均支出从 1995 年的 815.93 美元上升到 2000 年 1 352.91 美元，增长 65.81％。②

四、2010 年至今：E 时代的狂欢

近年来旅行社成团出游模式的弊端逐渐显现——旅游欺诈现象频发，旅游目的地与广告描述不一致、酒店星级标准与承诺标准不一致、团餐质量差无特色、旅游购物点强制购物……这些问题让中国人对旅行社的成见越来越大。

互联网的普及打破了旅行社的权威壁垒，国人可以通过网络轻松掌握旅游目的地资讯，少了几分"异乡客"的尴尬。互联网已然改变旅游的模样，国人可以利用互联网寻找最合适的机票和酒店产品，通过阅读旅行指南来提前安排自己的行程。途牛网、携程网、艺龙网为代表的中国互联网旅游企业抓住消费者渴望自由旅行的心理，推出的网上订票、阳光价格、在线咨询等业务，节约了消费者的时间成本和经济成本，让旅游变得便捷起来。2010 年中国旅游电子商务市场规模达 2 000 亿元，占整体旅游收入份额近 15％。③

博客、微博、微信等自媒体④的兴起，培养了国人撰写旅游日志、旅游攻略以及晒旅游照片等习惯。马蜂窝、穷游网适时为热爱自由出行的国人提供了讨论分享的平台。志趣相同的人被汇聚在一起，组成专项的网络社群，这群旅

---

① 佚名.2009 年中国出境旅游年度统计[EB/OL].[2016-05-28].http://www.askci.com/freereports/2010-10/20101022124145.html.

② 郭振江,李锋.中国公民出境旅游人均消费支出变化趋势研究[J].旅游论坛,2013,6(5):26—32.

③ 吴涛.旅游企业网络声誉评价与管理:意义与实施方略[J].旅游学刊,2012,27(8):8—9.

④ 美国新闻学会(The American Press Institute)的媒体中心于 2003 年 7 月出版由谢因·波曼与克里斯·威理斯两人联合提出的"We Media"研究报告,报告中指出:"We Media 是一个普通市民经过数字科技与全球知识体系相联,提供并分享他们真实看法、自身新闻的途径。"主要包括:即时通讯、博网博客和手机媒体。

游者的身份不同于以往的游客，他们厌倦商业味浓郁的传统景点，也不愿意被旅行团的行程束缚，渴望去挖掘小众的旅游目的地，也乐于分享独家的旅游体验，他们不满于观光客的浅尝辄止，而是要做开拓者。探索式的旅游方式为国人带来耳目一新的饕餮盛宴，开启了旅游新时代。途牛、携程等旅游网站紧跟这股旅游热潮，为国人打造了一批自由行的旅游模式，即"核心产品＋X"的模式（通常为机票＋旅游景点门票，或者旅游景点＋酒店），游览过程中没有导游陪同，游客自行安排旅游线路。途牛网 2015 年的"牛人专线"电视广告就是对自由行旅游方式的口语化解读，"独立成团""无强制购物"等口号，让重视游览品质又渴望享受自由旅程的国人眼前一亮，因跟团游沉寂的心又重新跳动了起来。

图 8-16　2015 年途牛旅游"牛人专线"电视广告

资料来源：http://v.17173.com/v_102_623/MjQ5NTU0MjY.html[2016-05-02]

除公共交通工具之外，私家车的兴起让自驾游也成为当红的旅游方式。2014 年 8 月，国务院发布的《关于促进旅游业改革发展的若干意见》①强调要大力发展自驾车房车旅游、游轮游艇旅游、医疗健康旅游、老年旅游、低空飞行旅游、研学旅游等。地方论坛通过组建车友俱乐部的形式，发帖号召志同道合的玩伴一起出游，新兴的旅游景区也主动向车友发出游览邀请，既推动自驾游

————————————

① 国务院办公厅.国务院关于促进旅游业改革发展的若干意见[EB/OL].(2014-08-21)[2016-05-08].http://www.gov.cn/zhengce/content/2014-08/21/content_8999.htm.

的发展，又借助车友会的平台推广景区风光。据国家旅游局发布数据显示：2015 年自驾游所占比重逐年攀升，游客通过旅行社进入景区的比例已经由 2010 年的 60％～70％下降至 2015 年的 20％～30％。自驾为主的自由行已成为游客到达景区的主要方式，占景区接待游客总人数的 75％。80 后、90 后是自驾游的主力军，亲子自驾、应季主题自驾将进入黄金时代，房车自驾、定制自驾将成为新风尚。[①]

《中国统计年鉴》显示，2010 年，我国城镇居民国内旅游总消费为 9 403.8 亿元，2013 年，我国城镇居民旅游总消费达 24 219.8 亿元，增长近 61.1％。[②] 这一时期的境外游人数也呈持续增长趋势。监测数据显示，2014 年中国内地公民当年出境旅游突破 1.17 亿人次，[③]内地公民出境旅游消费出手阔绰，境外旅游消费额高达 2 150 亿美元，同比上涨 53％[④]，在全球游客消费额中亦排名第一。2015 年我国出境游人数达到 1.2 亿，境外消费（购物加住宿旅费）1.5 万亿元，其中有 7 000 亿～8 000 亿用于购物。[⑤]

小　结

从早期的"引进来"，到如今的"引进来"与"走出去"并驾齐驱，中国旅游业在改革开放后发生翻天覆地的变化。改革开放初期，国内旅游尚不成体系，旅游广告借助报纸、电影等大众传媒与读者频繁照面，撩拨着国人尚未成熟的旅游心弦。随着经济的发展，旅游政策逐渐放开，配套设施逐步完善，国内旅游从

---

① 蒋丽丽.《2016 年自驾游十大趋势报告》[EB/OL].（2016-02-02）[2016-05-08].http://news.cri.cn/201622/65666ce1-4dca-585c-c353-37f98cb537fe.html.

② 中华人民共和国国家统计局.中国统计年鉴[M].北京：中国统计出版社,2014:123.

③ 刘晓朋.2014 年中国公民出境游达 1.17 亿人次[EB/OL].（2015-01-13）[2016-05-08].http://www.traveldaily.cn/article/88133.

④ 常红,杨牧.中国 2015 年出境游人次已达 1.2 亿消费额暴增 50％[EB/OL].（2016-03-30）[2016-05-08].http://world.people.com.cn/n1/2016/0330/c1002-28237702.html.

⑤ 孙韶华.商务部：2015 年我国出境游人数达 1.2 亿境外消费 1.5 万亿元[EB/OL].（2016-02-23）[2016-05-08].http://jjckb.xinhuanet.com/2016/02/23/c_135122776.htm.

"稀罕事"变成"平常事"，境外旅游、主题游等新型旅游模式也受到国人热捧。

互联网的兴起以及微博、微信等自媒体的出现，为国人带来一场 E 时代的狂欢。渴望摆脱束缚，向往自由的国人开始在旅行中寻找自我，积极完成从"观光客"到"探索者"的蜕变。互联网旅游企业应势推出"独立成团"的口号，车友俱乐部也开始组建自己的自驾团队，全新的旅游方式走进公众视野。国人的旅游观随着旅游广告的影响和旅游体验的变化也在悄然改变：旅行的乐趣不仅是一瞥终点的旖旎，还有沿途的风景，以及看风景的心情。

第二节　真人秀：真景真性情

中国早期旅游景区也有邀请明星担当旅游形象大使的宣传策略，如 2010年，浙江乌镇曾邀请刘若英担当代言人，拍摄了一组水乡主题的宣传片，"来过就不曾离开，梦里水乡乌镇"的宣传语淋漓尽致地展现流水人家的古韵，刘若英的形象也与乌镇的恬淡气质相符。但宣传片并未产生旅游真人秀的轰动效应，反而是爸爸带着萌娃、老少明星搭档、美食美景相邀的模式激发了消费者的旅游热情。

一、有温度的风景

2013 年 10 月 11 日，《爸爸去哪儿》登陆湖南卫视。五位性格迥异的明星爸爸带着孩子旅游的真人秀节目形式一经播出就创造出了整年度真人秀节目的新高度，央视—索福瑞 CSM 46 城收视率不断攀升，首期获得收视率1.423。[①]

---

① 李叶子.《爸爸去哪儿》：一档真人秀的加减法则[J].今传媒（学术版），2014(12):92—93.

图 8-17　2013 年湖南卫视综艺节目《爸爸去哪儿》

资料来源：http://yule.2258.com/mingxing/pandian/890216_3.html[2016-05-03]

2014 年 4 月 25 日湖南卫视重磅打造《花儿与少年》，7 位年龄跨度从 40 后到 90 后的明星结伴出行的形式再创收视奇迹。CSM50 城数据显示，《花儿与少年》8 期节目收视率均位居同时段全国排名第一，在西班牙塞维利亚的第 8 期收视率最高达 1.995，在马德里的第 7 期收视份额最高达 9.45，与《爸爸去哪儿》旗鼓相当。[1]

2014 年 5 月 25 日，湖北卫视携手韩国 CJE&M 共同制作国内首档大型明星恋爱真人秀节目《如果爱》。相较以往的相亲节目，《如果爱》在海南、上海、北京、韩国等处多地取景，以真人秀的形式展现旅行中萌生的爱情。

---

[1]　向璇.真人秀节目戏剧情境构建下的前台——以《花儿与少年》为例[J].中华文化论坛，2015(4)：150—154.

图 8-18　2014 年湖南卫视综艺节目《花儿与少年》

资料来源：http://old.jjl.cn/rdkd/1057384.shtml[2016-05-05]

图 8-19　2014 年湖北卫视综艺节目《如果爱》

资料来源：http://www.sxdaily.com.cn/n/2014/1012/c390-5529651-5.html[2016-05-10]

真人秀节目能够一炮而红，不可不谈明星自身的光环效应，聚光灯下光鲜亮丽的明星回归鸡毛蒜皮的世界，观众的好奇心被激发，自然紧握遥控器不舍得换台。但真人秀节目收获的不止是高收视率，还带火了一批旅游景点。《爸爸去哪儿》第一季播出后，北京灵水举人庄、宁夏中卫沙坡头、云南普者黑、山东威海荣成以及牡丹江雪乡等地成为人们旅游的热门去处；《花儿与少年》节目中出现的西班牙、马德里成为热门旅游线路；《如果爱》中的约会地点，如天涯海角、田子坊、七九八等，被当今情侣奉为恋爱圣地。

除了明星自身的感召力外，真人秀节目自身蕴含的情感力量更像一张网牢牢捉住了观众目光，让旅行不再只是游览山水风光。80 年代，彩电走入寻常百姓家，荧屏就是打开世界的窗户，坐在家里看电视是当时人们最惬意的休闲方式。21 世纪，互联网以迅雷不及掩耳之势红遍大陆市场，上网成为当年的流行语，成为一般民众最热衷的休闲方式。足不出户而知天下事固然可喜，但国人在数码产品面前日渐蜷曲的身体像一颗颗待发芽的"土豆"，内心像一具具封闭的容器，虽然希望与别人接触，但这种接触只是容器外壁的碰撞，因为心底的世界已经本能的被封藏。[1] 欧阳修"醉温之意不在酒，在乎山水之间也"的情怀被快节奏的生活淡化，但真人秀节目的播出唤醒国人心底对情感的渴望，让国人意识到旅游不止在乎山水之间，更是一段相识相知的征途。

中国语境中，父亲的等价意义是高大、威严、不苟言笑[2]，《爸爸去哪儿》中的爸爸们推翻对于父亲生硬冷酷的定义。五位父亲都是娱乐圈的名人，虽然他们在电视剧中扮演过不同角色，但在孩子面前都是父亲，鲜少陪伴女儿的王岳伦、宠爱 Kimi 的林志颖、与儿子哥们相称的张亮父子，其关系都是现实生活的真实投射。除了亲子关系外，"代际关系""长幼关系"也是真人秀的主题，如《花儿与少年》中的人物预设几乎涵盖了日常生活中除了男女两性关系之外的所有关系，比如第一季中大姐郑佩佩在 90 后华晨宇面前成为"奶奶"的角色，这些设定正好与国人的家庭系统以及社群生活吻合。

---

① 日本传播学者中野牧在 1980 年出版的《现代人的信息行为》中描述现代人的形象时提出"容器人"的概念，指在现代的大众传播环境尤其是以电视为主体的传播环境下，内心世界犹如封闭的容器的人群。

② 李叶子.《爸爸去哪儿》：一档真人秀的加减法则[J].今传媒(学术版),2014(12):92—93.

在日本"成田分手"一词有特定含义，意为很多去成田旅游的情侣或新婚夫妇回来后就分手了。如《围城》里赵辛楣对方鸿渐所说："旅行是最劳顿、最麻烦，叫人本相毕现的时候，经过长期苦行而彼此不讨厌的人，才可以结交朋友。"带着孩子去旅行，家庭教育中被冷落的父亲角色被唤醒；与不同年代的姐姐和弟弟们同行，独立与合作、自由与责任、现实与浪漫在旅行中相互交织；[①]与爱人结伴，让柴米油盐酱醋茶充当爱情的把关人，耐得住繁琐的爱情才能细水长流坐看云卷云舒。即便是罗马的真言之口、土耳其的棉花堡、希腊圣托里尼的蓝房子，没有情感的一瞥和饱含深情的问候也大有不同。国人厌倦了看风景、拍照片、录视频的旅游体验，对旅游的态度由新奇转为平常。综艺节目的出现重新深化旅游的主题，旅行不一定是孤独的流浪，陪伴才是最长情的告白，重要的不是看风景，而是和谁在一起看风景，融合在旅行中的情感成为人们前赴后继相邀去往远方的原因。

二、有味道的风景

食色性也，味道是记忆的钥匙，敌得过春风十里，比得上沧海一粟。沈从文在写给张兆和的情书中也写道，"我行过许多地方的桥，看过许多次数的云，喝过很多种类的酒，却只爱过一个正当最好年龄的人"。旅行和情谊和美食不可分割，带着味蕾去旅行的理念也随着真人秀节目的播出根植于国人的大脑。

1994—1996 年，在扶桑社《月刊 PANJA》杂志上连载的日本漫画《孤独的美食家》讲述了井之头五郎在工作间隙前往餐馆吃饭的故事。作品中出现的餐馆全部都是实际存在的，漫画并不是单纯地描述食文化，而是着重表现主人公吃饭的场景和心理。2012 年，东京电视台将其拍成系列电视剧。[②] 剧中的鳗鱼盖饭、章鱼烧等美食伴着日本的自然风光被传到中国，引发国人赴日旅游

---

① 郑娜，单鑫.真人秀:旅行的意义是什么？[N/OL].人民日报(海外版),2014-07-04(7) [2016-04-16]. http://paper. people. cn/rmrbhwb/html/2014-07/04/content _1448778.htm.

② 李小丢.孤独的美食家[EB/OL].[2016-05-08].http://baike. baidu. com/subview/4255075/8679418.htm.

的热潮，跋山涉水只为尝到朝思暮想的味道，味蕾的享受伴随着樱花树下的落花和富士山上的终年积雪，组成记忆里的有味道的风景。

浙江卫视于 2009 年推出外景美食类综艺节目《爽食行天下》同样以美食和美景为主题，在成都、长沙、杭州、上海等多地取景，街头巷尾搜罗美食。随后，2014 年 7 月 12 日播出的节目《十二道锋味》，邀请谢霆锋任"主厨"，搜寻世界各地美食并穿插其与好友的往事，每一季共 12 期，每期 1 个主题。如第 1 期与范冰冰在法国拍摄的"巴黎恋人"，第 3 期与赵薇在法国拍摄的"致青春的约定"，第 11 期与陈奕迅在香港拍摄的"最爱吃的路边摊"等。

图 8-20　2014 年浙江卫视综艺节目《十二道锋味》

资料来源：http://www.chinadaily.com.cn/hqcj/xfly/2014-09-21/content_12419203. html[2016-05-22]

传统的美食类或旅游类节目往往将美食的享用停留在"吃"的环节，却忽略"吃"之前的过程。景观、习俗、食材独特性等画面的融入，能大大增强观众的观看欲望①。谢霆锋曾说，食物不止是"吃这么简单"，自己第一次开瓦斯炉是爸爸边教自己煎荷包蛋边告诉他凡事都有两面性，做人就像煎成两面的荷包蛋，要学习拿捏火候，面面俱到②。美食的真谛和旅行的意义一经相逢，衍生出真人秀中新的旅游契机。"晚来天欲雪，能饮一杯无"是红泥小火炉边共赏皑皑白雪的真情，"葡萄美酒夜光杯"是大漠沙场夕阳下饱含热泪的豪情。趁着微风不噪年华未老，去到你的城市，在如画美景里同桌共食，闲话家常便是旅行的另一种意义。

小　结

明星真人秀旅游节目的狂轰乱炸，掀起一股跟着明星去旅游的浪潮，真人秀节目中出现的场景通常会成为游客旅游的首选地。理性消费的年代，消费者的自我意识大幅度提高，真人秀旅游节目能够左右消费者选择的原因，并非单纯源于明星的光环效应，还因为真人秀节目中的情感流露让消费者体会到旅游的另一种意义——感情的维系。旅游不再只是物资贫乏年代开阔眼界的手段，更是人情淡漠的当下情感回归的入口，旅游从商品升华到情感，是国人旅游观念的变迁，也是新时代对真性情的呼唤。

第三节　找自由：跟着感觉走

"生命诚可贵，爱情价更高，若为自由故，二者皆可抛"。国人对自由的向往古已有之，固定的旅游线路在市场经济初期尚能满足国人的旅行需求，但随着科技的发展，交通工具日益便捷，信息沟通畅通无阻，来一场说走就走的旅行不再是白日梦，用自己喜欢的方式，带着爱人，徒步、骑车、坐船……去看一

---

① 刘俊，刘乃坤.十年：旅游美食类节目叙事策略的新趋势——从《有多远走多远》到《十二道锋味》[J].电视研究，2015(2)：43—45.

② 鲍文玉.十二道锋味[EB/OL].[2016-05-08].http://baike.baidu.com/subview/12055817/14777293.htm.

看世界，这一次跟着感觉走。

一、自由行

"青岛日照三日游""北京双飞五日游"等旅行社推出的常规线路俨然让游客变成工业流水线上的螺丝钉。固定景点、团队用餐、集中住宿的程式化旅游模式虽然节约了时间，压缩了旅游成本，但走马观花的游览模式让旅游浅尝辄止。在旅游尚未形成风气的90年代，跟团游尚且能填补国人渴望看世界的需求，随着旅游的平民化，黄金周摩肩接踵的景点、众口难调的团队餐都让跟团游的品质大打折扣。

图 8-21　2015 年十一黄金周厦门中山路

资料来源：http://www.cnta.gov.cn/xxfb/xxfb_dfxw/fj/201510/t20151003_748429.shtml[2016-05-12]

关于旅行社的种种负面消息也伴随旅游业高速发展出现，人们用挑剔的眼光来衡量跟团出游的利弊，"每到一个景点，坐车要坐很久，但玩的时间却很少，感觉匆匆忙忙的，一点都不尽兴"，"当地的特色菜吃不到就算了，看着怎么不太新鲜啊，好像摆了很久了一样"，"跟团游每天要求早上6点多就出门，比在家上班的时候起得还早，出来旅游是休闲的，可那么早起来，还算哪门子休闲呢"①。

自我意识的觉醒带来对自由的向往,有闲暇时间和经济基础的人开始寻找新的旅行方式,期望脱离填鸭式的观赏,心灵去旅行。携程、艺龙等电子商务网站抓住新时期国人的旅游心理,以酒店订房为切入口,扩展到机票领域,适时推出"机票＋酒店"的自由行的旅游方式。自由行与团体旅游相同的是,由旅行社安排住宿与交通,但自由行没有导游随行,饮食也由旅客自行安排。

自由行的出现打破传统旅行社"吃、住、行、游、购、娱"一揽子全包的模式,游客需要对未知的旅程做充分的安排和了解,自己决策和亲手安排景点、食宿、交通等问题,对其计划能力和执行能力都是挑战,因此最先选择自由行的游客一般具有丰富的旅游阅历。但互联网的发展降低了这一精英领域的准入

穷游网
节省费用自
助旅行

蚂蜂窝
高质量旅游
爱好者

携程
中国酒店预
订服务中心

途牛旅游网
让旅游更简
单

自游网
开放式旅游
社区

驴妈妈
打折门票

走呗网
新式的旅游
社交网站

自己去旅游
网
华人在线旅
游领先品牌

图 8-22　自由行网站集锦

资料来源:http://www.qyer.com/[2016-05-13]

---

① 李雅丽.自助游,说走就走说火就火[EB/OL].(2016-04-01)[2016-05-08].http://www.sxwbs.com/wb/wh_0/6028439.shtml.

门槛，旅游资讯的即时分享让旅游"菜鸟"也能在短期内成为旅游"达人"，自由行爱好者聚沙成土，形成一批颇具效应的旅游社群。

马蜂窝、穷游网等旅游网站为热爱自由行的国人提供了交流讨论的平台，鼓励其分享原创的旅游攻略，以游记交友，以期觅得一段英雄所见略同的高见，或一曲高山流水遇知音的佳话。国人在旅游网站自发上传的旅游攻略融景于情，"最好的时光""广州来信"等图文并茂的长帖，在旅游景色之外赋予目的地无限遐想的空间。旅行是用心体会一座城市，需要发现的眼睛和敢于尝试的心。国人在旅游社群中求知若渴地搜索资讯，精心准备一趟真正的旅行，让身体和心灵一起享受美景。

二、自助游

自助游起源于美国，20世纪二三十年代崇尚自由不羁生活方式的美国青年对旅行社刻板机械的行程安排心生厌倦后，决心彻底摆脱这种束缚人性的旅游方式，他们在事先制定好详细的旅游计划后，毅然背起巨大沉重的背包，靠一本导游手册、一张地图开始无拘无束的云游生活，这类旅游者即为"背包族"。近年来自助游在国内悄然兴起，从"穷游"到"品质游"再到"自驾游"，自主化、个性化的旅游方式成为旅游新风尚。

生活需要诗和远方，梦想环游世界但经济窘迫的国人以"穷游"的方式达成看世界的心愿。年轻的旅游爱好者们通过背包徒步、单车骑行、搭顺风车、住青年旅社、住帐篷等方式节约住宿成本，以小成本的投入实现自己的旅游梦想。[①] 穷游网、马蜂窝等网站是穷游客的精神家园，穷游客们可以在网站搜集旅游地游览攻略，通过互动问答等方式为自己的出行制定合理的计划。穷游网就专门开辟"穷游锦囊"专栏，用户可以在其中搜索到亚洲、欧洲、北美洲等各地的旅游信息，用户还可以在"行程助手"专栏浏览其他用户的行程安排方便自己规划旅游路线。新闻媒体对"穷游"的高度关注也激发年轻人简装出游

---

① 李国征.穷游热的成因：一个质性研究[J].旅游研究,2015(4):24—29.

的热情，"40 天 6 500 元穷游越南泰国游记"[①]"情侣穷游天下，每天只花 50 元"[②]等报道对渴望出游的年轻人来说无疑是强心剂。

图 8-23 2013 年背包客穷游 318 川藏线

资料来源：http://www.mafengwo.cn/i/1117930.html? landlord_only=1[2016-05-14]

但穷游中的意外因素和危险性难以控制，不少穷游客在出游前未购买人身意外伤害保险，搭车过程中，车主和搭车者之间没有安全协议，安全隐患大。此外，蹭车、蹭住、蹭吃等举动也被认为是"过度消耗沿途民众的资源和爱心"。[③]

经济能力尚可，注重旅游品质又渴望自由的旅行者将目光投向"品质游"，穷游网发布的《2014 年出境自助游行业报告》显示，2014 年中国出境游总人数有近 70％人选择自由行，当地行程的不确定性是很多出境自助游者最担忧的

---

① 苊哥.40 天 6 500 元穷游越南泰国游记[EB/OL].(2016-03-25)[2016-05-08].http://www.jnnews.tv/travel/2016-03/25/cms515817article.shtml.

② 陈百惠.情侣穷游天下每天只花 50 元[EB/OL].(2015-02-15)[2016-05-08].http://www.china.com.cn/v/news/2016-02/15/content_37787421.htm.

③ 李迪斐,谢洋."穷游"：成长必需还是盲目跟风[N].中国青年报,2013-09-10(9).

问题。① 旅游网站正着手解决自助游旅行者的后顾之忧,用户可以通过手机在线预订门票、酒店、交通等旅游产品,自助出行的同时享受到便捷实惠的服务。数据显示,2015年,旅行者不再只是预定机票酒店就匆忙启程,48%的旅行者会在行前就预定好当地的消费(包括移动互联网服务、门票、餐饮、当地交通、娱乐、当地游等)。其中42%的用户会提前预定好移动互联网服务(Wi-Fi、电话卡)。

便捷的网络平台让国人不仅能够及时提供各种旅行信息,还能随时分享旅行感受。② 如途牛旅游APP的"牛跟班"群聊服务平台对于预订出境自助游产品的用户,途牛会按照目的地和出发日期组建相应的群组,不仅推出同团聊、私聊等特色服务,更上线"结伴"新玩法,为用户打造交友、交流新平台。③

近年来,旅游业还将目光瞄准收入水平较高,讲求生活质量的有车一族,向他们推出自驾游的概念。车友俱乐部、互联网旅游企业、车行也会定期组织自驾活动邀请私家车主参与,培养旅游者驾车出游的乐趣。

社科院的调查显示,53%的景区在宣传与推广中面向自驾,如常州野生动物园特地开放自驾游览入口,游客可以开车进园游览;90.9%的景区已经建有自驾游指示标识,大多数景区设有汽车维修站等为自驾游提供保障服务的基本设施;部分景区还将自驾游作为自己的发展规划,如云南提出打造"自驾友好型目的地"、新疆提出打造"自驾游爱好者的天堂"、四川打出"中国西部自驾游第一省"等口号,吸引自驾游爱好者前往。④

社科院中国自驾游年度发展报告(2014—2015)显示,2014年,自驾车出

① 杨柳.《2014年中国出境自助游行业报告》[EB/OL].[2016-05-28].http://www.199it.com/archives/334376.html.

② 佚名.《2015年十一出境自助游预测》[EB/OL].(2015-09-24)[2016-05-08].http://www.dotour.cn/article/16824.html.

③ 严海锋:全球化布局发力自助游[EB/OL].(2016-04-15)[2016-05-08].http://tuniu.baijia.baidu.com/article/406415.

④ 社科院旅游研究中心.中国自驾游年度发展报告2015[EB/OL].(2015-06-12)[2016-05-08].http://www.weixinyidu.com/n_1467601.

图 8-24　2015 年 5 月前往扎兰屯的自驾游车队

资料来源：http://rv.fblife.com/html/20151116/165128.html［2016-05-19］

游人数约为 22 亿人次，较 2013 年增长 8％，约占出游总人数的 61％。[①] 自驾游不同于传统的旅游模式，消费者本身拥有交通工具，驾驶的过程也是游览体验的一部分，自驾车旅游者外出旅游主要在于追求自由化、个性化的旅游空间。避开人头攒动的黄金周，手握方向盘，自己规划旅途，寻找心灵的栖息地。

小　结

自由行的推出颠覆传统旅游业跟团走行程的旅游方式，旅游者手握方向盘，自己为自己开路，规划游览线路，时间灵活自由。车友俱乐部的自驾游活动通过改变旅游者的旅游习惯，进而改变消费者的旅游习惯。旅游成为释放压力，舒缓心情的闸口，拥有"一场说走就走的旅行"成为无数国人渴求的生活方式。

---

① 社科院旅游研究中心.中国自驾游年度发展报告 2015［EB/OL］.（2015-06-12）［2016-05-08］.http://www.weixinyidu.com/n_1467601.

第四节　购物游：万里不看景

淮南橘淮北枳，国人深谙因地制宜的道理，采购伴手礼馈赠亲友是旅游购物的雏形，但随着山水之间的乐趣逐渐被淡化，一种以纯购物为目的的旅游在中国中悄然兴起。采购当地工艺精良的物产，享受汇率的大额差幅，体验购物中心的一站式服务，不失为一种全新的旅游方式。

一、国内组团

当山重水复不再构成旅游的乐趣，购物游悄然兴起。近年来，一股以购物为原动力的旅游之风越发强劲，海宁皮革城、苏州奕欧来精品购物村、连云港东海水晶城等购物场所正在成为国人休闲旅游的新宠。生活水平的提高带来旅游的平民化，自然风光固然妖娆，新萌发的购物游激发人们的旅游热情，商家通过营造舒适宜人的环境和一站式的购物体验，让国人省去货比三家的辛劳，增强购物的休闲娱乐性。

海宁皮革城是中国皮革市场行情、流行趋势的发源地。据海宁官网数据显示，2012年皮革城海宁总部市场客流量达588.26万人次，同比增长15.12％。从海宁中国皮革城旅游接待中心获悉，皮革城正常营业时间为每天早上8点30分至下午17点，随着冬季消费旺季的到来，每天早上8点多就有外地车辆陆续涌来，市场晚上关门的时间一般都要延长到18点，双休日甚至要延长到19点左右。[①] 为满足消费者对国际时尚品牌的需求，2016年海宁中国皮革城新增国际馆，引入国外大型品牌如韩国女装Plastic Island，意大利男装CNC等，将一站式购物进行到底。

2014年5月开业的苏州奕欧来同样秉承优质购物体验的理念，将尊贵奢华的精品购物与休闲放松的浪漫旅游结合，以其独树一帜的"旅游购物"体验

---

① 周舟.海宁皮革战略将覆盖4亿消费者［EB/OL］.（2013-02-05）［2016-05-08］.http://www.chinafashion.cn/newsview-14738-1.html.

重新定义奥特莱斯①购物，为品味日益考究的中国顾客带来耳目一新的购物体验。除了购物环境的舒适宜人外，苏州奕欧来还将文化与购物游相结合，购物村内别具欧洲风情的建筑既风光无限又含蓄内敛。不定期举行的音乐盛宴和美食派对让购物变得更具文艺气息。

图 8-25　2014 年苏州奕欧来购物村游人如织

资料来源：http://biz.ifeng.com/fashion/special/yioulairedcarpet/index.shtml［2016-05-22］

　　以地区来看，北京是最受旅行者关注的境内旅游购物城市。游客在北京的旅游购物已从传统的全聚德、北京果脯等，深入注重生活品质、以国内外知名品牌为主的综合性产品，包括电子产品、博物馆和艺术类衍生品、潮流服饰、创意设计产品、国外异域特色产品。2015 年 1—10 月，北京的旅游购物花费为旅游全部花费的最高支出项，占比 42%；其次为餐饮费、住宿费、长途交通

---

　　①　"奥特莱斯"是英文 Outlets 的中文直译。英文原意是"出口、出路、排出口"的意思，在零售商业中专指由销售名牌过季、下架、断码商品的商店组成的购物中心，也被称为"品牌直销购物中心"。

费,占比均为 18％左右;其余项目是景点游览、市内交通、邮电通讯。[①]

二、国外扫货

2015 年 11 月 3 日,自由行服务平台蚂蜂窝旅行网、今日头条与中国银行银行卡中心联合发布的《全球旅游购物报告 2015》[②]显示:2015 年中国游客出境自由行的原因中,有 53.6％的人把购物列为主要目的。2015 年,中国出境旅游购物市场规模已达 6 841 亿元,中国游客境外购物人均花费 5 830 元,相当于每个出行者在境外买了一个 LV 手包。中国游客在国外奢侈品或者大型免税店疯狂扫货的身影随处可见。

图 8-26　2011 年中国游客冲进刚开业的伦敦市中心某商场扫货

资料来源:http://biz.ifeng.com/fashion/special/yioulairedcarpet/index.shtml[2016-05-23]

---

① 马禹涛.观光 OR 购物? 中国游客出境购物账单惊人[EB/OL].(2015-11-16)[2016-05-08].http://travel.china.com/shopping/11167044/20151116/20757076.html.
② 同②.

随着游客对出境购物的需求越来越旺盛，以购物为主打的旅游产品逐年走俏。新兴的购物游不等同于以往团队游中"进店"的概念，传统的"进店"往往把时间耗在不太重要的小店中，去 Outlets 或是一些顶级卖场购物则是游客体验购物并为自己的旅程添彩的好机会。很多游客出境就是冲着购物去的，例如英国的哈罗德百货就是有一百多年历史的购物商场，除了购物外还有服装订制、美容 SPA、哈罗德金融、个人香水调配等服务，商场内每一个店面的装饰都自成一格，宫殿、花园，甚至是神秘的古埃及宫殿让人在购物的同时欣赏到独特的人文风景。进门时，工作人员还会贴心地告诉你背囊要提在手上拎着，这样购物才够优雅，①购物在这里变成了奢华的享受。

韩国、欧洲和澳洲是近年来国人优先选择的购物地，这几个地区目前签证政策较为宽松，澳洲可以申请两年有效多次往返签证，按照新的签证政策韩国可以申请一年往返多次签证。② 欧洲受经济大环境的影响及人民币汇率升值，整体物价水平相对于以往来说有所下降。针对游客的旅游新需求，旅行社和各大电商纷纷推出购物游旅游路线。如携程网 2015 年末推出的香港 4 日半自助游（购物游）、韩国首尔自由行、法国瑞士团队游、台北 5 日自由行等。购物折扣季期间，旅行社也会推出应时应景的购物主题产品，如"美国西海岸9 日乐购之旅"就涵盖了美国西部城市多家知名购物中心，同时赠送美国西部最大的名牌折扣购物中心 Desert Hills PremiumOutlets 的店铺分布图及 VIP购物券，让游客购物更加方便和实惠。

随着人们购物需求的增加，旅行社在购物这一环节细化服务。在购物流程方面，领队会在购物前给予游客充分的讲解和指导说明，如告知退税的流程、退税商品如何领取等。此外，领队也要在游客购物时尽量伴随左右，随时帮忙翻译讲解、给予退税说明、购物建议等。在商品领取方面，领队会在到达机场后及时告知并提醒游客退税商品的领取等，免去游客的后顾之忧。

---

① 田虎，瑶谢."纯购物主题团"兴起短途出境血拼受追捧［EB/OL］.（2013-03-20）［2016-05-08］.http://go.huanqiu.com/news/2013-03/3749908.html.

② 同①.

小 结

多国签证放宽、直航增加、人民币汇率上升、食品安全等多重因素让中国游客在全球的旅游购物越发频繁。新时期以购物为目的的旅游正在兴起，旅行社和购物中心联合为中国消费者提供便捷、舒适、优雅的购物环境，让购物变成另类的休闲享受。随着生活方式的变迁，旅游从游山玩水到血拼购物，是购物团兴起的刺激，也是中国人旅游观念变迁的真实写照。旅行社和电商网站的配套服务是购物游强大的后援，支撑着购物游的发展，激发着国人海外扫货的欲望。

参考文献

[1]百老汇电影中心.我的天堂电影院[M].上海:上海人民出版社,2011.

[2]常青.中国房地产到底该怎么办[M].杭州:浙江大学出版社,2011.

[3]陈芬森.西方饮食在中国[M].北京:中国社会科学出版社,2007.

[4]陈素白.转型期中国城市居民广告意识变迁[M].厦门:厦门大学出版社,2011.

[5]程季华.中国电影发展史[M].北京:中国电影出版社,1980.

[6]程远强.包袋设计与出格[M].广州:华南理工大学出版社,2005.

[7]戴慧思.中国都市消费革命[M].北京:社会科学文献出版社,2006.

[8]董扬.中国汽车工业改革开放30周年回顾与展望[M].北京:中国物资出版社,2009.

[9]范鲁斌.中国广告25年[M].北京:中国大百科全书出版,2004.

[10]高宣扬.流行文化社会学[M].北京:中国人民大学出版社,2006.

[11]葛凯.中国消费的崛起[M].北京:中信出版社,2011.

[12]郭锐.像森女一样去生活[M].北京:中国社会出版社,2013.

[13]国际广告杂志社.中国广告猛进史1979－2003[M].北京:华夏出版社,2004.

[14]国际广告杂志社,北京广播学院广告学系,IAI国际广告研究所.IAI中国广告作品年鉴·2000[M].北京:中国摄影出版社,2000.

[15]国际广告杂志社,中国传媒大学广告学院,IAI国际广告研究所.IAI中国广告作品年鉴·2004[M].北京:中国传媒大学出版社,2004.

[16]国际广告杂志社,中国传媒大学广告学院,IAI国际广告研究所.IAI中国广告作品年鉴·2005[M].北京:中国传媒大学出版社,2005.

[17]国际广告杂志社,中国传媒大学广告学院,IAI国际广告研究所.IAI中国广告作品年鉴·2006[M].北京:中国传媒大学出版社,2006.

[18]国际广告杂志社,中国传媒大学广告学院,IAI国际广告研究所,BBI商务品牌战略研究所.IAI中国广告作品年鉴·2008[M].北京:中国传媒大学出版社,2008.

[19]何乃华,阎一宏.珠联璧合:历经中国珠宝首饰15年[M].北京:文化艺术出版社,1997.

[20]华梅.新中国60年服饰路[M].北京:中国时代经济出版社,2009.

[21]黄升民,丁俊杰,刘英华.中国广告图史[M].广州:南方日报出版社,2006.

[22]黄升民.中国城市居民广告观研究[M].北京:中国传媒大学出版社,2014.

[23]黄艳秋.中国当代商业广告史[M].郑州:河南大学出版社,2006.

[24]姜炜,戴世富.家电广告的奥秘[M].广州:广东经济出版社,2002.

[25]蒋建国.广州消费文化与社会变迁:1800—1911[M].广州:广东人民出版社,2011.

[26]寇非.广告·中国[M].北京:中国工商出版社,2003.

[27]李安定.车记——亲历·轿车中国30年[M].上海:上海三联书店出版社,2011.

[28]李海燕.洋货在中国[M].北京:军事谊文出版社,2007.

[29]李贤娜.专属于80后的回忆[M].武汉:华中科技大学出版社,2011.

[30]刘富道.天下第一街·武汉汉正街[M].北京:解放军文艺出版社,2001.

[31]刘世忠.广告与传播[M].西安:西安交通大学出版社,2009.

[32]刘守敏,徐文龙.上海老店、大店、名店[M].上海:上海三联书店出版社,1998.

[33]刘卫兵.我们这30年——一个记者眼中的中国改革开放[M].北京:外文出版社,2013.

[34]刘习良.中国电视史[M].北京:中国广播电视出版社,2007.

[35]刘香成.中国梦[M].北京:世界图书出版公司,2013.

[36]刘香成.毛以后的中国1978—1983[M].北京:世界图书出版公司, 2011.

[37]刘亚敏.食品广告的奥秘[M].广州:广东经济出版社,2004.

[38]娄炳林,廖洪元.广告理论与实务[M].北京:高等教育出版社,2001.

[39]陆弘石.中国电影史1905—1949——早期中国电影的叙述与记忆 [M].北京:文化艺术出版社,2005.

[40]罗兰秋.文化让广告疯狂[M].成都:天地出版社,2003.

[41]罗明.中国电视观众现状报告[M].北京:社会科学文献出版社,1998.

[42](美)西尔弗斯坦(Silverstein,M. J.),(美)瑟瑞(Sayre),等.女人为什 么购买[M].上海:东方出版社,2010.

[43]孟繁华.众神狂欢[M].北京:中国人民大学出版社,2009.

[44]倪骏.中国电影史[M].北京:中国电影出版社,2004.

[45]培贵.眼镜配戴艺术[M].重庆:重庆出版社,1993.

[46]人民画报社.国家记忆:中国国家画报的封面故事[M].北京:中国摄 影出版社,2013.

[47]孙立平.断裂:20世纪90年代以来的中国社会[M].北京:社会科学 文献出版社,2003.

[48]孙立平.失衡:断裂社会的运作逻辑[M].北京:社会科学文献出版社, 2004.

[49]田青.中国居民消费需求变迁及影响因素研究[M].北京:科学出版 社,2011.

[50]王宏甲,刘健.休息的革命[M].北京:中国旅游出版社,2009.

[51]王立新.箱包设计与制作工艺(第2版)[M].北京:中国轻工业出版 社,2014.

[52]王宁.消费社会学[M].北京:社会科学文献出版社,2011.

[53]王晓华.百年演艺变迁[M].南京:江苏美术出版社,2002.

[54]吴成槐.世界广告战[M].沈阳:辽宁民族出版社,1996.

[55]武斌,韩春燕.中国流行文化三十年(1978—2008)(图文珍藏本)[M].北京:九州出版社,2009.

[56]席跃华.中华美容大典[M].广州:广东人民出版社,2009.

[57]向寒松.中国汽车营销风云录[M].北京:机械工业出版社,2007.

[58]谢牧,吴永良.中国的老字号(上册)[M].北京:经济日报出版社,1988.

[59]谢荣华,李缅晔.服装 & 化妆品广告[M].广州:广东经济出版社,2002.

[60]新京报社.日志中国——回望改革开放 30 年(第 1、2、3、6 卷)(1978—2008)[M].北京:民主法制出版社,2008.

[61]徐斌.服装广告(附光盘)[M].北京:中国纺织出版社,2006.

[62]徐秉金,欧阳敏.中国轿车风云[M].上海:企业管理出版社,2011.

[63]阎雷.昨天的中国[M].北京:北京联合出版公司,2015.

[64]颜威.超市经营管理实务[M].北京:北京邮电大学出版社,2013.

[65]杨梅.生于 70 年代[M].北京:学林出版社,2005.

[66]姚昆遗,邹炜.超市经营管理实务[M].沈阳:辽宁科学技术出版社,2004.

[67]宇文利.中国人的价值观[M].北京:中国人民大学出版社,2012.

[68]袁念琪.上海品牌生活[M].上海:上海文化出版社,2008.

[69]张海潮,白芳芹,潘超.剧领天下——中外电视剧产业发展报告 2012—2013[M].北京:中国民主法治出版社,2013.

[70]张竞琼,孙扬骅.浮世衣潮之广告卷[M].北京:中国纺织出版社,2007.

[71]张暮辉.东张西望:一个 80 后的美日文化观察[M].合肥:安徽人民出版社,2013.

[72]张晓黎.见证中国服装 30 年[M].成都:四川美术出版社,2008.

[73]赵卫华.地位与消费:当代中国社会各阶层消费状况研究[M].北京:

社会科学文献出版社,2007.

[74]郑红娥.社会转型与消费革命[M].北京:北京大学出版社,2006.

[75]中国版协游戏工委.2008年中国游戏产业报告[M].北京:中国人民大学出版社,2009.

[76]中国电影博物馆学术年会.新中国电影与观众的变迁[M].北京:中国电影出版社,2010.

[77]中国广告年鉴编辑部.中国广告年鉴(2001)[M].北京:新华出版社,2002.

[78]中国广告年鉴编辑部.中国广告年鉴(2002)[M].北京:新华出版社,2003.

[79]中国广告年鉴编辑部.中国广告年鉴(2006)[M].北京:新华出版社,2007.

[80]中国广告杂志社.中国广告案例年鉴2007—2008[M].上海:东方出版中心,2009.

[81]中国广告杂志社.中国广告案例年鉴2004[M].上海:东方出版中心,2005.

[82]中国民用航空局.中国民航改革开放三十年(综合篇)[M].北京:中国民航出版社,2009.

[83]中国青年报.镜头中国[M].北京:中国友谊出版社,2013.

[84]中华人民共和国交通运输部.中国交通运输改革开放30年[M].北京:人民交通出版社,2009.

[85]周伟.世态万象[M].北京:光明日报出版社,2003.

[86]左漠野.当代中国的广播电视(下)[M].北京:中国社会科学出版社,1987.

[87]黄升民等.中国广告20年[CD].北京:武警音像出版社,2001.

[88]黄升民等.中国广告30年[CD].北京:中国传媒大学广告学院,2014.

后　记

时间飞快地在指尖流淌，记得 2011 年的夏天，当时的我正奔走在上海进行有关中国高端消费的田野考察，也是在这样一个炎热的午后，惊喜得知自己获得教育部课题立项。五年时光弹指一挥间，终于走到了要向大家交出答卷的最后时刻，既兴奋莫名又惶恐不安。

课题最初的灵感和构思来自于十多年前博士期间就开始聚焦的中国城市居民广告意识变迁研究，在此后的一系列相关研究中，尤其是 2012 年与中国传媒大学、央视-索福瑞媒介研究公司合作的"中国城市居民广告观研究"，越发证明中国广告具有独特的镜像功能，映射出转型期社会生活的方方面面，尤其是国人的消费情感走向和心态脉络。所以，此次将广告在改革开放后近四十年的传播表现作为研究中国城市居民消费变迁的切入点可谓初心不变。五年里，课题的研究思路方法、研究方法经历过一次次痛苦的推翻和重塑，在反复的自我否定中，深切地感受到梳理转型期中国城市居民消费变迁是一件"太不容易"的事情。

本书源于此次课题研究结项重要成果，全书力求"以实为本，以史为纲"，从广告传播表现上切入转型期中国城市居民消费变迁，从"吃、穿、住、行、用、娱"六大维度展开消费变迁图景脉络。毋庸置疑，这对耙梳和驾驭转型期至今，消费、广告、媒介、品牌以及所涉及的政治、经济、文化等庞杂史料的能力提出巨大挑战。全书的写作既是一次和故纸堆亲密接触的旅程,更是一场关乎"取舍"的战役。中国各大报刊以及各类摄影、时尚杂志图册,均是抽取史料样本的来源,书中不乏极具时代意义的珍贵图片。此外,借助丰富的互联网数据检索资源,也极大程度夯实了各个时期的史料。

在这里要特别感谢中国广告博物馆无偿提供的在线资源检索以及曾经为拍摄《中国广告20年》《中国广告30年》记录片默默付出的前辈们,本书中大量珍贵的史料多来自于此,尤以中国广告业刚刚恢复的1978—1990年为甚。感谢以刘香成、阎雷为代表的中外杰出摄影师们,您们弥足宝贵的摄影作品是一代人的记忆脚注。历史遗存的文本,论雄辩,莫过于影像。书中所使用的300余张图片,让我们得以从感性的细节中回味中国人在过去的近四十年里所经历的酸甜苦辣和价值观更迭。记忆,会自动解读那些烙印深处的历史故事,这故事,属于国家,更属于每一个人。

本书能够如期付梓,要特别感谢我的课题组研究生团队,他们是:段秋婷、吴婷、崔笑宁、李盼盼、项倩、郑星妍、戴宇阳、丁奕、李晗露和安子龙。尤其感谢段秋婷同学,主动为我分忧解难,协调课题组各种相关事宜,事无巨细一丝不苟。课题组在高强度的史料收集和梳理中,齐心协力、并肩作战,彼此之间既磨砺了心性又收获了友谊,在真切感受着学术研究的苦与乐中完成自身的蜕变。还有已经毕业,曾经积极参与过课题早期工作的梁玉麒、张菁凤、曹雪静、耿桦君、刘君兰、钟蔚雯和李唯一同学,谢谢你们陪我走过最初的日子。

感谢我的导师黄升民先生,虽然弟子博士毕业离京已经八年有余,但是您的关怀和鞭策依然时刻伴我左右,"独立之人格,自由之学术"弟子铭记在心,唯有埋头努力方可无愧您的殷殷期望。

感谢厦门大学新闻传播学院亲爱的领导和同事们，我深知这些年宽松和自由的学术环境来之不易。尤其是黄合水教授，不遗余力为年轻学者创造机会，回到厦大工作的这些年，您亦师亦友、谆谆教导，让我受益良多。

特别感谢厦门大学出版社王鹭鹏编辑为本书付出的心血，您一贯的严谨和包容促成了我们再次的愉快合作。

最后，深深感谢我的家人，是您们长期以来无私的奉献和爱让我怀抱信念，在研究的道路上心无旁骛继续前行。

本书从酝酿到最后完稿历时近五年，倾注了笔者大量的时间和心血，书稿从文字、图片到脚注，由于涉及诸多史料细节，每个部分的校对工作均不少于十遍，但囿于水平仍难免疏漏，请读者不吝指正。另外，由于书稿篇幅体量所限，尚有部分重要课题研究成果无法在本书中一并呈现给读者，期待不久的将来可以与诸位分享。

相信所有经历过改革开放转型期的读者，都可以在阅读本书时，找到属于自己独一无二的那份回忆，或熟悉、或亲切、抑或是久经淡忘的心酸，然而一切又那么真实和触手可及，这或许就是笔者最大的满足！

陈素白

2016 年 6 月 28 日于厦大白城